GRANDS•REPÈRE

Des mêmes auteurs

Denis Clerc

Déchiffrer l'économie, La Découverte, « Grands Repères/Manuels », 17e édition, 2011.

La Paupérisation des Français, Armand Colin, 2010.

Comprendre les économistes, Les Petits Matins/Alternatives économiques, 2009.

La France des travailleurs pauvres, Grasset, 2008, et Hachette Littératures, 2009.

Condamnés au chômage ? La Découverte/Syros, « Alternatives économiques », 1999.

Déchiffrer les grands auteurs de l'économie et de la sociologie, La Découverte/Syros, « Alternatives économiques », 1997 et 2000.

Jean-Paul Piriou

La Comptabilité nationale, La Découverte, « Repères », 15e édition, 2008.

Nouveau Manuel de sciences économiques et sociales, terminale (direction conjointe avec Pascal Combemale), La Découverte, 3e édition, 2003.

Nouveau Manuel de sciences économiques et sociales, seconde (direction conjointe avec Pascal Combemale), La Découverte, 1997.

L'Indice des prix, La Découverte, « Repères », 3e édition, 1992.

Jean-Paul Piriou, décédé le 29 février 2004, dirigeait la collection « Repères » depuis 1987. Cette édition a été mise à jour et augmentée par Denis Clerc, fondateur du mensuel *Alternatives économiques*, spécialiste de pédagogie économique.

Denis Clerc
Jean-Paul Piriou

Lexique de sciences économiques et sociales

NEUVIÈME ÉDITION
ENTIÈREMENT REFONDUE ET MISE À JOUR

La Découverte
9 *bis*, rue Abel-Hovelacque
75013 Paris

Si vous désirez être tenu régulièrement informé des parutions de la collection « Repères », il vous suffit de vous abonner gratuitement à notre lettre d'information mensuelle par courriel, à partir de notre site **http://www.collectionreperes.com**, où vous retrouverez l'ensemble de notre catalogue.

ISBN : 978-2-7071-5890-1

Abattement. Déduction légale effectuée sur une somme sur laquelle est calculé le montant d'un impôt, d'une cotisation sociale ou d'un revenu. L'abattement peut être forfaitaire ou proportionnel.

Abondement. Versement complémentaire effectué par un organisme (privé ou public) pour compléter le financement d'un tiers, particulier ou entreprise, dès lors que ce financement a pour finalité un projet jugé bénéfique : par exemple, plan d'épargne-retraite d'un particulier, investissement jugé utile à la collectivité et effectué par une entreprise ou une association, etc. V. épargne-retraite.

Absorption. Au sens microéconomique — le plus fréquent —, il s'agit de fusion de sociétés ; les sociétés absorbées disparaissent, leur patrimoine étant repris par la société absorbante. Au sens macroéconomique, désigne la capacité d'une économie à utiliser un apport de capitaux extérieurs à des investissements utiles (pour le pays tout entier) ou efficaces (générateurs de profits). V. concentration, OPA.

Abus de position dominante. Situation d'une firme utilisant sa puissance ou sa position dans un domaine particulier (monopole ou quasi-monopole) pour imposer des prix ou des conditions jugés excessifs à ses clients (exemple : Windows obligeant l'acheteur d'un logiciel d'exploitation d'ordinateur à acquérir en même temps son logiciel d'accès à Internet, au détriment des concurrents). V. antitrust (lois), politique de la concurrence.

Accélération (principe d'). Lors d'une reprise économique, accélération d'activité économique issue de la demande de biens d'investissement engendrée par les commandes de biens d'équipement nécessaires pour faire face à la demande de biens et services qui est à l'origine de la reprise. Cette accélération est d'autant plus forte que le coefficient de capital (v. ce terme) de ces biens d'investissement est plus élevé et qu'ils

Avertissement. Les données statistiques citées à l'appui de certaines définitions sont en ligne sur le site www.insee.fr auquel le lecteur est prié de se reporter pour d'éventuelles mises à jour. Le terme (cn) mis à la suite d'un terme signifie « notion de comptabilité nationale ». Ce lexique sera utilement complété par trois ouvrages parus dans la collection « Grands Repères » : le *Dictionnaire de gestion*, le *Dictionnaire d'analyse économique* et *Les Grandes Questions économiques et sociales*, qui propose des synthèses rédigées par des spécialistes. Pour un suivi plus précis des évolutions récentes, on pourra consulter, aux Éditions La Découverte, les trois publications annuelles suivantes : *L'état du monde*, ainsi que *L'Économie française* (OFCE) et *L'Économie mondiale* (CEPII). Enfin, le mensuel *Alternatives économiques* fournit tout au long de l'année une information sur les principaux événements économiques et sociaux, ainsi que les grilles d'analyse qui permettent d'en comprendre la signification.

sont produits sur place plutôt qu'importés. À l'inverse, lorsque la demande finale commence à se ralentir, les investissements se réduisent brutalement, car les entreprises cessent de renouveler ou d'augmenter des équipements qui risquent de ne pas être utilisés. De ce fait, le cycle de l'investissement accentue (à la hausse comme à la baisse) le cycle de l'activité générale.

Accise. Impôt indirect qui pèse de façon forfaitaire sur un produit particulier (alcool, carburant, tabac...). La TIPP (taxe intérieure sur les produits pétroliers) est la plus importante des accises.

Accord de confirmation. Accord d'un organisme de crédit pour mettre à disposition d'un emprunteur une certaine somme d'argent, pour une certaine date et à certaines conditions précisées dans l'accord. Est souvent désigné en utilisant le terme anglais (*stand-by*).

Accord de libre-échange nord-américain. V. ALENA.

Accord du Plaza. Accord conclu en 1985 entre les États-Unis, le Japon, l'Allemagne, le Royaume-Uni et la France pour stabiliser les taux de change de leurs monnaies, afin de mettre un terme aux mouvements spéculatifs qui déstabilisent périodiquement le système monétaire international. Respecté durant quelques années, cet accord (portant le nom de l'hôtel de New York où il a été conclu) est assez vite devenu caduc, car il aurait fallu réduire la liberté de mouvement des capitaux, principale source de spéculation. Néanmoins, cet accord demeure symboliquement important, car, pour la première fois, les États-Unis ont reconnu que la stabilité du change entre grandes monnaies était importante et qu'ils avaient une responsabilité en la matière.

Accords de Bâle. V. BRI.

Accords de Cotonou. V. convention de Cotonou.

Accords de Grenelle. Accords conclus en mai 1968 à l'hôtel Matignon (siège du Premier ministre situé rue de Grenelle à Paris) entre le gouvernement, le patronat et les syndicats ouvriers en vue de mettre fin à l'occupation de nombreuses usines et à la grève générale qui paralysait alors le pays. Ces accords prévoyaient notamment une forte hausse du salaire minimum et la création de la section syndicale d'entreprise. Par extension, le terme « Grenelle de... » (l'environnement, l'insertion...) désigne désormais les accords au sommet conclus entre l'État et les partenaires sociaux ou associatifs dans un domaine particulier et transposés en lois ensuite.

Accords de la Jamaïque. Accords signés à Kingston (Jamaïque) en 1976 par les pays membres du FMI (v. ce terme), officialisant le système des changes flottants mis en place *de facto* en 1973 par les États-Unis et un certain nombre d'autres pays dans leur sillage. Les changes fixes demeurent possibles, mais les accords interdisent de définir des parités par rapport à l'or, lequel est donc démonétisé. Depuis, le FMI a vendu une partie importante de l'or qu'il détenait.

Accord de *stand-by*. V. accord de confirmation.

Accroissement naturel. V. mouvement...

Acculturation. Les anthropologues Redfield, Linton et Herskovits (« Memorandum » publié en 1936 dans *American Anthropologist*) la définissent comme l'*ensemble des changements provoqués dans les modèles culturels originaux par l'entrée en contact prolongé de groupes d'individus de cultures différentes*. Elle se traduit par des emprunts, des échanges et des réinterprétations. Le sociologue Roger Bastide (1898-1974) parle d'une acculturation *matérielle* lorsqu'elle touche la vie publique mais pas la vie privée, et d'une acculturation *formelle* lorsque des modifications de la sensibilité et du mode de pensée conduisent à une nouvelle culture (exemple : acculturation des enfants d'immigrés). V. assimilation.

Accumulation du capital. Investissement net : condition et résultat de la croissance. Le taux d'accumulation est le taux de croissance du capital (investissement net rapporté au stock de capital). Marx a beaucoup insisté sur l'accumulation *primitive* du capital, c'est-à-dire les méthodes, souvent violentes, par lesquelles une couche sociale a acquis les moyens matériels nécessaires lui permettant de devenir une couche sociale dominante unie par des intérêts communs, ou classe sociale.

Accumulation extensive/intensive (théorie de la régulation). L'accumulation du capital (ou la croissance) est extensive lorsqu'elle opère dans de nouvelles branches et de nouveaux marchés sans modification importante des conditions de production et de la productivité (la croissance — extensive — est le résultat d'un accroissement de la quantité des facteurs de production utilisés) ; l'accumulation est intensive lorsqu'elle est orientée vers la transformation des conditions de production (la croissance — intensive — se fait alors par accroissement de la productivité du travail). Il s'agit plus d'une distinction logique que d'un repérage historique.

Accumulation primitive. Chez Marx, désigne le processus (fortement marqué par la violence) qui conditionne la naissance du capital (v. ce terme) comme rapport social dominant : la transformation des producteurs indépendants (agriculteurs, artisans...) en travailleurs n'ayant plus que leur force de travail à vendre (salariés) y joue un rôle décisif.

ACP. V. pays ACP.

Acte unique européen. Signé le 17 février 1986, en vigueur le 1er juillet 1987, il est la traduction juridique du *Livre blanc sur l'achèvement du Marché intérieur* publié en juin 1985 par la Commission européenne présidée par Jacques Delors. Organise l'achèvement du Marché commun (ou Marché intérieur) pour passer au Marché unique (v. ces termes), et une réforme des institutions (v. Conseil des ministres des Communautés). L'adjectif *unique* renvoie au fait qu'il unifie en les complétant les traités qui régissaient avant lui la construction européenne. V. CECA, Euratom, CEE.

Actif. V. bilan, population active.

Actif circulant. Partie du patrimoine d'une entreprise qui a vocation à être intégrée dans les biens et services qu'elle vend ou à acquérir les éléments qui lui permettront de produire ces biens ou services : stocks de matières premières, de produits en cours de fabrication ou de produits finis, trésorerie, etc. Il s'agit donc des éléments du cycle de production, par opposition à l'actif immobilisé, composé des éléments dont la durée d'utilisation excède le cycle de production (machines, logiciels, bâtiments, brevets...).

Actif corporel. V. actif incorporel.

Actif immobilisé. V. immobilisation.

Actif incorporel. Partie du patrimoine consistant en droits de propriété générateurs de revenus effectifs ou potentiels et, de ce fait, ayant une valeur marchande à la revente (brevets, fonds de commerce, marque, fichier, enseigne, image, textes littéraires, chansons, logiciels, films...), par opposition aux actifs *corporels* qui consistent en objets matérialisés (bâtiments, machines...). Les actifs incorporels peuvent engendrer des redevances lorsque les droits d'exploitation sont cédés à des tiers, ou des rentes de monopole (en permettant de vendre plus cher les produits portant le nom de la marque célèbre).

Actifs. Avoirs détenus par un agent. V. patrimoine.

Actifs de réserve. Avoir en monnaies étrangères dont dispose une banque centrale et qu'elle peut mobiliser en cas de besoin (pour prêter à des banques ou pour intervenir sur le marché des changes). Une monnaie étrangère mobilisable est qualifiée de *devise*.

Actifs financiers. Droits sur le patrimoine d'autres agents. Les actifs financiers des uns sont les passifs financiers des autres. Comprennent principalement la monnaie (*actifs monétaires*) et les liquidités en général (livrets d'épargne...), les valeurs mobilières et les prêts.

Actifs non financiers. La comptabilité nationale distingue les *actifs non produits* (*corporels* comme les terrains et gisements, ou *incorporels* comme les brevets) et les *actifs produits* classés en *actifs fixes* (*corporels* comme les logements, bâtiments, machines et équipements, ou *incorporels* comme les logiciels et les œuvres originales tels les films), *stocks* et *objets de valeur* (bijoux, objets d'art...).

Action. Titre représentatif d'une partie du droit de propriété sur une entreprise. L'ensemble des actions représente le capital social de l'entreprise. L'*actionnaire* (celui qui détient une action) bénéficie principalement du *droit de vote* (une voix par action, sauf dispositions contraires fixées par les statuts de la société) à l'assemblée générale des actionnaires (le « parlement ») qui, notamment, élit le conseil d'administration (le « gouvernement ») et du droit de percevoir un *dividende* (revenu variable puisque égal au bénéfice distribué divisé par le nombre d'actions). Il peut généralement revendre librement l'action. On désigne par le terme « actions de préférence » les actions auxquelles sont rattachés des avantages spécifiques : dividende majoré ou droits de vote multiples.

Action collective. Toute action dans laquelle des individus se mobilisent ou se rassemblent pour atteindre des fins partagées. L'économiste américain Mancur Olson (*La Logique de l'action collective*, 1966) a mis en évidence le « paradoxe de l'action collective » : les individus n'ont pas nécessairement besoin de participer à l'action collective (par exemple une grève) pour bénéficier de ses résultats (par exemple une hausse du salaire) ; si chaque individu adopte le comportement du « passager clandestin » (v. ce terme), qui profite des résultats de l'action sans y participer, elle est impossible.

Action de groupe. Possibilité offerte aux associations de consommateurs agréées de lancer une procédure judiciaire au nom d'un groupe de consommateurs s'estimant lésés par une entreprise en vue d'obtenir réparation du préjudice subi. On utilise souvent le terme anglais *class action*.

Action sociale (ou activité sociale). « Nous entendons par "activité" un comportement humain (peu importe qu'il s'agisse d'un acte extérieur ou intime, d'une omission ou d'une tolérance), quand et pour autant que l'agent ou les agents lui communiquent un *sens* subjectif. Et par activité "sociale" l'activité qui, d'après son sens visé par l'agent ou les agents, se rapporte au comportement d'*autrui*, par rapport auquel s'oriente son déroulement » (Max Weber, *Économie et société*). Pour Max Weber (1864-1920), les quatre types de la motivation de l'action sociale sont : 1) la coutume, l'habitude, la tradition ; 2) les émotions, les passions, les sentiments ; 3) la conviction qu'un comportement est désirable quelles que soient ses conséquences (elle définit l'action « rationnelle en valeur », la rationalité axiologique, du militant révolutionnaire ou du croyant convaincu) ; 4) la confrontation rationnelle des fins et des moyens (elle définit l'action « rationnelle en finalité »). Seuls les troisième et quatrième correspondent à une conscience importante du sens de l'orientation de l'action sociale. V. rationalité.

Activation des dépenses publiques. Dépenses publiques consacrées à inciter les employeurs à créer des emplois (primes à l'embauche, réduction de cotisations sociales, etc.) et les demandeurs d'emploi à accepter les postes proposés (primes à la reprise d'emploi...). Par opposition, les dépenses consacrées à indemniser le chômage sont appelées « dépenses passives ». V. politique de l'emploi.

Activité. V. taux d'...

Activité réduite. Emploi à temps partiel ou de courte durée occupé par un demandeur d'emploi indemnisé par l'assurance chômage dans l'attente d'un emploi à temps plein. Si la rémunération de l'emploi est faible, elle est cumulable partiellement avec l'indemnité chômage, si elle dépasse un certain seuil, elle ne l'est pas, mais, pendant ce temps, la durée d'indemnisation est prolongée d'autant.

Actualisation. Méthode qui permet de calculer la valeur *actuelle* (présente) d'une somme future, compte tenu du taux d'intérêt (appelé ici taux d'actualisation). Si je place 100 euros à 10 % d'intérêt, j'aurai 110 euros dans un an. Il est donc équivalent d'avoir 100 euros aujourd'hui ou 110 euros dans un an. On dit que 110 euros disponibles dans un an ont une *valeur actuelle* (ou *actualisée*) de 100 euros ; 100 euros disponibles dans un an ont donc une valeur actuelle de 90,9 euros (soit 100 : 1,1), parce que, placés pendant un an à 10 %, 90,9 euros sont multipliés par 1,1 et deviennent 100 euros. La valeur actuelle d'une somme disponible dans le futur est d'autant plus faible que le futur est éloigné et/ou que le taux d'intérêt est élevé. L'actualisation est indispensable au *calcul économique*, puisque celui-ci est une démarche qui consiste à établir un bilan des coûts et des avantages subis ou perçus à des moments différents, par exemple à l'occasion d'un projet d'investissement.

Administrations publiques (cn). Attention, elles ne se réduisent pas à l'État ! Les administrations publiques (APU), financées par des prélèvements obligatoires et des emprunts, produisent des services non marchands et effectuent des opérations de redistribution. Elles comprennent 1) les APU centrales : État et organismes divers d'administration centrale dont l'action est nationalement financée (ANPE, CNRS, universités...) ; 2) les APU locales : collectivités locales (régions, départements, communes et organismes en dépendant) et organismes divers d'administration locale dont l'action est localement financée (lycées et collèges, chambres de commerce et d'industrie, crèches...) ; 3) les administrations de sécurité sociale : régimes d'assurance sociale et organismes financés par ceux-ci (hôpitaux publics...).

AELE. Association européenne de libre-échange ; regroupait à partir de 1958, à l'initiative du Royaume-Uni, des pays hostiles au traité de Rome (Communautés européennes). En 2010, l'AELE ne comprend plus que quatre pays membres (deux pays fondateurs — la Suisse et la Norvège —, l'Islande et le Liechtenstein) en raison de l'adhésion à l'Union européenne des autres pays qui ont été membres (Autriche, Danemark, Finlande, Portugal, Royaume-Uni et Suède). V. EEE.

Affacturage. Cession par une entreprise des factures qu'elle a émises à un organisme de crédit, qui les rachète à leur montant diminué d'une commission, à charge pour lui d'en recouvrer le montant. Selon les contrats, le risque de non-recouvrement peut être assumé ou non par l'organisme de crédit. On évitera le terme anglais *factoring.*

Affermage. Contrat par lequel un bailleur (personne privée ou collectivité publique) confie à un tiers pour une durée déterminée l'exploitation d'un service (l'assainissement et la distribution d'eau, par exemple) ou d'une propriété (agricole le plus souvent, mais il peut s'agir aussi d'un château, d'une grotte, etc.), moyennant paiement d'une redevance (le fermage) convenue d'avance, indépendante du résultat de l'exploitation et pour une durée déterminée. En cas de non-renouvellement, le fermier a droit à une indemnité d'éviction pour compenser les investissements qu'il a pu être amené à consentir pour l'exploitation de la propriété ou du service.

Affirmative action. V. discrimination positive.

AFPA. Association pour la formation professionnelle des adultes.

AFTA. ASEAN Free Trade Area. Zone de libre-échange de l'ANSEA depuis janvier 1993.

Agence (relation d'). Relation dans laquelle un mandataire (appelé en général *agent*) est chargé d'agir dans l'intérêt d'un mandant (appelé *principal*). L'agent, du fait de sa situation ou de son expertise, est amené à détenir des informations qu'il peut dissimuler au principal : c'est le cas, par exemple, du garagiste vendant une voiture d'occasion à un client, du gestionnaire d'une société vis-à-vis des actionnaires, du médecin à l'égard de son patient, etc. Il existe donc une asymétrie d'informations entre les deux parties, que l'on peut s'efforcer d'atténuer en prévoyant dans le contrat une rémunération indexée sur les résultats. Mais celle-ci peut inciter l'agent à tricher sur les résultats, comme on l'a souvent constaté (l'exemple le plus connu étant l'affaire Enron). V. antisélection, asymétrie, gouvernement d'entreprise, risque moral.

Agence de notation. Organisme (privé) publiant des appréciations (sous forme de notes de type AAA, ou AA+, pour les meilleures, jusqu'à D pour les moins bonnes) sur les sociétés cotées, les emprunteurs sur les marchés internationaux ou les titres financiers complexes, à partir de l'analyse de leurs comptes et des éléments permettant de déterminer le risque encouru par les acquéreurs de ces créances. Certaines agences de notation analysent et apprécient les comportements sociaux et environnementaux des sociétés, d'autres les comportements éthiques, etc. On leur a beaucoup reproché d'être à la fois juges (puisqu'elles notent) et parties (puisqu'elles sont rémunérées par les organismes qu'elles notent), ce qui aurait pu les amener à noter favorablement des titres financiers qui se sont révélés être en fait des « actifs toxiques », par exemple lors de la « crise des *subprime* » (v. ce terme).

Agent de change. Nom donné aux professionnels qui avaient le monopole de la passation des ordres de vente et d'achat des actions de sociétés cotées en Bourse. Officiers ministériels et propriétaires de leurs charges, ils étaient aussi chargés de surveiller le marché et avaient le droit de refuser de passer les ordres qu'ils auraient estimés frauduleux. Depuis la réforme de 1984 libéralisant les marchés financiers, les agents de change ont disparu, remplacés par des « sociétés de Bourse », entreprises d'investissement (v. ce terme), qui n'ont plus de rôle de surveillance du marché (et peuvent donc acheter ou vendre pour leur compte).

Agent économique. V. secteur institutionnel.

Agio. V. escompte.

AGIRC. Association générale des institutions de retraite des cadres ; *régime complémentaire* obligatoire depuis une convention collective de 1947. V. ARRCO.

Agnatique. V. filiation.

Agrégat monétaire. Grandeur mesurant la quantité de monnaie ou de quasi-monnaie détenue par les agents financiers d'un pays auprès des institutions financières. La banque centrale définit plusieurs agrégats, selon le degré de liquidité des actifs retenus, car certains placements, sans être de la monnaie au sens strict, peuvent rapidement être liquidés et transformés en monnaie. La Banque centrale européenne distingue habituellement M1 (les moyens de paiement : pièces, billets, comptes à vue sur lesquels il est possible d'effectuer des retraits, des virements, des paiements par chèque ou carte bancaire), M2 (qui ajoute à M1 les avoirs détenus dans des comptes d'épargne sans préavis de remboursement ou à terme de moins de trois mois) et M3 (dénommé parfois *masse monétaire au sens large*, qui ajoute à M2 les titres d'organismes de placement collectif en valeurs mobilières — OPCVM — et les autres titres à échéance de moins de deux ans). La BCE s'appuie sur ce dernier agrégat pour déterminer le rythme de croissance de la masse monétaire.

Agrégats. Grandeurs synthétiques définies et calculées dans le cadre de la comptabilité nationale ; permettent de caractériser les performances ou les comportements de l'ensemble des agents d'une économie nationale et de comparer les pays (v. PPA) : produit intérieur brut (PIB), exportations... Il existe aussi des agrégats monétaires, de placement, de crédit.

AID. Association internationale pour le développement (v. Banque mondiale).

Aide au développement. La notion mesurée par l'OCDE est l'*aide publique au développement* (APD), c'est-à-dire les dons et les prêts à des conditions préférentielles accordés par les pays développés (*aide bilatérale*) et les institutions intergouvernementales (*aide multilatérale*) aux PED pour financer des projets de développement, mais aussi l'aide alimentaire d'urgence, celle aux réfugiés, une partie de l'assistance militaire et certaines remises de dettes. L'aide bilatérale est souvent une *aide liée* (assortie de conditions politiques ou d'obligations d'achats au pays donateur). L'objectif solennellement affirmé par les pays développés (regroupés au sein du « Comité d'aide au développement » de l'OCDE) de porter l'APD à 0,7 % de leur propre revenu national n'était atteint, en 2008, que par 5 des 22 pays membres du CAD : le Danemark, le Luxembourg, la Norvège, les Pays-Bas et la Suède. En moyenne, l'APD s'est élevée à 0,3 % du revenu national des pays du CAD.

Aide sociale. Ensemble des prestations sociales destinées à compléter les ressources des personnes au revenu jugé insuffisant, déconnectées de toute cotisation préalable et conditionnées exclusivement à une situation personnelle déterminée pour l'ayant droit (charge d'enfants, absence de conjoint, niveau de revenu familial, etc.). Par exemple : le RSA, l'allocation de rentrée scolaire, les bourses d'études, le minimum vieillesse...

Airain. V. loi d'...

Aire urbaine. Ensemble de communes, d'un seul tenant et sans enclave, constitué par un pôle urbain, et par des communes (composant ce que l'Insee appelle une « couronne périurbaine ») dont au moins 40 % de la population résidente ayant un emploi travaille dans le pôle ou dans la couronne périurbaine.

Ajustement structurel. Conditions mises par le *FMI* pour accorder des prêts (dits initialement « prêts d'ajustement structurel » et désormais appelés « facilités d'ajustement structurel ») aux pays du Sud ne parvenant plus à rembourser leurs emprunts en devises contractés antérieurement auprès de créanciers (privés ou publics). Un accord avec le FMI dans ce cadre est d'autant plus important pour les pays endettés qu'il ouvre la possibilité d'obtenir des prêts de la *Banque mondiale* et, surtout, de renégocier avec les créanciers publics (dans le cadre du *Club de Paris*) puis privés (banques notamment, dans le cadre du *Club de Londres*) un *rééchelonnement*, voire une annulation d'une partie de la dette. Initiée au début des années 1980, lorsque le Mexique (suivi de beaucoup d'autres pays) s'est révélé incapable de faire face à ses engagements financiers, cette politique s'est accompagnée de programmes d'ajustement structurel (PAS) marqués par une orientation très nettement libérale : réduction des dépenses publiques, privatisations, *dévaluation* de la monnaie nationale vis-à-vis des autres *devises*, libéralisation du commerce extérieur, etc. Cet ensemble de mesures, inspirées du *consensus de Washington*, a abouti dans un certain nombre de cas à des catastrophes sociales (quasi-disparition de services publics, hausse des prix des denrées de première nécessité...), sans toujours donner des résultats économiques probants. La Banque mondiale d'abord, puis le FMI ont progressivement réduit les conditions imposées, celles qui demeurent faisant l'objet d'études préalables de faisabilité sociale, et les PAS ont disparu au début des années 2000. Désormais, le FMI semble privilégier l'idée qu'il vaut mieux ne pas imposer des politiques de réformes structurelles dans les pays du Sud et qu'il est préférable de soutenir les États qui semblent en mesure de promouvoir des politiques de développement effectif, en les laissant libres des façons de favoriser ce dernier. V. termes en italique.

Aléa moral. V. risque moral.

ALENA. Accord de libre-échange nord-américain ; en vigueur depuis janvier 1994 entre les États-Unis, le Canada et le Mexique. ALENA est plus utilisé que NAFTA : *North American Free Trade Agreement* (ne pas confondre avec AFTA).

Aliénation. Le latin *alienus* signifie « qui appartient à un autre ». Aliénation a un sens juridique (aliéner un bien, c'est le vendre ou le donner), un sens médical (l'aliénation mentale est un trouble qui rend l'individu étranger à lui-même), etc. Dans les sciences sociales, on utilise le terme aliénation (*Entfremdung*) en référence à son sens dans la philosophie allemande (Hegel, Marx) : c'est la transformation de l'activité de l'homme en une puissance qui lui est étrangère et le domine. Selon Marx, le travailleur est aliéné, notamment parce qu'il est privé d'une partie du produit de son travail (plus-value) ; celle-ci, transformée en capital, le domine comme une puissance extérieure (le travailleur en est réduit à être l'appendice de la machine) ; l'aliénation se traduit aussi par une expropriation du processus de production (soit en condamnant le travailleur au chômage — armée de réserve —, soit en rendant inutiles ses capacités professionnelles). L'aliénation peut également être religieuse (la religion comme *opium du peuple*). La révolution est censée mettre fin à l'aliénation. V. exploitation, fétichisme de la marchandise.

Allocation adulte handicapé, allocation d'insertion, allocation de parent isolé, allocation de solidarité spécifique. V. minima sociaux.

Allocation des ressources. Répartition des ressources entre les utilisations qu'il est possible d'en faire.

Allocation universelle. V. revenu d'existence.

Altermondialisme. Dénomination choisie par les opposants à la mondialisation libérale, incarnée par l'Organisation mondiale du commerce (v. ce terme), pour indiquer qu'ils contestent non la mondialisation elle-même, mais les règles qui la régissent, lesquelles ne prennent pas en compte les conséquences sociales ou environnementales de la libéralisation du commerce de biens et de services, si bien que l'enrichissement des uns s'accompagne de la dégradation des conditions de vie des autres. V. ATTAC.

Alternance (contrat en). V. apprentissage.

Aménagement du territoire. Politique publique visant à encourager les créations d'emplois dans les zones territoriales déprimées, grâce à des aides ou des avantages spécifiques (réductions d'impôts) ou à des infrastructures publiques visant à les rendre plus attractives. Cette politique est principalement animée par la DATAR (Délégation à l'aménagement du territoire et à l'action régionale, anciennement DIACT, Délégation interministérielle à l'aménagement et à la compétitivité des territoires).

AMF. Autorité des marchés financiers, chargée de veiller, en France, au bon respect des règles (information, transactions...) par les sociétés cotées en Bourse et les intervenants sur les différents marchés financiers. Elle mène des enquêtes et peut sanctionner les contrevenants par des amendes. S'est substituée en 2003 à la Commission des opérations de Bourse (COB). Ne pas confondre avec le sigle identique désignant l'accord multifibres, qui a régi jusqu'en

2005 le commerce mondial de textiles et qui a été supprimé à cette date.

Amortissement. Évaluation, généralement annuelle, de la dépréciation (perte de valeur) des actifs ou des biens de production due à l'usure ou à l'obsolescence (v. ce terme). L'amortissement permet d'étaler le coût d'acquisition des actifs concernés sur une période correspondant à leur durée normale de vie. Toutefois, en comptabilité, l'amortissement est encadré par des règles fiscales strictes, qui fixent la proportion de chaque actif qui peut être passée en amortissement chaque année, car cet amortissement, comptabilisé comme une charge enregistrée dans le compte de résultats, réduit d'autant le résultat imposable. En comptabilité nationale, en revanche, l'amortissement (appelé « consommation de capital fixe ») est calculé à partir d'enquêtes sur la durée effective d'utilisation des équipements et bâtiments. En France, la consommation de capital fixe représentait en 2009 un peu plus de 14 % du PIB et tend à s'accroître légèrement chaque année, signe que l'économie devient plus intense en capital (ou capitalistique : v. ce terme).

Amortissement d'un choc macroéconomique. Diminution des effets du choc (pétrolier par exemple) grâce à des mesures de politiques économiques ou à certaines propriétés structurelles de l'économie touchée par le choc. Certains économistes considèrent que la flexibilité des prix permet de mieux amortir les chocs, d'autres considèrent qu'elle risque de les amplifier.

Amortissement des cycles ou des fluctuations économiques. Diminution de leur amplitude (exemple : les « trente glorieuses » se caractérisent notamment par un amortissement considérable des cycles par rapport à ce qu'ils étaient avant la guerre et à ce qu'ils sont devenus depuis 1980).

Amortissement financier ou **d'un emprunt.** Remboursement du capital d'un emprunt.

Anarcho-capitalisme. V. libertarisme.

Ancrage du taux de change. On parle de politique d'ancrage du taux de change d'une monnaie A sur une monnaie B, lorsque les autorités monétaires essaient de stabiliser le taux de change de A par rapport à B.

Annualisation de la durée de travail. Détermination de la durée du travail en référence à l'année et non plus à la semaine, ce qui accroît la flexibilité du travail. Elle est autorisée en France sous certaines conditions par le code du travail sous le terme *modulation du temps de travail.*

Annuité. Addition du remboursement annuel d'une somme empruntée (amortissement) et du paiement des intérêts échus.

Anomie. Étymologiquement, absence de règles, de normes. Pour Émile Durkheim, il y a anomie lorsque l'activité des hommes est déréglée et qu'ils en souffrent (c'est le contraire de la régulation) ; l'anomie est un affaiblissement du lien social tel que les individus ne savent plus comment se conduire. Dans *De la division du travail social* (1893), il la considère comme une pathologie de la division du travail : l'insuffisance des contacts entre ceux entre lesquels le travail est divisé conduit à un déficit de relations sociales. Dans *Le Suicide, étude de sociologie* (1897), l'anomie caractérise pour Durkheim un état psychologique, le « mal de l'infini », marqué par l'absence de limites aux passions individuelles. Après une éclipse, la notion d'anomie a été reprise par la sociologie américaine. Selon Robert K. Merton (*Structure sociale et anomie*, 1938), elle est une situation où l'individu n'a pas les moyens légitimes d'atteindre un objectif proposé par la culture (par exemple, aux États-Unis, le succès financier). Une société anomique incite alors à la *déviance.*

ANPE. Agence nationale pour l'emploi. Jusqu'en 2008, organisme du service public de l'emploi chargé d'accompagner et d'aider les demandeurs d'emploi dans leurs démarches, et de s'assurer qu'ils cherchent effectivement un emploi. Suite à la fusion avec les ASSEDIC (v. ce terme), a pris le nom de *Pôle emploi.*

ANSEA. ASEAN en anglais ; Association des nations du Sud-Est asiatique : Brunei, Fédération de Malaisie, Indonésie, Philippines, Singapour, Thaïlande, Vietnam, Laos et Birmanie. V. AFTA.

Anthropologie sociale et culturelle. V. ethnologie.

Anticipation. Représentation de l'avenir à court ou long terme qui pousse les acteurs économiques à prendre des décisions ou à modifier leurs comportements pour s'y préparer. Comme toute représentation, une anticipation est entachée d'incertitude et se forge largement par mimétisme. Au pluriel (« les anticipations »), le terme désigne la représentation commune (ou dominante) de la situation économique à venir que se font les acteurs. Certaines anticipations peuvent engendrer des comportements « autoréalisateurs » (on parle aussi de « prophétie autoréalisatrice ») : par exemple, si une majorité d'acteurs s'attendent à ce que la conjoncture se dégrade, leurs comportements anticipateurs (réduction des investissements prévus, par exemple) aboutiront à réaliser les anticipations. C'est en partie sur ce mécanisme autoréalisateur que Keynes s'est appuyé pour justifier l'importance d'une intervention correctrice de l'État, seul acteur capable d'agir massivement de façon à démentir les anticipations.

Anticipations rationnelles. Hypothèse fréquemment utilisée dans les modèles macroéconomiques, s'appuyant sur le postulat que les acteurs mobilisent toute l'information dont ils disposent, y compris celle léguée par l'expérience ou l'analyse économique, pour constituer leurs anticipations. Anticipations *rationnelles* ne signifie donc pas anticipations *parfaites*, mais anticipations conditionnées par l'information disponible. Ainsi, comme toutes les fois que la dépense publique a augmenté, cela s'est soldé par une hausse des impôts ; toute décision de relance de l'activité économique prise par l'État consistant à augmenter ses dépenses engendrera inévitablement une augmentation de l'épargne de ceux qui s'attendent à payer les futurs impôts supplémentaires, ce qui aboutira à annuler l'effet relance de l'action publique.

Anticyclique. Qui atténue l'ampleur du cycle. V. procyclique.

Antisélection. *Adverse selection* (en anglais) (« sélection adverse » est une traduction incorrecte, mais habituelle). Une des manifestations possibles du mauvais fonctionnement de marchés caractérisés par une asymétrie d'information (v. ce terme) telle que l'une des deux parties est tenue dans l'ignorance de la qualité exacte du bien ou du service proposé sur le marché. Pour convaincre les acheteurs (de voitures d'occasion, par exemple) qu'ils ne seront pas floués, il faut alors que le prix de marché soit bas, ce qui décourage les propriétaires de voitures en bon état de les vendre sur le marché, et augmente ainsi la proportion de « clous », donc la tendance à la baisse des prix. La solution est de mettre fin à cette asymétrie d'information, par exemple par un système de contrôle technique rendu obligatoire. Le marché, dans ce cas, a besoin de l'intervention publique pour fonctionner correctement.

Antitrust (lois). Ensemble des lois qui, aux États-Unis, veillent, au nom de la concurrence, sur les opérations de concentration (*Celler-Kefauver Act* de 1950, *Hart Scott Rodino Act* de 1976), l'abus de position dominante (*Sherman Act* de 1890, *Clayton Act* de 1914) ou les accords entre firmes aboutissant à restreindre la concurrence effective. Par extension, on désigne fréquemment sous le nom de « lois antitrust » les dispositions législatives ou réglementaires qui constituent la « politique de la concurrence ».

APA. Allocation personnalisée d'autonomie. Prestation en nature versée aux personnes âgées de plus de 60 ans qui ont besoin d'être aidées pour accomplir les actes essentiels de la vie. Créée en 2001, elle est attribuée par le conseil général et varie en fonction des ressources et du degré de handicap évalué par une équipe médico-sociale. L'État et le département sont les principales sources de financement. Le nombre de bénéficiaires était de 1,11 million en mars 2009.

APEC. L'*Asia Pacific Economic Cooperation* est un organisme de coopération économique créé en 1989 entre les États-Unis, l'Australie, la Nouvelle-Zélande, le Japon, la Corée du Sud, le Canada, la Chine, Taiwan, le Mexique, la Nouvelle-Guinée, le Chili et les pays de l'AFTA (Indonésie, Thaïlande, Malaisie, Philippines, Singapour et Brunei) au sein duquel devrait s'instaurer une zone de libre-échange. Le Pérou, la Russie et le Vietnam l'ont rejoint en 1998. Groupant 45 % de la population mondiale et réalisant 54 % du produit mondial, l'APEC est une initiative des États-Unis, qui cherchent à devenir le principal partenaire des pays asiatiques de la zone, non seulement à l'importation, mais aussi à l'exportation. Mais cette zone Pacifique, comme on l'appelle souvent, est tiraillée entre la Chine, le Japon et les États-Unis, chacun cherchant à en devenir le leader. Dans un tout autre domaine, l'APEC est également l'acronyme de l'Association pour l'emploi des cadres, organisme auquel Pôle emploi confie le retour à l'emploi d'une partie des cadres demandeurs d'emploi.

Appariement. En économie du travail, désigne la mise en relation d'une demande et d'une offre d'emploi qui se correspondent exactement (expérience, lieu de travail, compétence, formation). Traduction française du terme anglais *matching*. Le taux d'appariement désigne la proportion des offres d'emploi et des demandes d'emploi qui se correspondent. C'est en fait l'inverse de la courbe de Beveridge (v. ce terme).

Appel d'offres. Procédure par laquelle, en France, une administration est tenue de sélectionner un fournisseur, pour tout achat supérieur à 20 000 euros pour les services et 206 000 euros pour les travaux (chiffres de 2009). Normalement, parmi ceux qui ont répondu sous pli cacheté anonyme, c'est le moins-disant qui doit emporter le marché. Néanmoins, la plupart des appels d'offres intègrent désormais d'autres clauses (notamment, dans le bâtiment, des clauses de mieux-disant social, incluant des embauches à destination de personnes en difficulté pour répondre à l'appel d'offres en cas de sélection). L'ensemble des dispositions légales d'un appel d'offres est contenu dans le code des marchés publics.

Appel public à l'épargne. Dénomination officielle d'une émission de titres financiers par tout organisme dès lors que ces titres sont proposés au public, directement ou par le biais d'établissements financiers, au moyen de publicité ou de démarchage : l'organisme en question doit alors mettre à disposition des souscripteurs éventuels une note d'information visée par l'AMF (v. ce terme).

Apport partiel d'actif. Opération financière par laquelle une société apporte à une autre société une partie de ses actifs (terrains, immeubles, titres, brevets, fonds de commerce, équipements...) en échange d'actions de la société. Cette opération requiert l'intervention d'un commissaire aux apports agréé chargé de chiffrer la valeur des apports.

Appréciation. Augmentation de la valeur d'une monnaie (par rapport à d'autres) en régime de change flexible ; se constate sur le marché des changes ; augmente le prix des exportations et diminue celui des importations (v. dévaluation) ; ne pas confondre avec réévaluation.

Apprentissage. Période au cours de laquelle une personne ou un groupe de travail s'approprient les bonnes façons de travailler par le biais d'activités productives effectives. Le contrat d'apprentissage permet à un jeune de préparer la partie pratique d'un examen en apprenant le métier chez un professionnel. Il fait partie de la famille des formations en alternance, lesquelles concernent tous les niveaux de formation et consistent à alterner formation théorique et formation en situation de travail (dans une entreprise). Le contrat de travail en alternance est rémunéré selon des règles particulières. L'effet d'apprentissage désigne le fait que, à force de répéter les mêmes opérations, chacun finit par acquérir une meilleure dextérité, un meilleur savoir-faire, une meilleure connaissance de l'enchaînement le plus efficace des différentes opérations, ce qui contribue à augmenter la productivité du travail.

Arbitrage. 1) Procédure dans laquelle un arbitre choisi d'un commun accord (ou imposé par la loi) par des parties en conflit (salariés et employeur...) leur propose une solution qui s'impose à elles (v. médiation). Très répandu entre les entreprises pour régler leur litige plus rapidement et à moindre coût qu'en faisant appel à des procédures judiciaires. 2) Activité qui consiste à tirer parti d'écarts très temporaires de prix ou de taux entre des marchés. V. marché à terme. 3) Au sens budgétaire, choix du gouvernement entre les propositions différentes (de dépenses ou de recettes) faites par chacun des ministres, celui des Finances cherchant à freiner la dépense, les autres à l'augmenter.

Argent. Métal dans lequel étaient frappées une partie des pièces qui, autrefois, constituaient l'essentiel de la monnaie alors en circulation. D'où, par extension, au sens familier du terme, désigne l'ensemble des liquidités (pièces, billets, avoirs sur des comptes chèques bancaires) dont dispose une personne. Le terme « argent liquide » désigne les pièces et billets.

Armée industrielle de réserve. Terme utilisé par Marx pour désigner l'ensemble des chômeurs privés d'emploi par la substitution de machines à leur travail et dont le poids pèse sur la détermination des salaires. Pour Marx, le mode de production (v. ce terme) capitaliste en a besoin pour empêcher une hausse des salaires, mais doit cependant la limiter pour empêcher une crise de surproduction.

ARRCO. Association des régimes de retraite complémentaires fondée en 1961 (pour les non-cadres) ; l'affiliation y est obligatoire depuis 1972 pour les salariés de l'industrie et du commerce. V. AGIRC.

Artefact statistique. Résultat artificiel, artifice, illusion, dus à la façon de mesurer un phénomène, sans qu'il y ait nécessairement intention de tromper. V. termes de l'échange.

ASEAN. V. ANSEA.

ASS. V. minima sociaux.

ASSEDIC. Les ASSociations pour l'Emploi Dans l'Industrie et le Commerce (regroupées dans l'UNEDIC) gèrent de façon paritaire le système d'assurance chômage créé le 31 décembre 1958 par un accord entre le CNPF (organisation patronale devenue depuis MEDEF) et les syndicats. En 2009, elles ont été intégrées avec l'ANPE (v. ce terme) dans *Pôle emploi*, élément central du service public de l'emploi.

Assiette. Base retenue pour le calcul d'un impôt, d'une cotisation sociale, etc.

Assimilation. Désigne par exemple souvent l'issue habituelle du processus d'acculturation des immigrés en France : abandon de la culture d'origine au profit de la culture française.

Association. Tout groupement de personnes ayant un objet social précis et fonctionnant sans but lucratif, les éventuels bénéfices issus d'une activité économique n'étant pas partageables entre les membres. Économiquement, désignait au XIXe siècle les coopératives ou mutuelles à gestion ouvrière créées comme alternatives au capitalisme.

Assurance. Activité qui consiste à « transformer des risques individuels en risques collectifs en garantissant le paiement d'une somme (indemnité ou prestation) en cas de réalisation d'un risque » (INSEE) à ceux qui ont préalablement versé une prime contractuelle (cas de l'entreprise d'assurances) ou une cotisation sociale volontaire (cas de la mutuelle).

Assurance chômage. Dispositif d'indemnisation des personnes au chômage, financé par des cotisations assises sur les revenus d'activité et dont le montant et la durée sont plus ou moins proportionnés au montant des cotisations versées. Les caisses d'assurance chômage peuvent être publiques (cas français) ou relever d'un système professionnel, paritaire ou non. Dans quelques rares pays (Danemark notamment), l'assurance chômage couvre toute personne au chômage. Le plus souvent, elle ne couvre que les salariés affiliés (c'est-à-dire eux ou leurs employeurs ayant versé une cotisation) depuis une durée minimale, et n'est pas ouverte aux non-salariés. Le régime français d'assurance chômage obligatoire a été créé en 1958. Les demandeurs d'emploi ayant épuisé leurs droits à l'assurance chômage tout en justifiant d'au moins cinq ans d'activité salariée au cours des dix dernières années relèvent de l'ASS (allocation de solidarité spécifique), financée par l'État.

Assurances sociales. Ensemble des organismes de protection sociale financés par des cotisations obligatoires et versant des prestations sociales aux cotisants (assurés sociaux) et, éventuellement, à leurs ayants droit.

Asymétrie d'information. Inégal accès à l'information entre signataires d'un contrat ; à l'origine notamment de l'antisélection et du risque moral.

Atomicité. Sur un marché, situation dans laquelle chacun des intervenants est suffisamment petit pour que le prix ne change pas lorsqu'un agent arrive ou, au contraire, se retire du marché. C'est l'une des conditions de la *concurrence parfaite*.

ATTAC. Association pour la taxation des transactions financières et l'aide pour les citoyens, créée en 1998 originellement pour militer en faveur d'une « taxe Tobin », c'est-à-dire, comme le préconisait James Tobin (prix de la Banque de Suède en sciences économiques en mémoire d'Alfred Nobel en 1981), pour taxer les mouvements de capitaux afin d'en réduire la volatilité et affecter le produit de cette taxe à l'aide en faveur du développement. Peu à peu, l'association a élargi son objectif et est devenue désormais le principal mouvement antimondialisation libérale, implanté dans plus d'une trentaine de pays.

Audit. Expertise indépendante visant à établir soit la sincérité des comptes, soit l'efficacité d'une organisation, soit des points particuliers (comme, par exemple, le respect d'un cahier des charges permettant l'utilisation d'un label).

Autarcie. Situation d'un agent économique, ou d'un pays, qui n'a pas de relations avec d'autres. Économie fermée.

Autocentrée (stratégie de développement ou d'industrialisation). Stratégie visant à limiter la dépendance à l'égard du marché mondial en stimulant l'industrie nationale, en la protégeant par des droits de douane, en privilégiant l'utilisation des ressources nationales et les débouchés intérieurs. Elle suppose une forte intervention étatique, et les résultats ont été dans l'ensemble plutôt décevants (notamment en Amérique latine ou en Algérie) en raison de la faible productivité des industries protégées (technologies anciennes, économies d'échelle insuffisantes compte tenu de la taille du marché intérieur, etc.). L'inverse du développement autocentré est le développement extraverti.

Autoconsommation. Consommation finale par les ménages de leur propre production. Ne pas confondre avec l'intraconsommation.

Auto-entrepreneur. Statut juridique proposé en France à tous les créateurs d'entreprise à condition qu'ils n'emploient pas de salarié et réalisent un chiffre d'affaires annuel inférieur à 32 000 euros (pour un prestataire de services) ou à 80 000 euros (pour une activité commerciale). Ils sont alors exemptés de TVA, et un prélèvement forfaitaire sur leur chiffre d'affaires (13 % pour les activités commerciales, 23 % pour les prestations de services) est appliqué au titre des cotisations sociales et des impôts sur le revenu (sous condition que le ménage ne dépasse pas un certain plafond de revenu). Ouvert à tous (chômeurs, inactifs ou personnes déjà en emploi, qui peuvent alors cumuler cette activité avec leur emploi existant), ce statut ne nécessite que des formalités réduites, mais s'accompagne également de droits sociaux réduits (retraite).

Autofinancement. Financement à l'aide de ses propres ressources, sans appel à un financement externe (emprunt, émission d'actions). En comptabilité nationale, il est égal à l'épargne brute qui mesure le profit brut conservé par l'entreprise. Ne pas confondre capacité de financement (excès de l'épargne sur l'investissement) et capacité d'autofinancement (égale à l'autofinancement plus les dividendes versés), appelée souvent *cash flow*. V. taux d'autofinancement.

Automatisation. Remplacement de travail humain direct par une opération effectuée par une machine automatique. On utilise parfois le néologisme d'origine anglaise « automation ».

Autoproduction. Produire pour soi-même. Terme en général réservé pour désigner la réalisation d'investissements soit par un particulier (autoconstruction d'une maison par exemple), soit, le plus souvent, par une entreprise (aménagement d'un bâtiment, conception d'un progiciel...). En comptabilité, ces « travaux faits par l'entreprise pour elle-même » sont évalués à leur prix de revient et font partie des produits comptabilisés dans le compte de résultat.

Autosuffisance. Fait, pour une nation déterminée, de produire au moins de quoi satisfaire sa demande intérieure. Par extension, désigne la fraction de la demande d'une zone géographique donnée (une région, voire un bassin d'emploi) qui peut être satisfaite par une production réalisée au sein de cette zone géographique (on parle alors de degré — ou de taux — d'autosuffisance).

Autorité. Capacité de se faire obéir sans recourir à la force. V. domination.

Autorité de la concurrence. Organisme administratif indépendant qui s'est substitué en 2009 au « Conseil de la concurrence » pour détecter et sanctionner les éventuelles pratiques anticoncurrentielles au sein de l'économie française. Il est composé de dix-sept membres, nommés par décret pour six ans.

Avantages (coûts) absolus (loi des). D'après Adam Smith (*Recherches sur la nature et les causes de la richesse des nations*, 1776), chaque pays se spécialise dans les produits pour lesquels ses coûts absolus sont les plus faibles.

Avantages (coûts) comparatifs (loi des). David Ricardo (*Principes de l'économie politique et de l'impôt*, 1817) conteste l'idée d'une spécialisation en fonction des *avantages absolus* (Smith). Qu'un pays dispose des coûts absolus les plus hauts pour tous les produits, ou qu'il soit dans la situation contraire, il gagne à se spécialiser dans la production de ceux pour lesquels ses avantages comparatifs sont les plus élevés, c'est-à-dire ses coûts relatifs les plus bas. La théorie n'épuise pas les questions posées par les conditions et les avantages du libre-échange. Les avantages comparatifs sont-ils le résultat spontané du marché ou sont-ils construits à l'aide de politiques publiques (éducation, R-D...) ? V. extraversion de l'économie, protectionnisme.

B

Baby boom. Désigne l'accroissement important des naissances à partir de 1944. Il s'est estompé au cours des années 1960. Il marque pour longtemps la pyramide des âges. V. *papy boom.*

Baisse tendancielle du taux de profit. Selon Marx, tendance inhérente au système capitaliste, car la concurrence qui y règne pousse les entreprises à investir toujours plus en équipements, pour économiser le travail direct, qui est le seul à être créateur de *plus-value*, c'est-à-dire de profit potentiel approprié par les propriétaires du capital. La *composition organique* du capital se modifie : les équipements (*capital constant*, car non créateur de plus-value) augmentent plus vite que le travail (*capital variable*, car source de plus-value), ce qui fait baisser la rentabilité du capital. Même si Marx (qui a développé cette analyse dans le *Livre III* du *Capital*, publié après sa mort) a fait preuve de circonspection en parlant de « tendance » et en insistant sur les raisons qui peuvent s'opposer — provisoirement ? — à cette tendance, cette analyse demeure le fondement principal des raisons pour lesquelles, aux yeux des marxistes contemporains, le capitalisme est confronté à des crises profondes.

Balance commerciale. Compte retraçant l'ensemble des importations de biens (mesurées FAB — franco à bord — c'est-à-dire hors coûts d'assurance et de transport) et des exportations de biens. Le solde est appelé *solde commercial*, à ne pas confondre avec le solde extérieur (v. ce terme). La balance commerciale est un sous-ensemble de la balance des biens et services, mais la balance des services (précédemment appelée « balance des invisibles ») fait l'objet d'un compte à part. Un excédent commercial n'est pas nécessairement bon signe : cela peut révéler une demande intérieure en baisse ou inférieure à ce qu'elle pourrait être. V. décalage conjoncturel, CAF.

Balance de base. Dans l'ancienne balance des paiements, somme de la balance des transactions courantes et de celle des capitaux à long terme.

Balance des invisibles. V. balance commerciale.

Balance des paiements. Document présentant dans un cadre comptable toutes les opérations effectuées pendant une période (trimestre, année) entre les résidents d'une économie nationale et les non-résidents. La balance est par définition équilibrée, mais on peut y faire apparaître des soldes significatifs. Avec l'application des consignes du cinquième manuel du FMI à la fin du siècle, le contenu de la balance des paiements a évolué. Aujourd'hui, la balance des paiements (dont la logique est proche de celle de la comptabilité nationale) est décomposée en trois comptes : comptes des transactions courantes dont le solde est appelé *solde des transactions courantes* (somme du solde des biens — c'est-à-dire exportations moins importations —, du solde des services, du solde des revenus et du solde des transferts courants) ; compte de capital dont le solde est appelé solde du compte de capital (la somme du compte de capital et du solde des transactions courantes est la *capacité de financement de la nation*) ; compte financier dont le solde est appelé solde du compte financier (somme du solde des investissements directs, du solde des investissements de portefeuille, du solde des autres investissements et des avoirs de réserves). La somme de la capacité de financement de la nation et du solde des investissements directs s'appelle le solde à financer. Le solde de la balance globale est la somme de tous les postes moins les avoirs de réserves et le solde des autres investissements du secteur bancaire.

Balance des transactions courantes (ou des paiements courants). Dans l'ancienne balance des paiements, c'est la balance commerciale plus le solde des « invisibles » et du poste « autres biens et services ». Son solde est proche de la notion de capacité de financement de la nation.

Balance dollars. Terme usité dans les années 1950 à 1970, lorsque le système monétaire international reposait sur des changes fixes. Les États-Unis s'étaient engagés à verser à toute banque centrale adhérant au système des changes fixes défini à Bretton Woods en 1944 la contrevaleur en or (sur la base de 35 dollars par once d'or fin, soit environ 31 grammes) des dollars qu'elle présenterait. Le dollar, seule monnaie convertible en or, était donc « as good as gold » (aussi bon que de l'or). Aussi, bon nombre de pays préféraient ne pas convertir les dollars qu'ils détenaient et placer ces excédents de devises éventuels auprès de banques internationales, plutôt que de les détenir en or, qui ne rapportait rien. Ce sont ces dollars potentiellement convertibles en or, détenus par des créanciers ne résidant pas aux États-Unis, que l'on appela alors les « balances dollars ».

Balance migratoire. Bilan de l'émigration et de l'immigration.

Bancarisation. Recours aux services bancaires, notamment par le biais des comptes à vue et des modes de paiement (cartes bancaires, virements ou chèques). Lorsque la bancarisation progresse, le pouvoir des banques augmente puisqu'elles sont à l'origine d'une proportion croissante des paiements effectués dans l'économie.

Banking principle. Théorie qui soutient contre le *currency principle* que les banques doivent pouvoir créer librement de la monnaie en contrepartie des crédits qu'elles consentent aux entreprises. V. *currency...*, monnaie endogène.

Banque. Établissement habilité à recevoir des dépôts du public (à vue ou à moins de deux ans), à gérer des moyens de paiement et à consentir des crédits. Le système bancaire se compose d'un ensemble de *banques commerciales*, coiffées par une *banque centrale*. Les premières, outre leur rôle de gestion de dépôts et d'octroi de crédits, peuvent détenir des participations dans le capital des sociétés qu'elles financent. C'était autrefois le rôle d'une catégorie particulière de banques, les *banques d'affaires*, devenues depuis 1984 des banques comme les autres. La banque centrale approvisionne les banques commerciales en billets (ou *monnaie centrale*), dont elle a le monopole d'émission, en échange de titres et moyennant un taux d'intérêt qu'elle fixe souverainement et qui lui permet d'influer le taux auquel les banques prêtent (*politique monétaire*). Elle organise également la *compensation* des chèques que les banques commerciales reçoivent de leurs clients et qu'elles créditent sur leurs comptes s'ils sont provisionnés et gère les *réserves de devises* du pays. Enfin, elle est le *prêteur en dernier ressort*, pour empêcher que le système ne se bloque si les banques commerciales devaient faire face à un afflux de demande de retrait de fonds en monnaie centrale. L'existence de ce rôle permet de limiter les risques d'effondrement d'un système bancaire basé sur la confiance dans la monnaie et la solidité des banques. V. BCE.

Banque centrale. V. banque, BCE.

Banque centrale européenne. V. BCE.

Banque de France. Banque centrale, créée comme banque privée en 1800 ; jusqu'en 1936, le gouverneur nommé par l'État rend compte à l'assemblée générale réunissant ses deux cents actionnaires les plus importants (les fameuses *deux cents familles*), qui élisent les quinze membres du *Conseil de régence* ; nationalisée en 1945, devenue indépendante du gouvernement à partir de 1993. Elle fait partie de l'Eurosystème (v. BCE) et est chargée de mettre en œuvre en France la politique monétaire décidée par la BCE.

Banque des règlements internationaux. V. BRI.

Banque d'investissement. V. investissement.

Banque mondiale. Siège à Washington ; créée en même temps que le FMI, comprend plusieurs organismes dont la BIRD (Banque internationale pour la reconstruction et le développement créée en 1945) et l'AID (Association internationale pour le développement, créée en 1960) ; passée du simple financement de projet à la promotion des réformes sectorielles et structurelles dans les politiques d'*ajustement structurel* développées par le FMI. V. consensus de Washington.

Banqueroute. État de *cessation des paiements* (accompagné d'actes délictueux, lorsque le terme est utilisé au sens juridique strict).

Barrière à l'entrée. Tout ce qui a pour effet de rendre plus difficile (voire impossible) l'entrée d'un concurrent supplémentaire sur un marché : importance des coûts fixes à subir pour atteindre le *seuil de rentabilité*, contrôle de la technologie (brevets), réglementation publique anticoncurrentielle... V. marchés contestables.

Barrière non tarifaire. V. obstacle...

Base monétaire. Concept lancé par les monétaristes (Milton Friedman essentiellement) pour désigner l'ensemble des avoirs en monnaie centrale (v. ce terme) des banques. En effet, pour les monétaristes, l'inflation provenant de l'essor du crédit, il s'agit de contraindre les banques à ne faire crédit qu'à condition de détenir préalablement un montant identique de réserves en monnaie centrale (« base monétaire à 100 % »), renouant ainsi d'une certaine manière avec le *Currency Principle* de la première moitié du XIXe siècle.

Bassin d'emploi. Zone géographique à l'intérieur de laquelle les salariés peuvent trouver un emploi sans changer de domicile (sa taille dépend des moyens de transport disponibles) et qui définit donc un marché local du travail.

BCE (Banque centrale européenne). Banque centrale de l'Union européenne. Elle est dirigée par un directoire de six membres nommés par le Conseil européen (parmi lesquels le président) pour huit ans et irrévocables, auxquels il est interdit de recevoir des instructions des gouvernements nationaux. Elle a pour mission d'assurer la stabilité des prix (entendue comme une hausse des prix annuelle un peu inférieure à 2 %). Elle comprend deux instances distinctes : le *Conseil général*, qui réunit le président et le vice-président du directoire, ainsi que les gouverneurs des banques centrales nationales de l'Union (on parle alors de *Système européen des banques centrales*, ou SEBC) et le *Conseil des gouverneurs* qui se compose du directoire et des gouverneurs des banques centrales des pays de la zone euro (on parle alors de l'*Eurosystème*). L'essentiel de la fonction de la BCE consiste à définir et faire appliquer la politique monétaire dans les pays de la zone euro dans le cadre de l'Eurosystème.

BCEAO (Banque centrale des États d'Afrique de l'Ouest). Banque centrale (créée en 1955) qui réunit le Bénin, le Burkina-Faso, la Côte d'Ivoire, le Mali, le Niger, le Sénégal et le Togo, et qui détermine la politique monétaire de ces pays, dont la monnaie est le franc CFA (Communauté financière d'Afrique, sous-entendu « de l'Ouest »). La banque est présidée par le ministre de l'Économie et des Finances de la France, qui gère les réserves de devises de la banque.

BEAC (Banque des États d'Afrique centrale). Banque centrale (créée en 1955) commune au Cameroun, à la République centrafricaine, à la République démocratique du Congo (Congo-Brazzaville), au Gabon, à la Guinée-Équatoriale et au Tchad, qui détermine la politique monétaire de ces pays, dont la monnaie est le franc CFA (Communauté financière d'Afrique, sous-entendu « centrale »). Avec la BCEA (v. ce terme) et la Banque des Comores, elle constitue la zone franc (v. ce terme).

Behaviorisme. Issu de l'anglais *behavior* (comportement), désigne une théorie du comportement individuel (notamment dans le domaine de la consommation) comme modelé par des stimulations externes.

Benchmarking. Terme anglais désignant l'analyse comparative des modes de gestion soit des institutions (entreprises, systèmes de formation, etc.), soit des règles (juridiques, économiques ou sociales), soit des États en fonction de leurs résultats. Le terme français (« parangonnage ») est plus approprié, mais très rarement utilisé.

Bénéfice. Écart positif constaté entre les produits et les charges d'une activité marchande durant une période donnée. S'emploie aussi pour désigner les effets heureux (pas forcément monétaires) d'une action humaine.

Benelux. Union douanière datant de 1948 entre la Belgique, les Pays-Bas (Nederland) et le Luxembourg. Absorbée par la CEE en 1958.

Benign neglect. Expression anglaise pour désigner la *négligence tranquille* avec laquelle les Américains considèrent le déficit de leur balance des paiements parce qu'ils peuvent le régler avec leur propre monnaie.

BERD (Banque européenne pour la reconstruction et le développement). Institution financière créée en 1992 pour prêter à long terme à des sociétés privées ou en voie de privatisation dans les anciens pays socialistes d'Europe, ou pour prendre des participations dans leur capital, sous la double condition qu'ils respectent le pluralisme démocratique et l'économie de marché. Même si le capital initial de la BERD a été fourni par les États des principaux pays occidentaux, il s'agit d'une institution de capital risque dont la finalité est de réaliser des profits. Elle ne finance donc que des projets estimés rentables, même si c'est à long terme.

Besoin. Au sens économique du terme, tout sentiment de manque ou d'envie susceptible de déboucher sur un achat. Mais seuls les besoins solvables débouchent effectivement sur un achat. Les autres besoins demeurent insatisfaits, faute de pouvoir d'achat. La notion de besoin économique a un sens restrictif, puisqu'elle écarte tout ce qui n'est pas susceptible de donner naissance à une demande marchande.
Des auteurs ont tenté de classer les besoins selon leur ordre d'importance. Ainsi, selon Louis-Joseph Lebret (fondateur d'*Économie et Humanisme*), il y aurait trois catégories de besoins : les besoins primaires sont ceux qui relèvent de la nécessité et de la dignité ; les besoins secondaires correspondent au confort ; les besoins tertiaires au dépassement. Seuls les deuxièmes, selon Lebret, donnent naissance à une intervention marchande : sous l'influence des firmes capitalistes, ils ont donc eu tendance à se développer au-delà du souhaitable et à réduire au contraire l'économie humaine, celle qui se préoccupe des besoins primaires et tertiaires. Selon Maslow, un psychosociologue américain, ce n'est que si les besoins immédiatement inférieurs sont satisfaits que l'individu recherche la satisfaction de besoins supérieurs, selon l'ordre suivant : besoins physiologiques (manger, dormir, etc.), besoins de sécurité (stabilité, protection, dépendance, etc.), besoins sociaux (appartenance, aide, affection, etc.), besoins d'estime (confiance en soi, indépendance, prestige, etc.), besoins d'accomplissement (épanouissement, créativité).
Depuis une conférence mondiale de l'OIT en 1976, la notion de satisfaction des besoins fondamentaux fait partie de l'agenda des institutions internationales, parce que leur insatisfaction rend impossible le développement humain : manger à sa faim, avoir accès à l'eau potable, être soigné, savoir lire et écrire... Les *objectifs du millénaire pour le développement* fixés par l'ONU visent notamment, d'ici 2015, à assurer à tous les enfants une scolarité primaire complète, à réduire (par rapport au niveau de 1990) des deux tiers la mortalité infantile (enfants de moins de 5 ans) et de moitié le nombre de personnes n'ayant pas accès à l'eau potable et à des installations sanitaires. Aux deux tiers du parcours

(2007), on est encore très loin des objectifs affichés, qui ne seront sans doute pas atteints.

Besoin de financement (cn). Lorsque l'épargne brute d'un secteur institutionnel est inférieure à sa FBCF (et à la variation des stocks dans le cas des entreprises), il a un besoin de financement. Attention ! Le besoin de financement n'est pas égal à l'investissement, mais à l'excédent de l'investissement sur l'épargne. Lorsqu'il a un besoin de financement, le secteur institutionnel doit nécessairement augmenter son passif (par exemple, en empruntant). Un besoin de financement négatif s'appelle une capacité de financement.

Besoin en fonds de roulement. V. fonds de roulement.

Bien de consommation. Tout bien ne servant pas de support à un processus de production, donc n'étant pas destiné à être transformé en un autre bien. Le classement ne dépend pas de la nature du bien, mais de son utilisation : une voiture est un bien de consommation si elle est acquise par un ménage dans un but non professionnel, elle est un bien de production si le même ménage l'acquiert dans un but professionnel (le médecin pour ses visites, l'épicier pour ses livraisons, l'agriculteur pour ses déplacements professionnels). En revanche, dès lors qu'une voiture — ou n'importe quoi d'autre : encre, livre, alcool — est acquise par une entreprise, le doute n'est pas permis, puisque la finalité d'une entreprise est de produire.

Bien d'équipement. Tout bien dont l'utilisation est durable (plus d'un an). Les biens d'équipement des ménages (automobile, ordinateur domestique, réfrigérateur...) sont tous considérés comme des biens de consommation, alors que les biens d'équipement des entreprises sont considérés comme de l'investissement (FBCF en comptabilité nationale), dont la finalité est de servir à un processus de production.

Bien de production. Tout bien entrant dans un processus de production, qu'il soit durable (*bien d'équipement*) ou non (*consommation intermédiaire*).

Bien-être. La théorie du bien-être, élaborée initialement par Vilfredo Pareto, s'intéresse à l'usage optimal des ressources existantes, optimal ne signifiant pas que chacun dispose des ressources nécessaires à *son* bien-être, mais signifiant que, compte tenu de la répartition existante du revenu, chacun tire le meilleur usage possible du revenu dont il dispose. Cette conception individualiste du bien-être a été remise en cause notamment par des approches qualifiées de « communautariste » (Michael Walzer) ou de « distributiviste » (John Rawls), qui s'appuient sur l'idée que l'on ne peut traiter du bien-être sans s'interroger sur la justice sociale. La mesure du bien-être d'une population pose des problèmes redoutables, car, à moins de monétariser tous les éléments qui y concourent (la santé, l'épanouissement personnel, etc.), ce qui n'est ni possible ni, sans doute, souhaitable, il faut utiliser des batteries d'indicateurs différents, donc régler le problème de leur agrégation et de la pondération de chacun.

Bien final. Tout bien qui ne subit plus de transformation productive. Ne pas confondre avec produit fini, qui désigne un bien manufacturé prêt à la vente, mais qui peut être destiné à servir dans un usage productif.

Bien intermédiaire. Tout bien de consommation (et, par extension, tout service) utilisé au cours d'un processus de production. V. consommation intermédiaire.

Bien public. Catégorie particulière de biens collectifs qui exercent des effets externes si importants sur l'ensemble de la population et son bien-être que la collectivité a le devoir de veiller à leur production, à leur accès ou à leur conservation (ex. : la santé publique, au travers de l'obligation de certaines vaccinations, la stabilité monétaire, etc.). On parle parfois de biens *tutélaires* lorsque l'État impose des règles ou des restrictions dans leur production, leur usage ou leur distribution (produits pharmaceutiques, usage et vente des produits addictifs, etc.). Certains de ces biens publics sont mondiaux (climat, lutte contre les pandémies, biodiversité...), ce qui nécessite de mettre en place des règles internationales respectées par tous les pays.

Bien tutélaire. V. bien public.

Biens collectifs. Bien (en fait, service) indivisible dont la disponibilité n'est pas diminuée par la présence d'un utilisateur supplémentaire (*non-rivalité*) et dont tous bénéficient dès lors qu'il existe (on parle parfois de *non-excludabilité*) : éclairage public, défense nationale, signalisation routière, monnaie stable... Selon la *théorie microéconomique standard*, il serait irrationnel de le faire payer, puisque son coût marginal est nul (un utilisateur de plus n'engendre aucun coût supplémentaire), et ce serait en outre impossible, puisque chaque utilisateur jouerait les *passagers clandestins*, attendant que quelqu'un d'autre paye pour en profiter (non-excludabilité). Ces caractéristiques impliquent une intervention de l'État pour financer la production de ces services par des prélèvements obligatoires (en revanche, la production elle-même peut être concédée au secteur privé). L'évolution des technologies peut transformer un bien collectif en bien individualisable, pour lequel il devient alors possible de faire payer ceux qui désirent en profiter : péage pour une route ou une rue, décodeur pour une émission de télévision cryptée, etc. On parle alors de « bien collectif impur » (ou *bien de club*), les autres étant des « biens collectifs purs ». On parle de *bien commun* lorsqu'il y a non-excludabilité mais rivalité (banc de poissons, routes...).

Biens communs. V. biens collectifs.

Biens complémentaires. Exemple : une chaussure gauche et une chaussure droite. L'huile et le vinaigre.

Biens de club. V. biens collectifs.

Biens Giffen. V. Giffen.

Biens substituables. Biens concurrents : l'élasticité de la demande de l'un par rapport au prix de l'autre est élevée (beurre et margarine).

Big bang. Surnom donné à la déréglementation de la Bourse de Londres en 1986.

Bilan (d'une entreprise). Document de nature comptable donnant une représentation du patrimoine à un moment donné, c'est-à-dire récapitulant l'ensemble des droits et des engagements de l'entreprise. Le *passif* (partie droite du bilan) décrit les engagements à l'égard des associés (capital social et bénéfice non distribué conservé en réserve qui constituent les *capitaux propres*) et à l'égard des tiers (dettes). Le passif présente donc l'*origine des ressources* dont dispose l'entreprise. L'*actif* (partie gauche du bilan) décrit l'*emploi de ces ressources*, c'est-à-dire les droits acquis sur des choses (droits de propriété sur des immeubles, des machines, des marchandises stockées, etc.) ou sur des personnes (droits de créance comme les prêts).

Bilan social. Ensemble d'informations sur les salariés de l'entreprise (âge, ancienneté, salaires, composition professionnelle, qualification, embauches effectuées, licenciements enregistrés, etc.) obligatoire pour tous les établissements comportant au moins 300 salariés.

Bilatéralisme. Par opposition au multilatéralisme, désigne le fait, pour un pays, de passer des accords commerciaux préférentiels avec un autre pays. Alors que le multilatéralisme implique qu'une concession faite à un pays soit étendue à l'ensemble des autres pays, de manière à ne pas créer de distorsions de concurrence, le bilatéralisme s'appuie au contraire sur la construction de relations privilégiées entre deux pays, au détriment des autres.

Billet à ordre. V. effet de commerce.

Billet de banque. Initialement, le terme désignait un document signé par le dépositaire, attestant d'un dépôt à vue fait par une personne (physique ou morale) dans une banque. Les billets de banque se sont ainsi peu à peu transformés en monnaie, se substituant à la monnaie métallique, qu'ils étaient censés simplement représenter. Aujourd'hui, les seuls billets de banque ayant cours légal sont ceux émis par la banque centrale : ils composent la monnaie fiduciaire qui représente environ 10 % des moyens de paiement en circulation.

Billet de trésorerie. Titre d'emprunt à court ou moyen terme (dix jours à sept ans) émis par une entreprise, et comportant le paiement d'un intérêt fixe.

Bimétallisme. Situation dans laquelle la monnaie ayant cours légal est constituée à la fois d'argent et d'or, ou de billets et de dépôts à vue librement convertibles en ces deux étalons. Ce système (qui a été en vigueur en France jusqu'en 1873) implique qu'entre les deux métaux existe un taux de change invariable (en France, il s'agissait d'un gramme d'or pour 15,5 grammes d'argent).

BIRD. V. Banque mondiale.

BIT. V. OIT.

Black-out. Terme anglais (sans équivalent français) désignant la fermeture provisoire d'une entreprise par l'employeur en réponse à une grève. L'employeur cesse alors de supporter un certain nombre de frais liés au fonctionnement de l'entreprise en grève, ce qui lui permet de résister plus longtemps tout en exerçant une forte pression sur les salariés non grévistes pour qu'ils fassent cesser la grève. Le *black-out*, considéré comme une arme antigrève, est susceptible de recours à ce titre devant les tribunaux. Il s'agit donc d'une procédure rarement utilisée.

Blanchiment. Ensemble des techniques utilisées pour transformer des revenus clandestins ou illégaux (argent tiré du trafic, de vols, de pots-de-vin, d'activités criminelles...) en revenus légaux. Depuis 1995, dans l'Union européenne, toute banque est tenue de signaler les opérations qui lui paraissent être des opérations de blanchiment. Un organisme intergouvernemental, le « Groupe d'action financière internationale » (GAFI, auquel participent trente-cinq pays) a été chargé depuis 1989 de lutter contre le blanchiment et le financement du terrorisme, ainsi que d'établir la liste des pays les moins coopératifs dans ce domaine.

Bon de caisse. Titre de créance émis par une institution financière en échange d'un dépôt bloqué pour un maximum de cinq ans et rapportant un intérêt fixe.

Bon du Trésor. Titre de créance à court ou long terme (jusqu'à cinquante ans !) émis par le Trésor public et rapportant pour le détenteur un intérêt fixe. Dans les bons à coupon zéro, les intérêts dus par l'emprunteur sont décomptés dès l'émission : un bon remboursable 10 000 dollars dans trente ans est émis, par exemple, à 3 000 dollars. En France, les bons du Trésor à durée longue (sept ans ou plus) sont appelés OAT (obligations assimilables du Trésor) : même émis à des dates différentes, les différents emprunts ont une même date de remboursement et un même taux d'intérêt, ce qui permet d'organiser une cotation unique de tous les titres assimilés, facilitant ainsi la revente sur un marché secondaire (de l'occasion).

Bonification d'intérêts. V. prêt bonifié.

Boom. V. cycles.

Bouclier fiscal. Dispositif, introduit en 2004 en France, plafonnant l'ensemble des impôts payés par un particulier (sur le revenu, sur la fortune, CSG et taxe d'habitation) à une proportion maximale de son revenu déclaré. Cette proportion est actuellement (2010) de 50 %.

Bourgeoisie. Dans l'optique marxiste, il s'agit d'une classe sociale, celle qui est propriétaire des moyens de production et qui, à ce titre, vit (et prospère) grâce à la plus-value tirée du travail des autres. Même si Marx distinguait grande et petite bourgeoisie (cette dernière utilisant peu ou pas de force de travail salariée), il était persuadé qu'à terme seule la grande bourgeoisie subsisterait, en raison de la tendance à la concentration des moyens de production impulsée par la concurrence sur le marché et les crises économiques, et qu'elle serait éliminée par le prolétariat, infiniment plus nombreux et organisé. Dans un sens non marxiste, la bourgeoisie désigne plutôt un mode de vie, caractérisé par la détention d'un patrimoine personnel substantiel (qui n'est pas forcément de type productif : ce peut être du patrimoine immobilier) et des revenus nettement supérieurs à la moyenne.

Bourse. Marché organisé et public où s'échangent des valeurs mobilières (Bourse des valeurs), des marchandises (Bourse de commerce).

Bourse du travail. Initialement, lieu organisé par les syndicats de travailleurs pour permettre à ceux de leurs membres qui étaient au chômage de trouver des employeurs susceptibles d'embaucher. La Fédération des Bourses du travail a donné naissance à la CGT, dont les unions locales, de ce fait, sont fréquemment installées dans ces anciennes Bourses qui ont conservé leur nom initial.

Boycott. Consigne donnée aux acheteurs d'un produit ou d'un ensemble de produits de changer de fournisseur afin de faire pression sur le producteur visé par le boycott. Il existe des *boycotts* officiels comme celui des produits sud-africains promulgué par l'ONU pour obtenir l'abolition de l'*apartheid*. Mais il s'agit plus souvent d'initiatives privées afin de faire pression sur une société ou un pays (ex. : le *boycott* des produits Danone lors de l'annonce de la fermeture d'une usine Lu en 2001). Force est de reconnaître que ces opérations sont rarement efficaces, en raison de la difficulté de convaincre un nombre significatif d'acheteurs.

Branche. V. secteur.

Bretton Woods. Nom de la station de ski américaine où furent conclus, le 22 juillet 1944, entre les 44 pays alors membres de l'Organisation des Nations unies (ni l'Allemagne ni le Japon n'en faisaient partie), les accords jetant les bases du système monétaire international qui a fonctionné jusqu'en 1971 : changes fixes (les monnaies étant définies par un poids d'or ou par une quantité de dollars, la monnaie américaine étant elle-même définie en or), changements de parités (c'est-à-dire modification du poids d'or ou de la quantité de dollars d'une unité monétaire nationale), règles de convertibilité (en or ou en autres monnaies), possibilité de dévaluer ou de réévaluer en cas de « déséquilibre fondamental » etc. Les accords (qui ne furent pas ratifiés par l'URSS et les pays de l'Est) ont également créé deux institutions multilatérales : le Fonds monétaire international (FMI), chargé de veiller au respect des règles et, éventuellement, de prêter à un pays momentanément à court pour éviter qu'il ne modifie sa parité sans raison profonde ; la Banque internationale pour la reconstruction et le développement (BIRD, qui, avec sa filiale AID, constitue la Banque mondiale), chargée de prêter à long terme pour financer des opérations de développement. Le premier président de la BIRD a été J.M. Keynes. Depuis 1971 et l'instauration de fait d'un système de changes flottants (consacré en droit en 1976 par les Accords de la Jamaïque), le FMI s'est recentré sur la surveillance économique et financière et l'ajustement structurel des pays confrontés à un endettement international excessif. Néanmoins, depuis la crise financière de 2008, la nécessité d'organiser un « nouveau Bretton Woods » a été affirmée par de nombreux analystes, soucieux d'instaurer des règles plus strictes dans la finance internationale. V. ajustement structurel, change flexible (flottant), système monétaire international.

Brevet. Titre de propriété temporaire sur un procédé ou sur un produit accordé par l'État (ou plusieurs États) à l'inventeur. Le monopole d'exploitation ainsi garanti peut être vendu ou loué (v. licence). La durée des brevets dépend de la législation nationale : vingt ans, etc.

BRI. La Banque des règlements internationaux (siège à Bâle) organise la coopération entre banques centrales, la supervision des activités internationales des banques et la détermination de règles prudentielles. Elle avait été créée en 1930 pour gérer le paiement des réparations allemandes prévues par le traité de Versailles. V. ratio Cooke, prudentielle.

BRIC. Brésil, Russie, Chine, Inde. Ensemble d'économies émergentes (v. ce terme) en forte croissance industrielle, qui dynamisent le commerce mondial.

Budget. Ensemble de prévisions chiffrées couvrant, généralement pour une année, les activités d'une entreprise, d'une administration, d'une association, d'un État... V. exercice, loi de finances.

Budget des ménages. Analyse des dépenses des ménages par grands postes de consommation (par exemple, alimentation, logement, habillement, santé, transports, culture-loisirs). La part qu'occupe chaque poste dans l'ensemble des dépenses s'appelle le coefficient budgétaire.

Budget économique. Prévision, dans un cadre de comptabilité nationale, pour l'année en cours et pour l'année suivante des principaux résultats de l'économie nationale ; quelquefois appelée compte prévisionnel ou compte exploratoire ; un budget économique est annexé à la loi de finances, dont il présente ainsi les principales hypothèses et conséquences.

Budget fonctionnel. Mode de présentation du budget dans laquelle les dépenses sont réparties entre les grandes fonctions de l'État.

Budget temps. Emplois du temps effectifs des individus, obtenus à partir d'enquêtes réalisées par l'INSEE.

Bulle. Si de nombreux agents économiques se portent acheteurs d'un actif financier (action, devise...) ou non financier (logement, matière première...) parce qu'ils anticipent une hausse de son prix, l'augmentation de la demande de l'actif conduit à une hausse de son prix ; dans ce cas on parle de *prévision autoréalisatrice* (parce que les agents croient que le prix va augmenter, ils achètent ; donc le prix monte, ce qui leur donne raison d'avoir prévu une hausse du prix !). Une bulle (on parle quelquefois de *bulle spéculative*) est une situation dans laquelle les agents pensent que le prix va augmenter *parce qu'il a déjà augmenté* (autrement dit, que la hausse va se poursuivre). Dans ces conditions, ils achètent ; ce qui fait monter les prix et convainc d'autres agents (ou les mêmes...) que la hausse du prix va se poursuivre. Etc. Une bulle est donc une situation dans laquelle le prix d'un actif augmente... parce qu'il a déjà augmenté. On est en présence de *comportements mimétiques*. Les *bulles financières, immobilières*, ou autres, finissent par éclater, en général à la suite d'un événement fortuit qui fait prendre conscience aux spéculateurs que les prix sont devenus excessifs. Les agents vendent alors le plus vite possible de peur que les prix ne baissent, ce qui fait baisser les prix, etc. L'éclatement d'une bulle (qui peut mettre plusieurs années à se produire) donne alors souvent naissance à un krach (effondrement des cours, faute d'acheteurs). V. krach boursier.

Bureaucratie (forme d'organisation). Pouvoir des bureaux. Habituellement, désignation péjorative d'une administration peu efficace, procédurière, arbitraire et pléthorique. Pour Max Weber (1864-1920), la bureaucratie est rationnelle et efficace parce qu'elle correspond à un fonctionnement plus standardisé et plus prévisible que les organisations traditionnelles. Ses caractéristiques sont : une définition précise des postes de travail, un accès aux différents postes en fonction des compétences (examens, concours), une hiérarchie claire des fonctions et des postes, des procédures généralement écrites et impersonnelles.

Bureaucratie (groupe social). La bureaucratie n'est pas seulement une forme d'organisation ; c'est aussi un groupe social dont le rôle et la nature ont été l'objet de débats, notamment au sein de la sociologie marxiste à propos de la société soviétique. En son temps, Marx (1818-1883) considérait la bureaucratie comme un groupe parasitaire et transitoire, qui ne prospérait que parce qu'existait un État au service de la classe dominante. Contre Trotski qui développe la même thèse à propos du stalinisme, Bruno Rizzi (*La Bureaucratisation du monde*, 1939) analyse la bureaucratie comme la nouvelle classe dominante d'un nouveau type de société, qui exploite économiquement la classe ouvrière parce qu'elle la domine politiquement (retournement de l'analyse marxiste). L'Américain (conservateur) James Burnham (*L'Ère des organisateurs*, 1941) étend la notion de bureaucratie à la montée en puissance, à l'Est comme à l'Ouest, des *managers* dont le pouvoir s'appuie sur leurs compétences en matière d'organisation. V. technocratie, technostructure.

C

CAC 40. V. indice boursier.

CAD. Comité d'aide au développement. V. aide au développement.

Cadre. Ensemble des professions caractérisées par l'exercice de responsabilités hiérarchiques ou professionnelles, par une autonomie reconnue dans l'organisation de leur travail et par un niveau de salaire relativement élevé. Le terme, initialement réservé aux salariés ayant une responsabilité hiérarchique leur donnant autorité sur l'organisation du travail et l'appréciation des résultats d'un ensemble important de salariés, a été étendu, au début des années 1950, à ceux dont le salaire mensuel était supérieur au plafond de la Sécurité sociale, c'est-à-dire au seuil à partir duquel les cotisations de retraite n'étaient plus versées à la Sécurité sociale mais à un organisme de retraite complémentaire (dit souvent « retraite des cadres »). Cette définition a ensuite été brouillée par la définition, dans les conventions collectives, d'une catégorie « cadres », dont le niveau minimal de salaires peut être inférieur au plafond de la Sécurité sociale, si bien que le terme a connu une extension considérable. Il a donc fallu préciser « cadre moyen » ou « cadre supérieur », jusqu'à ce que, en 1982, l'Insee définisse les cadres comme indiqué ci-dessus.

CAF. Coût, assurance, fret. Si les importations sont mesurées à leur valeur au point d'entrée en France, elles sont dites CAF (*coût* de la marchandise, dépenses d'*assurance* et de *fret*), en anglais CIF (*cost, insurance, freight*). La valeur des importations à la frontière du pays exportateur (le Japon par exemple) est dite FAB (franco à bord ; anglais : FOB, *free on board*). Les importations CAF sont supérieures aux importations FAB (coût de transport du Japon jusqu'en France...). Pour la France l'écart global CAF-FAB correspond à 1,6 % des importations. Les données internationales sont harmonisées « FAB-FAB » : importations FAB et exportations FAB.

CAF. Capacité d'autofinancement. V. autofinancement.

Call. Option d'achat sur un titre coté sur un marché financier. Une option d'achat consiste en un droit d'acheter, soit à une date déterminée, soit durant une période déterminée, un titre à un prix déterminé par avance. L'option ne sera exercée (c'est-à-dire concrétisée) que si le cours au moment de la date prévue est supérieur au montant indiqué sur l'option. Une option de vente est appelée *put*.

Cambistes. Personnes qui effectuent des opérations de change ; opérateurs sur le marché des changes (de l'italien *cambio*, change).

Capabilités. Concept forgé par Amartya Sen (prix de la Banque de Suède en sciences économiques en mémoire d'Alfred Nobel en 1998) pour désigner tout ce qui permet à chaque homme de réaliser ses capacités virtuelles. Par exemple, la faim affecte le devenir des enfants concernés, parce qu'elle réduit leur espérance de vie et leurs capacités intellectuelles. Lutter contre la faim améliore donc les *capabilités*.

Capacité de financement (cn). Lorsque l'épargne brute d'un agent économique est supérieure à sa FBCF (et à la variation des stocks dans le cas des entreprises), il a une capacité de financement. Attention ! *La capacité de financement n'est pas égale à l'épargne, mais à l'excédent de l'épargne sur l'investissement.* Elle permet d'acheter des créances (par exemple en prêtant). Globalement, les ménages ont toujours une capacité de financement positive. Une capacité de financement négative s'appelle un besoin de financement.

Capacité de financement de la nation (cn). C'est la somme des capacités de financements des secteurs institutionnels (un besoin de financement est une capacité négative). Dans la balance des paiements, elle est égale à la somme du solde des transactions courantes et du solde du compte de capital (v. ces termes). Positive, la capacité de financement signifie que le reste du monde a plus accru ses dettes à l'égard de la nation que celle-ci ne l'a fait à l'égard du reste du monde. Négative, elle signifie que la nation a un besoin de financement (elle a dû plus emprunter que prêter).

Capacité de production. Niveau maximal de production d'une entreprise, si celle-ci mobilisait l'ensemble de ses moyens en hommes et en équipements. La capacité de production n'est jamais atteinte à 100 %, parce que, plus on se rapproche du plafond, plus on est contraint d'utiliser des équipements moins performants, de mobiliser des hommes déjà fatigués, de résoudre des problèmes d'encombrement ou de surcharge. Cependant, la connaissance des capacités de production permet de mesurer la marge de croissance sans investissement existant dans une économie donnée. Elle fait l'objet d'enquêtes (trimestrielles) de la Banque de France auprès des entreprises.

Capital. Au sens économique, stock de richesses susceptible d'engendrer un revenu au profit de son propriétaire. Certains économistes néoclassiques étendent ce concept à la formation et à l'expérience acquise, qu'ils qualifient de capital humain, car ce « stock » de connaissances théoriques ou pratiques permet d'obtenir un salaire plus élevé : chaque individu déterminerait donc jusqu'où il vaut la peine qu'il investisse en formation en comparant le coût de cette formation (y compris la renonciation à un salaire durant la période d'études) et son rendement. Pierre Bourdieu, pour sa part, entend par capital l'ensemble des ressources, y compris non économiques, qu'un individu peut mobiliser ou dont il dispose pour se faire une place dans la société. Ainsi, le capital culturel, c'est-à-dire l'ensemble des connaissances, dispositions, goûts, souvent concrétisés sous forme de titres (exemple : professeur agrégé) ou de diplômes (exemple : un doctorat) qui, appropriés par une personne, lui permettent d'occuper un rang social déterminé. Le capital culturel n'est pas acquis à la naissance, contrairement au capital économique, dont on hérite simplement parce qu'on a la chance d'être le fils ou la fille de M. Untel. Le capital culturel doit être incorporé, c'est-à-dire intégré à la personne même : plus cette incorporation commence tôt dans la prime enfance, sous forme de désignation de ce qui est bien et de ce qui est mal, de ce qui est beau et de ce qui est laid, etc., plus l'incorporation est forte, ce qui explique l'avantage dont jouissent les enfants issus des familles aisées. L'incorporation est également le fait de l'institution scolaire. Plus elle dure longtemps, plus elle est forte : là encore, les enfants des familles aisées peuvent investir davantage, et plus longtemps, ce qui renforce leur avantage. Bourdieu désigne sous le terme de capital symbolique le fait que la disposition de capital (économique ou culturel) permet à celui qui le possède de disposer d'atouts maîtres pour accéder à une position sociale acceptée et reconnue par les autres. Le capital symbolique est donc une façon de se faire légitimer dans la position que l'on occupe. Chez Marx, enfin, le capital désigne un rapport social, permettant au détenteur de moyens de production d'acheter de la force de travail (ou *capital variable*) et d'accaparer la plus-value que cette dernière produit.

Capital constant, variable (Marx). Le capital constant correspond à l'achat des moyens de production (biens intermédiaires et biens d'équipement), le capital variable à l'achat de la force de travail (salaires). Le capital variable fait varier la valeur (v. exploitation), alors que le capital constant ne fait que transmettre sa valeur. V. composition organique.

Capital fixe, circulant. Pour les comptables nationaux, le capital fixe est l'ensemble des biens durables acquis pour être utilisés pendant plus d'un an dans un processus de production (il comprend aussi des actifs incorporels : v. FBCF). Il augmente si la FBCF est supérieure à la consommation de capital fixe (amortissement économique). Le *capital fixe productif* comprend le capital fixe à l'exception des logements. Le capital est dit fixe (voir FBCF) parce qu'il fixe de la valeur pendant plusieurs cycles de production (sa valeur n'est pas détruite entièrement au premier usage) ; il est circulant lorsque sa valeur est entièrement détruite lors du cycle de production (c'est le cas des consommations intermédiaires utilisées). Cette opposition renvoie à la question de la rotation du capital.

Capital humain. Notion développée par l'économiste américain Gary Becker (né en 1930, à ne pas confondre avec le sociologue américain Howard S. Becker, né en 1928). L'idée (néoclassique) est de considérer la force de travail à l'instar du capital. Le capital humain est constitué par le niveau de formation, l'état de santé. L'individu (ou la collectivité) peut investir pour améliorer son efficacité : dépenses d'éducation...

Capital-risque. Forme de financement des jeunes entreprises créées autour d'une innovation. Il s'agit d'un contrat (construit pour financer des investissements très risqués) entre un innovateur (qui engage son propre argent dans l'affaire) et un fonds de capital-risque (qui achète des actions de la société innovante) géré par un capital-risqueur (intermédiaire spécialisé qui engage aussi ses fonds propres et aide à la réalisation du projet) et principalement financé par des investisseurs (banques, entreprises, particuliers) qui s'engagent à rester dans le fonds pendant une certaine durée à l'issue de laquelle — en cas de succès de l'innovation — les actions de l'entreprise sont introduites sur un marché boursier (nouveau marché, Nasdaq...), ce qui permet à tous de réaliser de très fortes plus-values. Le capital-risque est le mode de financement privilégié de la nouvelle économie (v. ce terme).

Capital social. 1) Au sens comptable, ensemble des apports mis de façon permanente à la disposition d'une société par ses associés ou ses propriétaires.
2) Au sens sociologique, concept forgé par Pierre Bourdieu (1930-2002) pour désigner « l'ensemble des ressources actuelles ou potentielles qui sont liées à la possession d'un réseau durable de relations plus ou moins institutionnalisées d'interconnaissance et d'inter-reconnaissance ». Selon Bourdieu, le capital social « exerce un effet multiplicateur sur le capital possédé en propre », et « les profits [matériels ou symboliques] que procure l'appartenance à un groupe sont au fondement de la solidarité qui les rend possibles » (*Le Sens pratique*, Paris, Minuit, 1980), ce qui explique que le capital social, loin d'être une donnée naturelle, résulte d'un investissement personnel fort.
3) Le sociologue américain Robert Putnam (né en 1941) s'est inspiré de l'approche de Bourdieu, mais en lui enlevant ce caractère construit et consciemment ou inconsciemment intéressé : il le définit comme l'ensemble des réseaux — familiaux, amicaux, professionnels, de proximité... — auxquels un individu participe et dont il peut recevoir des informations ou des aides en cas de besoin.

Capital technique. Moyens de production durables dont dispose une entreprise (bâtiments, machines, outillages, matériels de transport...).

Capitalisation. Se dit lorsque les intérêts ou dividendes rapportés par un placement, au lieu d'être versés au propriétaire du placement, sont incorporés au placement lui-même. La retraite par capitalisation fonctionne sur ce principe : les cotisations versées à un organisme financier (*fonds de pension*) servent à acquérir des titres (actions, obligations...) dont le revenu est capitalisé. La liquidation du capital ainsi enrichi des revenus financiers détermine le niveau des pensions payées, compte tenu de l'espérance de vie des pensionnés.

Capitalisation boursière. Pour une société cotée en Bourse, c'est le produit du nombre de ses actions par leur cours boursier. Pour une Bourse, c'est la somme des capitalisations boursières des sociétés qui y sont cotées.

Capitalisme. Système social caractérisé par la propriété privée des moyens de production et par la vente de la production qui en résulte sur des marchés où offre et demande s'ajustent au moyen de variations de prix. Du fait de la propriété privée des moyens de production, la recherche du profit joue un rôle essentiel, à la fois pour orienter la production et pour financer les investissements. On parle de capitalisme familial lorsque la propriété du capital est, pour l'essentiel, le fait de familles qui contrôlent les sociétés les plus importantes, de capitalisme managérial lorsque les propriétaires du capital délèguent leur rôle de gestionnaires à des salariés de haut niveau chargés de développer l'entreprise. Cette dernière situation est d'autant plus fréquente que, avec la vente sur le marché boursier d'une partie souvent importante des actions détenues initialement par les familles propriétaires, le capital de la majorité des grandes entreprises devient très émietté : la montée des managers en est facilitée, puisque aucun actionnaire ne détient plus réellement le pouvoir. Un économiste marxiste du début du XXe siècle, Rudolf Hilferding, a développé le concept de capitalisme financier, repris par Lénine, pour caractériser l'évolution du capitalisme au sein duquel les banques (et les institutions financières) détiennent une part croissante du capital. Quant au capitalisme monopoliste d'État, il s'agit d'une analyse marxiste développée dans les années 1970-1980, avançant que la concentration incessante des entreprises, qui aboutit à des formes larvées de monopoles, ne suffit plus à empêcher la baisse de leur rentabilité, en raison des énormes capitaux qu'elles doivent mobiliser. Il leur faut donc faire appel à l'État, sous forme de

subventions, de financements publics (recherche par exemple), d'exemptions fiscales, de marchés publics, etc., l'État cédant volontiers à ces demandes, d'abord pour des raisons économiques (la crainte des conséquences négatives que pourrait entraîner la faillite ou les difficultés de ces grands groupes), ensuite pour des raisons sociologiques (dirigeants politiques et dirigeants économiques sortent des mêmes milieux, ont la même formation, parlent le même langage et sont parfois apparentés).
Le capitalisme revêt des formes assez différentes d'un pays à l'autre, selon la place qu'y occupent respectivement les mécanismes du marché, le poids de l'État et la négociation sociale. Même si, un peu partout, les mécanismes de marché s'accentuent (privatisations, rôle croissant de la concurrence, déréglementation...), il subsiste d'énormes différences entre, par exemple, les États-Unis et les pays scandinaves.

Capitalistique. Une activité l'est lorsque le capital fixe par travailleur est élevé. Fin 2008, la valeur du capital fixe brut utilisée en moyenne par un actif occupé est de 1 310 000 euros dans la branche énergie, 91 500 euros dans le commerce, 357 000 euros dans l'ensemble de l'économie française. Une activité est d'autant plus capitalistique que son coefficient de capital (v. ce terme) est élevé.

Capitaux flottants. *Hot money* en anglais. Masse des capitaux spéculatifs qui vagabondent d'une place financière à l'autre en fonction des anticipations de taux d'intérêt et de taux de change.

Capitaux propres. Ceux qui appartiennent en propre à l'entreprise, c'est-à-dire tous les fonds non empruntés figurant au passif du bilan (capital social, bénéfices non distribués conservés dans des *réserves*). Ils sont synonymes d'indépendance financière.

Carré magique. Proposé par l'économiste britannique Nicholas Kaldor (1908-1986), c'est une représentation graphique (difficile à interpréter) des objectifs de la politique économique à travers quatre indicateurs : taux de chômage, taux de croissance du PIB, taux d'inflation, solde extérieur (en pourcentage du PIB). Il serait « magique » que les performances soient simultanément bonnes pour les quatre.

Cartel. Entente entre des entreprises (ou entre des pays) qui ont la même activité. L'entente peut porter sur des prix (de vente minimale ou d'achat maximal), sur les quantités à vendre (quotas), sur la répartition de marchés publics (travaux publics, armements...), etc. L'OPEP est un cartel.

CAS. Centre d'analyse stratégique. A succédé en 2005 au Commissariat général du Plan (v. ce terme) qui avait été peu à peu confiné à ne produire que des études sans conséquence.

Cash flow. V. autofinancement.

Caste. Groupe social spécialisé (dans une fonction rituelle, ou une fonction économique...) dont le recrutement est héréditaire ; pour conserver leurs privilèges, les castes pratiquent l'endogamie.

Catégories socioprofessionnelles. V. CSP.

Causalité. V. corrélation.

Caution. Au sens économique, garantie de paiement par défaut exigée d'un tiers par le prêteur dans un contrat de prêt.

Cavalerie. Fait, pour un débiteur, de payer son créancier en empruntant à une tierce personne, de manière à masquer la réalité d'une insolvabilité. Persuader un nouveau créancier de prêter ne peut se faire qu'en « arrangeant » les comptes, de manière à les rendre présentables. Par extension, les opérations de cavalerie en sont venues à désigner toutes les techniques consistant à attirer des personnes crédules en leur distribuant durant un temps des revenus élevés en échange de capitaux placés ou prêtés, ces revenus élevés étant eux-mêmes prélevés en réalité sur les apports de fonds, non sur les bénéfices réalisés. On parle alors aussi de pyramide de Ponzi (du nom d'un célèbre escroc italien qui avait pratiqué ce système dans les années 1920), illustrée fin 2008 par le scandale Madoff.

CDD, CDI. V. contrat de travail.

CDO. *Collateralised Debt Obligations*. Une des multiples déclinaisons possibles de produits dérivés, c'est-à-dire de titres dont la valeur est fonction de l'évolution du cours d'un autre titre financier (d'où le terme « collatéral »). En l'occurrence, le titre sur lequel le cours du CDO est indexé est un agrégat d'une centaine (voire davantage) d'obligations et de créances (prêts bancaires) et même parfois d'actions non cotées commercialisées par des banques ou des organismes financiers spécialisés auprès d'organismes gérant de l'épargne et désireux d'acquérir des titres à la rentabilité plus élevée. Un CDO est habituellement découpé en trois ou quatre « tranches », classées selon le risque (du moins élevé au plus élevé) tel qu'une agence de notation (v. ce terme) l'a estimé, et chaque organisme acheteur choisit la tranche qui lui paraît la meilleure, les tranches plus risquées étant aussi celles qui sont censées rapporter le plus. C'est par le biais des CDO que les crédits *subprime* (crédits immobiliers à risque) se sont disséminés dans une grande partie des titres financiers acquis par les organismes gestionnaires d'épargne, provoquant du coup la crise financière de 2008.

CDS. *Credit Default Swap*. Produits dérivés, dont le collatéral (v. ce terme) consiste en une assurance garantissant le paiement d'une créance à son échéance. Comme tous les produits dérivés, ce titre se négocie sur un marché financier spécialisé, et sa valeur dépend du risque encouru par l'assureur, donc de la probabilité que la créance ne soit pas honorée à l'échéance par le débiteur, risque estimé par les agences de notation (v. ce terme). En 2008, la crise financière a pris de l'ampleur notamment parce que certaines sociétés d'assurance ayant émis beaucoup de CDS (la société américaine AIG notamment) ont fait faillite, si bien que les titres assurés contre le risque de non-paiement à l'échéance ne l'étaient plus, engendrant des pertes très élevées pour les organismes qui les détenaient. En 2010, c'est la valeur de marché des CDS émis en garantie de titres de la dette publique grecque qui, en augmentant fortement, a contraint l'État grec à devoir emprunter à des taux très élevés. Pour bon nombre d'analystes, le manque de transparence et d'organisation du marché des CDS est une porte ouverte à toutes les manœuvres spéculatives visant à faire baisser le titre auquel le CDS est adossé.

CECA. Communauté européenne du charbon et de l'acier (c'est-à-dire des produits sur lesquels reposait alors tout effort de guerre), née en 1951 à l'initiative de Jean Monnet, entre France, Italie, RFA et pays du Benelux. Préfigure la CEE par ses principes et ses institutions.

CEE. Communauté économique européenne, appelée également *Marché commun* et instituée le 25 mars 1957 par le traité de Rome signé entre la France, l'Italie, la RFA et les pays du Benelux (Belgique, Luxembourg et Pays-Bas). Elle crée une *union douanière* (achevée en 1968), met en place des *politiques communes* (politique agricole commune à partir de 1962, etc.) et des institutions chargées de promouvoir l'intégration des États membres (*Commission européenne, Conseil* des ministres, etc.). Élargie en 1972 au Danemark, à la Grande-Bretagne et à l'Irlande, en 1981 à la Grèce, en 1985 à l'Espagne et au Portugal. Avec le traité de Maastricht (1993), la CEE est devenue l'Union européenne. V. UEM, Marché unique.

Centile. Centième partie d'une distribution statistique. Par exemple, dans la répartition des revenus, le premier centile désigne le centième de la population qui dispose du moins de revenus.

Centrale d'achat. Organisme qui centralise les commandes d'une ou plusieurs enseignes commerciales auprès de fournisseurs sélectionnés par la centrale.

CEPAL. Commission économique (de l'ONU) pour l'Amérique latine. Elle a été un moyen d'expression important d'économistes (Celso Furtado, Raul Prebisch...) promoteurs des théories de la dépendance et prônant une stratégie d'industrialisation par substitution d'importation couplée à une réforme agraire et à une redistribution des revenus. V. dépendance, substitution d'importation.

Cercle de qualité. Groupe de salariés volontaires s'appliquant à évaluer la qualité dans un atelier, un service ou une activité déterminés de l'entreprise, et proposant des modifications pour l'améliorer. La mode de ce type de cercle, inspiré de pratiques japonaises, semble aujourd'hui passée.

Certificat de dépôt. Titre émis par une banque en échange d'un dépôt à terme (dix jours à un an) effectué par un particulier (il s'agit en général d'entreprises plaçant provisoirement leur trésorerie, car le montant de ces dépôts est d'au moins 150 000 euros). L'argent est bloqué jusqu'à expiration du terme, mais le titre est négociable et peut donc être revendu par son propriétaire en cas de besoin.

Certificat d'investissement. Action sans droit de vote, mais donnant droit à dividende au même titre que les actions normales.

Cessation de paiement. Situation d'une entreprise dont le tribunal de commerce a constaté qu'elle ne pouvait se procurer les liquidités nécessaires pour payer ses créanciers. A remplacé en droit l'ancien terme « faillite », qui impliquait un arrêt de l'activité, ce que la cessation de paiement n'entraîne plus automatiquement. V. dépôt de bilan, liquidation judiciaire.

CFA. V. zone franc.

Chaebol. Conglomérat en coréen.

Chambre de compensation. V. compensation.

Champ. Le sociologue Pierre Bourdieu (1930-2002) découpe l'espace social en différents champs (l'école, l'État, la mode, le sport, le travail...) ; chacun correspond à une pratique sociale et/ou à des institutions particulières ; il a une autonomie relative. Dans ces champs sont produits et circulent des biens, du pouvoir, du sens.

Change. Transaction consistant à passer d'une monnaie à une autre monnaie. V. change fixe, change flexible, taux de...

Change fixe. Dans un régime de change fixe, le cours d'une monnaie (sa parité officielle) est défini par rapport à un étalon de référence (dollar dans le système de Bretton Woods) à la suite d'un accord international. Les interventions des banques centrales sur le marché des changes doivent permettre de maintenir la stabilité des taux de change (avec éventuellement de petites marges de fluctuation) ; elles se traduisent par des variations des réserves en devises de ces banques, ou par des emprunts. Les dévaluations ne sont pas interdites mais elles sont (en théorie) réglementées et organisées. V. SME, système monétaire international.

Change flexible (flottant). Dans ce régime de change, la banque centrale laisse fluctuer le cours de sa monnaie car elle n'a aucun objectif de taux de change à atteindre ou à défendre. Depuis 1973, les changes flottants se sont généralisés ; il s'agit plutôt d'un « flottement impur », d'un « flottement administré », car les banques centrales interviennent plus ou moins pour régulariser les variations des cours ou agir sur les tendances (v. Accord du Plaza). Le flottement du change se substitue aux dévaluations ou réévaluations caractéristiques du change fixe.

Changement social. Terme générique pour désigner les évolutions globales marquantes au sein d'une société dans le mode de vie (consommation, logement...) aussi bien que dans les relations sociales (travail, comportements politiques ou sociaux).

Charge. En comptabilité, désigne un coût qui a nécessité ou nécessitera pour l'entreprise une dépense. Ne pas confondre charge et dépense. Il y a dépense lorsqu'il y a une sortie d'argent : or certaines charges ne se traduisent pas par une sortie corrélative d'argent, soit parce que la sortie a déjà été enregistrée dans le passé (cas des amortissements), soit parce qu'elle sera supportée ultérieurement (lorsqu'on bénéficie de délais de paiement).

Charge affectable. V. comptabilité analytique.

Charges directes. Ensemble des charges que l'on peut rattacher à une activité particulière au sein de l'entreprise.

Charges fixes, variables. V. coût fixe.

Charges sociales. Ensemble des cotisations sociales versées par les entreprises. On désigne souvent, à tort, les réductions de cotisations sociales patronales comme étant des « baisses de charges sociales ». Ces « charges » sont en réalité un élément du salaire, donc la contrepartie de l'apport productif des salariés. Mieux vaut utiliser la vraie dénomination : « cotisations sociales patronales », même si elle est plus longue. V. compétitivité.

Chèque. Ce n'est pas de la monnaie, mais un ordre écrit à une banque de payer une personne physique ou morale en prélevant sur un avoir en compte : seul cet avoir est de la monnaie (scripturale, car transmissible par l'ordre écrit qu'est le chèque).

Chevalier blanc ou noir. V. OPA.

Chiffre d'affaires (CA). Total des ventes d'une entreprise, habituellement calculé hors taxes, c'est-à-dire sans la TVA. Le chiffre d'affaires est dit « consolidé » lorsqu'il intègre celui des filiales (v. comptes consolidés). Même s'ils abondent dans la presse. Les classements d'après le chiffre d'affaires ont peu de sens ; leur préférer les comparaisons en terme de valeur ajoutée ou de capitalisation boursière. Ne pas confondre avec la production.

Choc. Perturbation d'origine exogène (« choc pétrolier ») ou endogène (« choc salarial », suite à une hausse des salaires) dont les effets engendrent une série successive de modifications dans les variables économiques (prix, revenus, mouvements de capitaux) jusqu'à ce qu'un nouvel équilibre soit trouvé.

Chômage. Fait d'être involontairement privé d'emploi ou de ne pouvoir en trouver un. Alors que le *demandeur d'emploi* est une personne inscrite à Pôle emploi, le chômeur, selon la définition internationale adoptée par le BIT, est une personne sans emploi, qui en recherche un de façon active et qui est disponible immédiatement. Un demandeur d'emploi n'est pas forcément chômeur : soit parce qu'il travaille (activités réduites compatibles avec le statut de demandeur d'emploi), soit parce qu'il ne recherche pas d'emploi (demandeurs âgés dispensés de recherche d'emploi) ou pas activement, soit parce qu'il n'est pas disponible immédiatement (congé maladie, formation...), tandis qu'à l'inverse certains chômeurs ne sont pas inscrits à Pôle emploi, estimant que celui-ci ne leur apporte rien dans leur recherche d'emploi. Concrètement, l'Insee effectue chaque trimestre une « enquête sur l'emploi » et considère que ne sont pas au chômage les personnes ayant travaillé la semaine précédant l'enquête (elles sont classées « en emploi ») ainsi que celles qui n'ont pas effectué d'acte de recherche dans le mois précédent ou qui ne sont pas disponibles pour travailler dans les quinze jours (elles sont classées « inactives »). En raison de la multiplication de ces situations mixtes entre emploi, recherche d'emploi et inactivité (on parle de « halo du chômage »), le « vrai » nombre de chômeurs est une chimère, car c'est un construit social qui dépend des définitions adoptées.

Chômage classique. Chômage dû au fait que les employeurs n'embauchent pas alors qu'ils ont des commandes qui le justifieraient, parce que, à leurs yeux, le surplus de production qu'ils obtiendraient ne serait pas rentable : coût salarial excessif, coûts de structure accrus... L'origine de ce type de chômage est donc à rechercher dans des problèmes d'offre, pas dans une demande insuffisante, comme le soutient la thèse du chômage keynésien.

Chômage conjoncturel. Chômage lié à un ralentissement d'activité économique.

Chômage déguisé. Chômage masqué par des formes d'activité à très faible productivité (vendeurs de cigarettes à l'unité, porteurs, activités agricoles de faible efficacité, etc.), qui existent surtout dans les pays à faible protection sociale : mieux vaut alors gagner très peu d'argent que rien du tout. Mais, dans les pays plus développés, il peut correspondre aussi à des pratiques institutionnelles destinées à masquer l'importance du chômage (« stages *parking* », voire certains emplois aidés).

Chômage d'équilibre. Taux de chômage qui n'accélère pas l'inflation (en anglais, NAIRU : *Non Accelerating Inflation Rate of Unemployment*). Pour un état donné de la rentabilité des entreprises, il est atteint lorsque la hausse du salaire réel est égale à celle de la productivité du travail. Les conditions dont il dépend montrent qu'il n'a rien de « naturel ». V. chômage naturel.

Chômage de longue durée. Les chômeurs depuis plus d'une année. Faute de connaître les qualités professionnelles des chômeurs de longue durée, les employeurs susceptibles d'embaucher se méfient et attribuent leur durée de chômage au fait qu'ils ont une moindre employabilité (v. ce terme). C'est la théorie du signal, qui s'applique aussi aux personnes sans diplôme, aux jeunes issus des quartiers « difficiles », et qui peut expliquer la faible probabilité de retour à l'emploi des chômeurs de longue durée. S'y ajoute, enfin, un phénomène d'obsolescence du « capital humain » : les capacités professionnelles acquises antérieurement disparaissent peu à peu ou se périment lorsqu'on n'est plus en emploi.

Chômage de prospection. V. *job search*.

Chômage frictionnel. Chômage lié au délai nécessaire pour trouver un emploi conforme à ce qui est cherché. V. *job search*.

Chômage involontaire. Situation dans laquelle des actifs accepteraient de travailler au salaire courant (c'est-à-dire existant effectivement), mais ne trouvent pas d'emploi. Pour la plupart des économistes néo-classiques, une réduction du salaire courant réduirait le chômage involontaire (en réduisant l'offre de travail des salariés et en augmentant la demande de travail de la part des employeurs). Pour Keynes, ce raisonnement serait valable pour un employeur *ceteris paribus*, c'est-à-dire toutes choses égales par ailleurs (approche d'équilibre partiel) : si le salaire diminue, un employeur augmentera l'embauche parce que cette baisse de salaire lui permettra de produire moins cher et donc de produire plus (le salaire est ici d'abord considéré comme un coût). Mais, pour Keynes, le raisonnement *ceteris paribus* manque l'essentiel et doit être rejeté : la baisse du salaire des uns diminue les débouchés de toutes les entreprises, ce qui conduit à des licenciements (le salaire est ici aussi un revenu). V. effet prix.

Chômage keynésien. V. chômage classique.

Chômage naturel. Concept introduit par Milton Friedman pour désigner le chômage en dessous duquel les rigidités du système économique empêchent de descendre. Plus le système est rigide — par exemple du fait de l'existence d'un salaire minimum supérieur à celui qui existerait en l'absence d'une intervention publique —, plus le chômage naturel est élevé. Dans une économie totalement flexible, selon Friedman, le chômage naturel serait limité au chômage frictionnel, celui qui s'écoule entre deux emplois successifs. V. chômage d'équilibre.

Chômage partiel. Diminution imposée (normalement provisoire et partiellement indemnisée) de la durée effective du travail en dessous de la durée légale.

Chômage structurel. Chômage non lié à l'insuffisance d'offres d'emploi, mais au fait que celles-ci ne correspondent pas aux demandes, soit au niveau régional, soit au niveau national.

Chômage technique. Dû à une impossibilité de poursuivre la production : incendie de l'usine, manque de consommations intermédiaires, grève chez un fournisseur, faillite de celui-ci...

Chômage volontaire. Ce cas n'a de sens que si les chômeurs refusent de travailler au salaire courant ; il ne s'agit donc pas de « vrais » chômeurs, mais d'inactifs (ils n'ont pas d'emploi, en cherchent mais refusent d'accepter celui qu'ils ont trouvé). Pour beaucoup d'économistes néoclassiques, le chômage résulte de rigidités qui empêchent le salaire de fléchir (salaire minimal, etc.). Comme la société refuse de les démanteler, on peut parler aussi de chômage volontaire. Robert Lucas est assez représentatif lorsqu'il écrit : « Il y a un élément volontaire dans tout chômage, en ce sens que, aussi misérables que soient les possibilités courantes de travail, on peut toujours choisir de les accepter » (dans l'*American Economic Review* en 1978).

CIE. Contrat initiative emploi. Variété du contrat unique d'insertion (v. ce terme) destinée au secteur marchand, c'est-à-dire aux entreprises, l'aide consistant en une subvention à l'employeur égale au plus à 47 % du salaire brut versé au salarié. Le CIE est conclu pour une durée de six à vingt-quatre mois au plus, et peut être à durée déterminée ou indéterminée (dans ce cas, l'aide est plus forte).

CIF. V. CAF.

CIGALE. Club d'investisseurs pour une gestion alternative et locale de l'épargne. Un club d'investisseurs réunit au plus une vingtaine de personnes, qui mettent en commun durant cinq ans renouvelables une partie de leur épargne afin de financer du *capital risque* ou d'effectuer des placements financiers. Dans le cas des CIGALE, seuls sont retenus les projets à finalité sociale ou portés par des personnes en situation difficile, car les membres ne visent pas un objectif de profit.

Circuit économique. Représentation des flux macroéconomiques d'une économie entre des agents (sociétés, ménages, État...) ou des fonctions (production, revenu...). S'oppose à une représentation de l'économie comme un ensemble de marchés. La théorie keynésienne est implicitement celle d'un circuit.

Clan. Groupe formé d'un ou plusieurs *lignages* dont les membres sont fortement solidaires et animés d'un fort sentiment d'appartenance (« esprit de clan ») bien qu'ils connaissent mal leurs liens généalogiques avec l'ancêtre éponyme (c'est-à-dire qui a donné son nom au clan) légendaire ou très lointain. Pour les ethnologues, plusieurs clans forment une *tribu* ; plusieurs tribus constituent une *ethnie*. V. lignage.

Class action. V. action de groupe.

Classe d'âge. Ensemble des personnes nées au cours d'une même période (en général telle année, mais parfois sur une période déterminée de plusieurs années).

Classes moyennes. Notion souvent utilisée par des penseurs ou des hommes politiques hostiles à la notion de lutte des classes pour désigner des groupes sociaux intermédiaires par leur statut ou leur profession entre les classes dites populaires (ouvriers...) et les classes dites supérieures. Dans le langage commun, les classes moyennes désignent plutôt les groupes sociaux à revenu relativement élevé et à position sociale reconnue (professions libérales, ingénieurs, professeurs, chefs de petite entreprise) car ils constituent en quelque sorte le modèle auquel chacun aspire. V. strate.

Classe sociale. Ensemble de personnes occupant une même position sociale et partageant une communauté de destin et d'intérêt. La naissance des sociétés démocratiques, dans lesquelles la place de chacun ne lui est pas assignée à la naissance, mais dépend en partie (jamais totalement, en réalité) de ses mérites, a bouleversé la vision d'une société d'ordres, où la position de chacun était assignée par sa naissance. C'est alors qu'est né le concept de classes sociales : faire partie d'une classe déterminée n'est pas immuable ; cela dépend de la position occupée dans la société, et cette position est susceptible d'évoluer.
Marx a fait de ce concept (qui lui préexistait) une arme redoutable, en l'articulant avec la propriété des moyens de production. La classe sociale, dans la conception marxiste, n'est pas un agrégat d'individus, mais un système de positions antagonistes définies par des rapports sociaux : relations de propriété, organisation des forces productives. L'antagonisme qui oppose la classe sociale qui possède les moyens de production (la bourgeoisie) et celle qui n'a que sa force de travail à vendre (prolétariat) engendre une lutte de classes qui est aussi le moteur de l'histoire et qui ne prendra fin qu'avec le triomphe du prolétariat, seule classe sociale à ne pas être porteuse de logique d'exploitation.

Clause de la nation la plus favorisée. Accorder cette clause à un pays (qu'il soit développé ou non), c'est s'engager à le faire bénéficier de toute réduction de droit de douane accordée à un autre pays. Exception : v. système généralisé de préférence.

Clause sociale. Dans le cas des marchés publics, consiste à favoriser les entreprises qui s'engagent à respecter certains engagements sociaux (embauche de travailleurs handicapés ou en insertion par exemple). Dans le commerce international, désigne des restrictions légales à l'importation en provenance de pays qui ne respecteraient pas un certain nombre de conditions sociales en matière de production (limitation ou interdiction du travail des enfants, liberté syndicale, interdiction du travail carcéral, égalité des salaires entre hommes et femmes pour des tâches similaires...). L'OMC (v. ce terme) s'y est jusqu'à présent toujours refusé, craignant que cela ne masque du protectionnisme déguisé. V. *dumping* social.

Clauses de sauvegarde. Clauses permettant à un pays de suspendre temporairement tout ou partie de l'application d'un traité commercial international auquel il a adhéré s'il prouve que cette application est génératrice de graves difficultés (« trouble manifeste »). Il s'agit de lui donner le temps de s'adapter, pas de se protéger. Par nature, les clauses de sauvegarde sont donc limitées dans le temps.

Clearing. V. compensation.

Clientèle. Personnes qui font appel aux services d'une même personne ou d'une même entreprise (clientèle d'un médecin). D'une façon plus générale, des relations de clientèle peuvent s'établir entre des individus (ou des groupes, ou des pays) inégaux quant au pouvoir, à la richesse ou au statut ; ces relations de dépendance mutuelle asymétriques supposent un accord (qui peut rester implicite) au terme duquel le supérieur (le patron) accorde protection ou avantages à l'inférieur (son client) moyennant des prestations déterminées. On trouve des relations de clientèle dans la vie politique, dans les mafias, dans la Rome antique (plébéiens clients d'un patricien), etc.

Closed shop. Engagement d'employeurs auprès d'une organisation syndicale, aux termes duquel les employeurs en question s'engagent à ne pas utiliser de main-d'œuvre non syndiquée à ce syndicat ou non patronnée par lui.

Club de Londres. Structure informelle mise en place au début des années 1980 par un certain nombre de banques créancières de pays du Sud surendettés, afin que les plus importantes d'entre elles négocient un accord de réduction ou d'échelonnement des dettes privées des pays en difficulté engageant toutes les institutions financières concernées (qui peuvent dépasser la centaine). Les discussions ne s'ouvrent que lorsqu'un accord a été signé au sein du Club de Paris (v. ce terme) concernant la dette publique.

Club de Paris. Organisme mis en place par les pays détenant des créances publiques sur des pays du tiers-monde en difficulté de paiement. Cet organisme (présidé par le ministre français des Finances, et qui se réunit de ce fait à Paris) est chargé de négocier des rééchelonnements de dettes publiques, voire des aménagements, sous condition qu'un accord d'ajustement structurel (v. ce terme) ait été préalablement conclu avec le Fonds monétaire international (FMI).

Club de Rome. Organisme de réflexion prospective créé en 1970 par un certain nombre de grands patrons européens (notamment italiens, d'où le nom). Il s'est fait connaître par un rapport commandé à Jay Forrester, un physicien américain du MIT, qui mit au point le premier modèle du monde incorporant des évolutions démographiques, économiques et environnementales (disponibilité de matières premières). Rendu au Club de Rome en 1972, ce rapport concluait à l'impossibilité de maintenir une croissance forte sans risque majeur de ruptures graves dans l'humanité.

Club d'investisseur. V. CIGALE.

Cluster. V. pôle de compétitivité.

CMU. Couverture maladie universelle créée en 2000. Elle se compose de deux parties. D'abord, la CMU de base, qui couvre toutes les personnes résidant depuis au moins trois mois en France et dépourvues d'assurance maladie, gratuitement si leur revenu mensuel ne dépasse pas le plafond mensuel de 752 euros (2010), moyennant une cotisation égale à 8 % du revenu excédant ce montant plafond. Ensuite, la CMU « complémentaire », qui est une aide, totale ou partielle, à la souscription d'une complémentaire santé pour toutes les personnes couvertes par l'assurance maladie, mais dont les revenus sont inférieurs au plafond mentionné ci-dessus. Fin 2008, on comptabilisait 0,5 million de bénéficiaires pour la CMU et 4,3 millions pour la CMU complémentaire.

CNE. Contrat nouvelle embauche. Type de contrat de travail créé en 2005, permettant à l'employeur de licencier librement un salarié durant les deux premières années de son contrat. Désavoué par l'OIT qui l'a estimé contraire aux engagements internationaux souscrits par la France, il a été supprimé. V. contrat de travail.

CNPF. V. MEDEF.

CNUCED. Conférence des Nations unies pour le commerce et le développement. Créée en 1964 à l'initiative d'un certain nombre de pays du tiers-monde estimant qu'il convenait de créer une discrimination positive à leur endroit (c'est-à-dire des règles créant des obligations pour les pays riches vis-à-vis des pays pauvres) et d'instaurer un nouvel ordre économique international, cette conférence se réunit tous les quatre ans et dispose d'un secrétariat à Genève. Tous les pays membres de l'ONU en sont membres de droit. Aujourd'hui, la CNUCED s'efface derrière l'Organisation mondiale du commerce (OMC), au sein de laquelle sont discutées les conditions d'accès au marché des pays riches. Elle demeure néanmoins un organisme qui recueille une information utile sur les firmes multinationales, les investissements à l'étranger et la situation des pays les plus pauvres.

Coase (« théorème » de). Énonce que, si les *droits de propriété* sont tous définis et si les *coûts de transaction* sont nuls, alors les agents règlent mieux que ne pourrait le faire l'État les problèmes posés habituellement par les externalités en effectuant des transactions. Deux problèmes : un tel monde relève de la science-fiction et il ne s'agit pas d'un théorème mais d'une affirmation. V. termes en italique.

COB. Commission des opérations de Bourse. V. AMF.

Cobweb **(diagramme du).** Représentation graphique (« en toile d'araignée », d'où le terme anglais) de l'évolution des prix d'un produit à la période t, lorsque, pour ce dernier, l'offre est fonction des prix à une période t – 1 ; par exemple, dans le cas du prix du porc, l'offre dépend des prix pratiqués sur le marché neuf mois auparavant (le temps que les porcelets naissent et deviennent bons pour l'abattoir), alors que la demande dépend du prix actuel.

CODEVI. Compte de développement industriel rebaptisé en 2007 livret de développement durable. V. ce terme.

Coefficient budgétaire. V. budget des ménages.

Coefficient de capital. Rapport entre le montant du capital investi et la production annuelle qui en découle. Habituellement compris entre 3 et 4. Lorsque le chiffre est plus élevé que 4, on parle de production « capitalistique » (c'est-à-dire qui réclame beaucoup de capital). Le coefficient *marginal* de capital désigne le rapport entre investissement nouveau et surplus de production annuelle obtenu.

Coefficient de Gini. V. courbe de Lorenz.

Coefficient multiplicateur. V. taux de croissance.

Coefficient technique. V. tableau des entrées-sorties.

Cogestion. Participation des représentants d'un groupe social (en général les salariés lorsqu'il s'agit d'une entreprise) à la prise de décision dans une entreprise ou dans un organisme public. En Allemagne, les représentants des travailleurs sont obligatoirement présents au *conseil d'administration* ou au *conseil de surveillance* des entreprises de plus de deux cents salariés. On parle aussi de cogestion à propos du syndicat agricole majoritaire en France (la Fédération nationale des syndicats d'exploitants agricoles, FNSEA), qui a largement participé à la détermination de la politique agricole. V. termes en italique.

Cohabitation. Situation des personnes qui partagent le même logement ; dans le langage courant, désigne les couples en union libre (non mariés ou non « pacsés » vivant ensemble) ; *cohabitation juvénile,* s'ils sont jeunes ; on parle alors souvent de *cohabitants* et leurs *unions* sont dites *consensuelles.*

Cohésion sociale. Ce qui cimente la société. Même les économistes ont tendance à penser que la cohésion sociale est, pour un pays, une condition de la production de richesse aussi importante que son stock de capital fixe ou de capital humain. Cette perspective d'analyse a été particulièrement explorée par les économistes « régulationnistes » (v. régulation). La question de la cohésion sociale est au cœur de la démarche sociologique : v. intégration, communauté, solidarité mécanique, organique, anomie, lien social, désaffiliation.

Cohorte. Ensemble de ceux qui ont vécu le même événement démographique (naissance, mariage...) pendant la même année. En démographie, une *génération* est une cohorte particulière : l'ensemble de ceux qui sont nés la même année.

Coin fiscal et social. Différence (exprimée en pourcentage) entre ce qu'il reste de sa rémunération au salarié après prélèvements obligatoires directs (impôts directs et cotisations à la charge du salarié) et le coût total pour l'employeur.

Colbertisme. Devenu synonyme d'une politique d'interventions de l'État visant à promouvoir l'ensemble de l'industrie pour renforcer la puissance de la nation. Ne pas confondre avec politique keynésienne (régulation globale). V. mercantilisme.

Collatéral. Actifs apportés en garantie par un emprunteur au créancier.

Collectif budgétaire. V. loi de finances.

Collectivisme. Désigne soit la situation d'une société dans laquelle les moyens de production sont propriété de la collectivité (État ou collectivités territoriales), soit l'idéologie qui prône cette situation.

Comité central d'entreprise. V. comité d'entreprise.

Comité d'aide au développement. V. aide au développement.

Comité d'entreprise. Institution créée en 1945, obligatoire dans les entreprises d'au moins cinquante salariés, formée d'élus du personnel et présidé par le chef d'entreprise ; il gère des œuvres sociales (cantines, colonies de vacances...) et est consulté sur certains aspects de la gestion, ce que fait également dans les groupes de sociétés le *comité de groupe* (composé de délégués des comités d'entreprise des filiales). Dans les entreprises comprenant plusieurs établissements existent des *comités d'établissement* et un *comité central d'entreprise*. La *Charte sociale* de l'UE organise des *comités d'entreprise européens* pour les sociétés de plus de mille salariés. V. représentants du personnel.

Comité d'établissement. V. comité d'entreprise.

Commandite. Forme de société commerciale composée de deux catégories d'apporteurs : les commanditaires, qui apportent les capitaux, et les commandités, chargés de les mettre en œuvre. Les commanditaires n'ont pas de pouvoir sur les commandités, mais, en contrepartie, ceux-ci sont responsables sur leurs biens de la gestion de l'entreprise.

Commerce captif. Commerce qui s'effectue entre les filiales d'un même groupe. Autrefois, désignait également le commerce qui s'effectuait entre les colonies et leur métropole. Dans les deux cas, le vendeur n'est pas libre de choisir l'acheteur et parfois même pas de négocier le prix.

Commerce équitable. Commerce dans lequel les prix fixés ne le sont pas seulement en fonction de la situation du marché mais aussi de façon à assurer aux producteurs une rémunération jugée décente.

Commerce intrabranche. Coexistence d'importations et d'exportations d'un même produit. Par exemple, l'Allemagne, la France et l'Italie produisent des automobiles et chacun des pays importe des véhicules fabriqués par les deux autres. Le commerce intrabranche ne peut pas être expliqué par les théories traditionnelles des avantages comparatifs.

Commerce intracommunautaire. Commerce entre les pays de l'UE (plus de 60 % des échanges extérieurs des pays membres) ; le commerce extérieur de l'UE est égal au commerce extérieur des pays membres moins le commerce intracommunautaire.

Commerce triangulaire. L'une des formes principales prises par la traite négrière aux XVIIe et XVIIIe siècles : achat d'esclaves en Afrique contre de la verroterie ou des armes, échange des esclaves contre du rhum, des épices ou du sucre, denrées vendues ensuite dans les ports d'origine de ce très fructueux commerce (Londres, Bordeaux, Nantes ou Amsterdam). La traite (autre nom du commerce triangulaire) a été interdite en Angleterre en 1807, en France en 1815, mais elle s'y est poursuivie avec l'assentiment tacite des autorités jusqu'en 1830.

Commissaire aux apports. V. apport partiel d'actifs.

Commissariat général du Plan. Créé en 1946 sous l'impulsion de Jean Monnet (qui fut le premier commissaire au Plan) pour affecter les rares ressources alors disponibles aux opérations ou activités jugées prioritaires. Est devenu dans les années 1960 un lieu de concertation entre experts et partenaires sociaux, de façon à infléchir le modèle de croissance (importance et nature des équipements collectifs, par exemple) dans le sens qu'ils jugeaient le plus souhaitable. Avec l'ouverture croissante de l'économie française (construction européenne, libéralisation du commerce extérieur et des mouvements de capitaux), le Plan a perdu beaucoup de son importance, au point d'avoir été supprimé en 2005 et remplacé par un « Conseil d'analyse stratégique » (CAS) chargé d'une mission de veille des évolutions économiques et sociales pour le compte du Premier ministre.

Commission européenne. Dans la CEE puis l'UE, institution indépendante des États qui a le monopole des propositions et met en œuvre les décisions du *Conseil des ministres*, institution intergouvernementale. Elle est composée de vingt-sept commissaires (2010), nommés pour cinq ans par chaque gouvernement membre de l'Union européenne, et « approuvés » par le Parlement européen après audition de chacun. Depuis l'adoption du traité de Lisbonne (2009), le président de la Commission est élu par le Parlement à la majorité absolue de ses membres. Elle emploie 27 000 fonctionnaires, répartis en vingt-trois directions générales (l'équivalent d'un ministère).

Commodité (*commodity*). Anglicisme seulement apparent ; au XVIIe siècle, le terme désigne couramment un bien matériel. Les économistes appellent aujourd'hui commodité un produit standardisé dont les producteurs s'adressent à un marché mondial où la concurrence porte uniquement sur les prix. La plupart des matières premières sont des commodités, mais certains produits manufacturés également : ronds à béton, pâte à papier... Les économistes ont tendance à considérer que la spécificité des marchés de matières premières tient au fait qu'il s'agit de commodités.

Communauté. Collectivité dans laquelle se développent des liens de solidarité (lien social) fondés sur une forte identité, un sentiment d'appartenance, l'acceptation de règles de conduite particulières. Elle peut être ethnique, professionnelle, religieuse, scientifique, territoriale... Sa puissance peut être une entrave à la démocratie lorsque l'individu est d'abord considéré comme membre d'une communauté particulière avant d'être défini comme citoyen. Dans un livre célèbre (*Gemeinschaft und Gesellschaft*, 1887), Ferdinand Tönnies oppose la communauté (*Gemeinschaft*), fondée sur des liens de sang, de parenté, une tradition, un héritage, intégratrice (chaude), à la société (*Gesellschaft*), fondée sur des relations contractuelles, utilitaires, dont il doute, à la différence de Durkheim, qu'elle puisse intégrer les individus dans un ensemble solidaire (froide).

Communauté économique européenne. V. CEE.

Communauté financière africaine. V. zone franc.

Communisme. Selon Marx, société dans laquelle chacun sera rémunéré selon ses besoins, et non selon son travail, car libérée de l'exploitation. Dans la pratique, nom des sociétés qui ont supprimé la propriété privée des moyens de production et dans lesquelles un seul parti dirige en fait le pays.

Compensation. Chaque jour, une banque doit encaisser des chèques émis par les autres banques au profit de ses clients et doit régler des chèques émis par ses clients au profit des clients des autres banques. La compensation organisée sous l'égide de la Banque de France lui permet de ne régler que la différence. Il existe des chambres de compensation (lieu où s'effectue la compensation) également sur les marchés à terme organisés, de sorte que les opérateurs qui procèdent à des achats suivis de reventes à bref délai (opérations à finalité spéculative) ne soient amenés à payer ou encaisser que la différence. Le terme anglais — *Clearing House* — est généralement utilisé dans ce dernier cas.

Compensation carbone. Financement par une organisation d'activités réductrices d'émissions de gaz à effet de serre dans les pays du Sud (reforestation, investissements en économie d'énergie, production d'énergies renouvelables...) de manière à compenser les émissions effectuées dans un pays du Nord.

Compétitivité. La compétitivité d'un pays ou d'une entreprise est son aptitude à faire face à la concurrence. On oppose souvent la *compétitivité prix* (mesurable par les *termes de l'échange* ou les *prix de vente unitaires* par rapport aux concurrents) dont l'évolution dépend de celle des coûts unitaires en monnaie nationale et du change, à la *compétitivité hors prix* (qualité des produits et des services après-vente...) ; mais il ne faut pas oublier que la compétitivité dépend aussi de l'*assortiment* offert, c'est-à-dire de la *qualité de la spécialisation* (compétitivité dite « hors prix ») : s'agit-il de produits dont la demande est croissante ou de produits arrivés à maturité, dont la qualité est garantie ou non... ? À noter que les *prix de vente unitaires* dépendent de l'évolution du profit unitaire et des coûts unitaires ; parmi ceux-ci le coût unitaire salarial dépend de l'évolution de la productivité et du salaire, mais ne dépend pas de la proportion des cotisations sociales dans le salaire ou du *taux de prélèvements obligatoires*. La compétitivité s'apprécie *ex post* par l'évolution des parts de marché. V. part de marché.

Composition organique du capital (Marx). Rapport entre le capital constant et le capital variable. V. baisse tendancielle...

Compromis institutionnalisé (théorie de la régulation). Mise en place d'une forme d'organisation créant des règles qui permettent de réguler des conflits entre groupes socio-économiques dans des situations où aucune des forces en présence ne parvient à dominer suffisamment pour imposer ses propres intérêts.

Comptabilité analytique. Appelée autrefois comptabilité industrielle, ce type de comptabilité vise à répartir les charges de l'entreprise entre les différentes productions effectuées, de manière à obtenir le coût de production par produit (ou par réseau de diffusion, par type de commande, etc.). Lorsque tous les coûts ont été répartis, le coût de production (du produit, du réseau, etc.) est qualifié de « coût de revient complet ».

Comptabilité budgétaire. Comptabilité consistant à comparer systématiquement, fonction par fonction, les prévisions et les réalisations, et à analyser les raisons des écarts constatés : écarts liés à l'activité, à l'évolution des prix, etc.

Comptabilité nationale. Mesure de l'activité productive — c'est-à-dire génératrice de revenus — de l'ensemble des acteurs qui œuvrent au sein de la nation. Cette activité est décomposée par branche et par secteur institutionnel. La comptabilité nationale ne se borne pas à la chiffrer : elle détaille également la répartition et l'utilisation des revenus engendrés par cette activité productive. L'harmonisation européenne a abouti à doter les pays de l'Union européenne d'un système commun de comptabilité nationale appelé « SEC », permettant de comparer les données par pays. On peut, grâce à la comptabilité nationale, suivre avec précision les fluctuations de la conjoncture et les transformations du système productif. Toutefois, le niveau d'activité ne dit rien des conditions — sociales, écologiques — dans lesquelles a lieu cette activité. Il ne dit rien non plus du niveau de satisfaction des gens, du degré de cohésion sociale, des coûts environnementaux que nous léguons éventuellement aux générations futures, etc. La comptabilité nationale n'est qu'une des multiples facettes d'observation d'une réalité complexe. V. secteur institutionnel.

Compte d'affectation spéciale. Compte du Trésor dans lequel une dépense spécifique est couverte par une recette particulière, à laquelle est subordonnée la dépense en question.

Compte de capital. Dans la balance des paiements, il retrace les acquisitions ou cessions d'actifs non financiers (brevets...) et les remises de dettes.

Compte de patrimoine (cn). État, à un moment donné, des avoirs (actifs non financiers et financiers) détenus et des dettes contractées (passifs financiers) par un secteur institutionnel. Son solde est la *valeur nette du patrimoine.*

Compte de résultat. Pour une entreprise, récapitule tous les produits (création de richesses) et charges (consommation de richesses). La différence entre produits et charges est le résultat : positif (bénéfice) ou négatif (perte).

Compte des transactions courantes. V. balance des paiements.

Comptes consolidés. Lorsqu'une société intègre dans ses comptes tout (consolidation intégrale) ou partie (consolidation partielle) des comptes des sociétés dont elle détient au moins 20 % du capital. En cas de consolidation intégrale, le résultat du groupe (ensemble des sociétés consolidées) doit être distingué en « résultat part du groupe », revenant à la société intégratrice, et le « résultat intérêts minoritaires », qui revient aux autres actionnaires des sociétés intégrées.

Concentration des entreprises. Absorption d'une entreprise par une autre de la même branche. Ce processus d'augmentation de la taille des entreprises est motivé par des raisons techniques (bénéficier d'économie d'échelle), commerciales (renforcer le pouvoir de négociation pour acheter ou vendre), financières (faciliter un financement moins coûteux), économiques (éliminer un concurrent). On distingue la *concentration horizontale* (réunion d'entreprises ayant la même activité), la *concentration verticale* (réunion d'entreprises ayant des activités complémentaires), la *concentration conglomérale* (v. conglomérat). V. absorption, OPA.

Concession de service public. Contrat pluriannuel par lequel une collectivité publique autorise un opérateur (le concessionnaire) à produire et à vendre un service public moyennant un tarif fixé dans la concession, et destiné à couvrir les coûts d'exploitation et l'amortissement des investissements, qui sont à la charge du concessionnaire.

Concurrence. Situation où il existe plus d'un producteur d'un type de bien ou de service donné, chacun de ces producteurs s'efforçant de capter des clients, fût-ce au

détriment des autres. La situation dans laquelle, pour un type de produit donné, l'existence d'un grand nombre de producteurs empêche chacun d'eux d'avoir la moindre capacité d'action sur le prix de vente est qualifiée de « concurrence parfaite » (la concurrence « pure et parfaite » étant une notion inconnue des économistes sérieux). Dans ce cas, les producteurs sont alors « preneurs de prix » (*price takers*), et la seule possibilité qui leur est offerte est de comprimer leurs coûts autant que possible. L'intensité de la concurrence condamne à disparaître tout producteur qui ne parviendrait pas à atteindre ce coût minimum. Ainsi, la concurrence parfaite n'engendre pas seulement le prix le plus bas au profit des acheteurs, elle oblige les producteurs à s'aligner sur les producteurs les plus efficaces. Mais cela suppose que certaines conditions soient réunies : *atomicité* du marché (grand nombre d'acheteurs, grand nombre de producteurs), homogénéité des produits, transparence du marché (toutes les informations sont connues de tous), fluidité (pas de *barrière à l'entrée* ni à la sortie), mobilité des facteurs de production. Autant dire que les cas de concurrence parfaite sont plutôt rares.
La réalité économique est plutôt faite de concurrence imparfaite : les produits sont différents (le rôle des marques étant d'accentuer ou de créer cette différence dans l'esprit des acheteurs potentiels), les barrières à l'entrée nombreuses (la publicité sert à empêcher de pénétrer sur le marché des firmes n'ayant pas les moyens de se faire connaître), de même que les *asymétries d'information*, etc. Au point que, dans certaines branches, c'est la concurrence monopolistique qui prévaut : deux ou trois firmes produisent des biens proches qu'elles s'efforcent de différencier ou qui se situent sur des créneaux légèrement différents (*segmentation*).
Certains économistes vont même plus loin : la concurrence imparfaite est nécessaire au bon fonctionnement du système capitaliste, car elle réduit les risques des entreprises, donc les incite à innover, à investir. Selon Schumpeter, la dynamique du système tiendrait justement à sa capacité à réduire la concurrence, laquelle, au contraire, serait destructrice.

Concurrence fiscale. Compétition pour attirer des entreprises ou des particuliers par une fiscalité favorable.

Conditionnalité. Fait de soumettre les prêts et les aides des organismes internationaux (FMI...) à des conditions économiques ou financières (réduction du déficit budgétaire, etc.), mais aussi, quelquefois, environnementales, politiques (démocratisation...), etc. V. ajustement structurel.

Conflit. Ne pas confondre avec antagonisme ou contradiction, qui sont des oppositions insurmontables. Au contraire, le conflit peut faire l'objet de compromis, au terme d'une négociation ou d'un arbitrage. Chez les économistes se réclamant du courant de la *régulation*, les conflits sociaux sont producteurs de changements et, s'ils se soldent par des « compromis institutionnalisés » (compromis qui engendrent des institutions — règles, lois ou organismes particuliers impliquant des comportements différents), ils sont facteurs de cohésion sociale accrue.

Conformisme, conformité. Adhésion (pas nécessairement consciente) aux comportements, aux normes et aux valeurs d'un groupe (d'appartenance ou de référence). Le conformisme est le contraire de la déviance.

Conjoncture. Façon dont évoluent à court terme les composantes d'une économie : production, emploi, balance commerciale, niveau des prix, etc. Il s'agit donc des variables que la politique économique tente d'influencer.

Conglomérat. Ensemble d'entreprises, contrôlées par un *holding*, offrant des biens ou des services diversifiés sans relations évidentes. V. *chaebol, holding, keiretsu.*

Conscience collective. Notion due à Émile Durkheim (*De la division du travail social*, 1893) : « L'ensemble des croyances et des sentiments communs à la moyenne des membres d'une même société forme un système déterminé qui a sa vie propre ; on peut l'appeler la *conscience collective* ou *commune*. [...] elle est indépendante des conditions particulières où les individus se trouvent placés ; ils passent et elle reste. »

Conseil d'administration. Dans une société anonyme, organe élu par l'assemblée générale des actionnaires et chargé de désigner le président-directeur général, qui dirige la société au nom du conseil d'administration et la représente à l'extérieur. C'est donc le conseil d'administration qui a, théoriquement, autorité dans la gestion de la société (contrairement au *conseil de surveillance*, qui est une instance de contrôle, pas de décision). Dans les faits, la réalité du pouvoir est souvent détenue par le seul P-DG.

Conseil d'analyse économique. Structure (créée en 1997) d'une vingtaine d'économistes choisis pour leur compétence et de sensibilités diverses, chargée d'« éclairer les choix du gouvernement dans le domaine économique » (termes utilisés par L. Jospin lors de la séance d'installation du Conseil).

Conseil de surveillance. Dans les sociétés anonymes dirigées par un directoire de plusieurs personnes, et non par un président qui est en même temps directeur général, organe élu par l'assemblée générale des actionnaires et auquel le directoire doit rendre des comptes. Le conseil de surveillance, contrairement au conseil d'administration, n'a pas de responsabilité directe dans l'administration de la société, qui est entièrement du ressort du directoire.

Conseil des gouverneurs de la BCE. V. BCE.

Conseil des ministres (de l'UE). Il réunit les ministres des États membres de l'UE dans des domaines divers (par exemple, réunion des ministres de l'Agriculture). Avant l'*Acte unique européen*, il devait statuer à l'unanimité ; depuis, une *majorité qualifiée* de 255 voix sur 345 suffit à condition qu'elle émane d'au moins moitié des États membres. À partir de novembre 2014, la règle, issue du traité de Lisbonne, sera une majorité de 55 % au moins des États membres représentant au moins 65 % de la population de l'Union. La France, l'Allemagne, le Royaume-Uni et l'Italie ont chacun 29 voix ; l'Espagne et la Pologne 27 voix chacune, les autres pays ayant de 14 (Roumanie) à 3 voix (Malte), selon l'importance démographique et économique de chacun.

Conseil économique, social et environnemental. Organisme national consultatif installé au palais d'Iéna à Paris, dont les membres sont choisis pour une part par le gouvernement (ce sont les personnalités qualifiées) et pour une autre part par les différents organismes jugés représentatifs du monde économique et social (syndicats d'employeurs, de salariés, chambres des métiers ou d'agriculture, organismes de consommateurs, groupements de coopératives, etc.) auxquels sont attribués des sièges. Le Conseil, qui s'occupe désormais d'environnement (depuis la modification constitutionnelle de 2008), est obligatoirement consulté sur tous les projets de loi à dominante économique, environnementale ou sociale avant leur présentation au Parlement. Il peut en outre se saisir de sujets sur lesquels il désigne un rapporteur, dont le rapport est discuté et, éventuellement, adopté par le Conseil. Néanmoins, il ne peut donner que des avis.

Conseil européen. Créé en 1975, il réunit au moins une fois par semestre chefs d'État ou de gouvernement de l'UE.

Consensus de Washington. Expression utilisée (à partir de 1990) pour désigner la doctrine néolibérale que le FMI et la Banque mondiale (institutions dont le siège est à Washington) ont imposée aux politiques économiques dont ils étaient les tuteurs et les pourvoyeurs de financement par l'intermédiaire de l'ajustement structurel : privatisations, libéralisation notamment financière, stabilisation (stabilité des prix, retour à l'équilibre budgétaire...). Ce consensus n'en est plus guère un, d'abord en raison des déboires du FMI et de la Banque mondiale, dont les politiques libérales ont eu des effets sociaux désastreux et des effets économiques souvent peu probants, mais aussi en raison de la crise financière de 2008, qui a mis en évidence l'importance d'une régulation macroéconomique publique.

Consolidation. V. comptes consolidés.

Consommation de capital fixe. V. amortissement.

Consommation élargie. Dans l'ancienne comptabilité nationale, c'était la somme de la consommation finale des ménages et des services non marchands individualisables des administrations (éducation, santé...).

Consommation finale (cn). Traditionnellement, on distinguait celle des ménages (valeur des produits utilisés par les ménages pour satisfaire directement des besoins individuels, les achats de logements n'en faisant pas partie parce qu'ils sont considérés comme une FBCF) et celle des administrations (qui étaient censées consommer leur propre production de services non marchands). Depuis 1999, on distingue, dans le cas des ménages et dans le cas des administrations, la dépense de consommation finale et la consommation finale effective.

En ce qui concerne les ménages, celle-ci est la somme de leur dépense de consommation finale et des consommations individualisables incluses dans la dépense de consommation finale des administrations.

Consommations collectives. Au pluriel, il ne s'agit pas d'une notion de comptabilité nationale. Services mis gratuitement, ou presque, à la disposition des ménages ou des entreprises, qu'ils relèvent ou non des biens collectifs (v. ce terme). La décision de les produire relève de la collectivité (commune, département, région, État...) et leur financement des prélèvements obligatoires. Ces consommations présupposent généralement des investissements collectifs (routes, écoles...).

Consommation intermédiaire. Produit consommé entièrement (détruit ou transformé) pendant l'année dans un processus de production. La farine est par exemple une CI pour le boulanger, les pneumatiques une CI pour un constructeur automobile, mais aussi l'électricité que boulanger et constructeur utilisent, ou les services d'avocats auxquels ils font appel. Ne pas confondre avec la consommation de capital fixe.

Consumérisme. Américanisme (*consumerism*). Défense des intérêts des consommateurs.

Contestabilité. V. marchés contestables.

Contingent. V. quota.

Contractuel. Prévu et organisé par un contrat : prime contractuelle, engagement contractuel...

Contracyclique. Qui atténue l'ampleur du cycle. V. procyclique.

Contrainte budgétaire. Constat du fait que nul ne peut dépenser durablement plus qu'il ne gagne, et qu'il est donc limité par ses revenus et sa capacité à emprunter. La contrainte budgétaire débouche donc sur des choix qui sont exclusifs l'un de l'autre.

Contrainte extérieure. Limitation de la marge de manœuvre qui est la contrepartie de l'ouverture de l'économie ; souvent réduite à la nécessité de ne pas avoir une balance commerciale trop durablement négative ; peut résulter du taux de change et des taux d'intérêt, mais elle traduit alors surtout des choix de la politique économique. V. désinflation compétitive, décalage conjoncturel, dévaluation.

Contrainte sociale. Pour Durkheim, pression exercée par le fait social sur les individus. V. contrôle social, fait social.

Contrat aidé. V. contrat unique d'insertion.

Contrat à terme. V. marché à...

Contrat de plan. V. contrat de projets État-Région.

Contrat de projets État-Région. Contrat passé entre une région et l'État pour une durée de sept ans, portant sur la programmation et le financement conjoint d'opérations de type infrastructures, développement ou recherche. Il s'agit en fait des anciens « contrats de plan » initiés en 1982 par la loi de décentralisation. Le Commissariat général du Plan ayant été supprimé, le terme n'avait plus guère de signification.

Contrat de travail. Convention par laquelle un salarié met son activité à la disposition d'un employeur qui lui verse un salaire et a autorité sur lui (droit de donner des ordres et d'en contrôler l'exécution : on parle alors de « lien de subordination »). Depuis une directive européenne de 1993, ce contrat doit impérativement être écrit. Le contrat à durée indéterminée (CDI) est le plus répandu : il peut être résilié à tout moment par le salarié (démission) ou l'employeur (s'il existe une « cause réelle et sérieuse » de rupture et en respectant la procédure de licenciement). Les employeurs, à la fois pour tester les candidats et pour accroître la capacité de leurs entreprises à s'adapter sans délai aux fluctuations de la demande (*flexibilité*), ont multiplié le recours aux contrats temporaires : contrat à durée déterminée et intérim essentiellement, qui leur servent de volant d'ajustement. La tentative de créer en 2005 un contrat résiliable sans coût et à la libre appréciation de l'employeur, le CNE (contrat nouvelle embauche), a fait long feu, puisqu'il a fallu y renoncer pour non-respect d'une disposition de l'OIT. Certains ont proposé de mettre en place un contrat unique qui fonctionnerait un peu sur ce modèle, avec, en cas de rupture, un système d'indemnités croissant avec l'ancienneté, mais ne pouvant faire l'objet de recours judiciaire. V. formes particulières...

Contrat de transition professionnelle. V. CTP.

Contrat social. Notion philosophique (Hobbes, Locke, Rousseau, Rawls...) qui désigne le pacte sur lequel reposerait la société ; fiction qui permet de raisonner. Chacun est censé renoncer à la liberté dont il bénéficie dans l'*état de nature* (situation fictive dans laquelle les hommes vivent seuls, séparés les uns des autres, avant toute société), au profit de la communauté qui lui garantit en contrepartie des droits et le fait bénéficier d'un certain nombre d'avantages qui résultent de l'efficacité collective. La notion permet : 1) la recherche d'un fondement à l'ordre social et politique qui ne soit plus Dieu ou la tradition ; 2) la promotion de l'individualisme (affirmation fondamentale que les individus existent avant la société). Couramment utilisé au sens large ; par exemple, on considérera qu'il y a eu refondation du contrat social avec les nouvelles institutions de l'État-providence après 1945.

Contrat unique d'insertion. Contrat limité dans le temps (jusqu'à cinq ans dans certains cas, mais en général limité à deux ans) et le plus souvent à temps partiel, destiné aux personnes « rencontrant des difficultés sociales et professionnelles d'accès à l'emploi », d'autant plus subventionné par l'État que les personnes embauchées sont en difficulté, de manière à compenser pour l'employeur (association, organisme public ou entreprise privée) le fait d'embaucher des personnes à la productivité en général moindre que la moyenne. Le but de ce contrat est de permettre aux personnes concernées de retrouver de l'employabilité. Est souvent appelé « contrat aidé ».

Contre-choc pétrolier. Chute importante du prix du pétrole à partir de juillet 1986 (l'Arabie Saoudite cesse de réduire ses exportations pour compenser les dépassements des quotas de l'OPEP par certains pays) ; le baril se stabilise autour de 15-20 dollars ; phénomène accentué par une forte chute du dollar. V. Plaza.

Contre-culture. V. sous-culture.

Contrepartie. Au sens économique du terme, désigne l'acheteur ou le vendeur qui, sur un marché des changes ou un marché à terme, contracte avec un vendeur ou un acheteur qui est à l'origine de la demande ou de l'offre.

Contreparties de la masse monétaire. Créances monétisées (v. création monétaire) détenues par ceux qui créent la monnaie : créances sur l'économie (crédits aux entreprises, etc.) ; créances sur l'étranger (or et devises) ; créances sur le Trésor. Elles indiquent les origines de la création monétaire.

Contribution climat énergie. V. taxe carbone.

Contribution sociale généralisée (CSG). V. CSG.

Contrôle des changes. V. convertibilité, termaillage.

Contrôle social. Notion introduite par le sociologue américain Edward A. Ross à la fin du XIXe siècle : ensemble des processus mis en œuvre par la société pour réguler les conduites des individus conformément à des valeurs. Il dépend de nombreuses institutions et est d'autant plus efficace qu'elles sont redondantes. V. déviance, sanctions positives.

Convention. Ensemble de règles ou de coutumes élaborées au fil du temps dans une société et régissant les relations entre ses membres, de façon implicite le plus souvent. Lorsqu'elle prend une forme explicite, la convention devient un accord, une loi ou une jurisprudence. Contrairement à un contrat qui ne lie que les signataires ou les parties cocontractantes (lorsque le contrat n'est pas écrit), la convention lie tous les membres concernés. Un courant d'analyse (l'« école des conventions ») voit dans les conventions l'un des fondements sur lesquels repose l'économie de marché, car l'échange et le calcul intéressé ne peuvent à eux seuls assurer le bon fonctionnement d'une économie donnée, laquelle a besoin aussi de coopération, de confiance, de reconnaissance sociale, etc.

Convention collective. Accord écrit relatif aux conditions de travail et de rémunérations, conclu entre une organisation d'employeurs et une ou plusieurs organisations syndicales. Bénéficie à tous les salariés des entreprises représentées par l'organisation d'employeurs signataire, syndiqués ou non. Peut être *étendue* à une branche ou à une zone géographique par arrêté du ministre du Travail (elle s'impose alors aussi aux employeurs qui ne l'avaient pas signée).

Convention de Cotonou. Succédant à la convention de Lomé, signée pour la première fois en 1975 (et renouvelée à plusieurs reprises ensuite), cette nouvelle convention a été signée en 2000 pour vingt ans entre l'Union européenne et soixante-dix-sept pays ACP (d'Afrique, des Caraïbes et du Pacifique). Elle organise le cadre de la coopération entre les deux ensembles d'États : notamment aide publique au développement, accès préférentiel de certains produits (bananes, sucre...) et, surtout, mise en place (d'ici 2020) d'accords de partenariat économique créant des zones de libre-échange entre ces pays et l'Union européenne, conformément aux règles de l'OMC (v. ce terme) afin d'« aider les pays ACP à s'ouvrir au commerce international ». On peut s'interroger sur les effets de cette ouverture à la concurrence dans des pays aussi fragiles...

Convention de reclassement personnalisé. V. CRP.

Convergence. V. critères de...

Convertibilité monétaire. Possibilité d'échanger une monnaie contre une autre monnaie (ou contre de l'or en *étalon-or*). Peut être restreinte (v. *Gold Bullion Standard*) par exemple par un contrôle des changes (supprimé totalement en France seulement à la fin des années 1980) qui ne permet aux résidents d'obtenir des devises que pour certains types d'opérations économiques ou financières. La *convertibilité interne* de la monnaie fiduciaire en or a disparu avec le *cours forcé* (en 1939 pour la France). En revanche, la *convertibilité externe* (en devises) est devenue totale en 1990, avec la disparition du *contrôle des changes*.

Cooke. V. ratio Cooke.

Coopérative. Entreprise appartenant aux adhérents (sociétaires) pour le service desquels elle est conçue. Le pouvoir y repose sur le principe « un homme, une voix ». V. économie sociale.

Corporation. Ensemble des personnes exerçant le même métier (exemple : corporation des cheminots). Dans l'Ancien Régime, la structure professionnelle officielle reposait sur les corporations, dont les dirigeants imposaient strictement les règles, notamment la façon de travailler ou l'accès au métier. Le système des corporations a été aboli une première fois par Turgot (en 1776), avant que Louis XVI ne le rétablisse après la disgrâce de Turgot, une deuxième fois par la Révolution en 1791. C'est au nom de cette abolition que, longtemps, les syndicats ont été interdits en France.

Corporatisme. Au sens politique, désigne un régime dans lequel les syndicats sont interdits, parce que, par leurs revendications, ils sont censés attiser des conflits et remettre ainsi en cause l'unité professionnelle que constitue l'entreprise. À leur place, le pouvoir organise des représentations par métiers définis par le type de production, non par la profession exercée : tous ceux qui travaillent dans la même entreprise, quel que soit leur niveau hiérarchique, font partie de la même corporation, du patron à l'apprenti en passant par les salariés qui travaillent dans la même entreprise. L'État français, de 1940 à 1944, avait même supprimé la représentation politique (députés et sénateurs) au profit d'une représentation professionnelle de type corporatiste. Au sens social, le corporatisme désigne un système de représentation sociale dans lequel les représentants des salariés identifient systématiquement leur intérêt à l'intérêt général et subordonnent l'ensemble du système social à la préservation ou à l'amélioration de cet intérêt professionnel.

Correction des variations saisonnières. V. CVS.

Corrélation. Liaison apparente entre deux phénomènes A et B ; n'implique pas nécessairement un lien de cause à effet (causalité). Peut être due au fait que A et B dépendent chacun d'un même phénomène C. S'il y a causalité entre A et B, encore faut-il savoir dans quel sens elle opère : de A vers B, ou le contraire.

Cotisation sociale. Versement obligatoire (Sécurité sociale) ou volontaire (mutuelles...) effectué par les non-salariés, les employeurs et leurs salariés pour acquérir des droits à prestations sociales. V. compétitivité, salaire.

Coupon. Rémunération versée périodiquement aux détenteurs d'obligations en application de leur contrat de prêt. Le terme a survécu bien que, matériellement, les coupons n'existent plus. Autrefois, en effet, la souscription d'une obligation se matérialisait par la remise au souscripteur d'un titre (l'obligation) auquel était attachée une feuille de coupons, sorte de petits tickets qu'il fallait découper et remettre au guichet de la banque chargée du paiement des intérêts de l'obligation en question, à des dates déterminées. D'où l'expression de Marx, fustigeant les « tondeurs de coupons ». La dématérialisation des titres a rendu cette procédure obsolète : les obligations font désormais l'objet simplement de certificats, et les titres sont obligatoirement déposés auprès de maisons spécialisées, qui doivent virer les intérêts dus aux propriétaires des titres sur les comptes de ceux-ci sans qu'ils soient contraints de se manifester.

Courbe de Beveridge. Relation entre le taux de chômage et celui des emplois vacants.

Courbe de Kuznets. Économiste américain d'origine ukrainienne, Kuznets, à partir de très nombreuses observations statistiques, a soutenu que les inégalités de revenu s'accentuaient au cours des premières phases de développement, car il fallait des espérances de profit très élevées pour convaincre les groupes sociaux fortunés d'investir dans des activités ou technologies nouvelles, donc risquées. Puis ces inégalités se réduisaient par la suite, en raison de l'essor d'une classe moyenne nombreuse, indispensable pour contribuer au financement d'une croissance économique gourmande en capitaux : les fortes inégalités deviennent alors un obstacle. Cette analyse se heurte au constat de l'aggravation des inégalités au profit d'une mince couche de personnes très riches durant les vingt dernières années du XXe siècle.

Courbe de Laffer. Symbole de l'offensive idéologique libérale contre l'impôt, présentée en 1979 par Arthur Laffer (avec Jan P. Seymour) dans *The Economics of the Tax Revolt* à l'époque de la campagne électorale présidentielle américaine de Ronald Reagan (président de 1981 à 1989). *Représente les recettes fiscales totales* (en ordonnée) *en fonction du taux d'imposition* (en abscisse). Exprime une évidence : entre un taux d'imposition nul (impôt nul) et un taux d'imposition de 100 % (impôt nul), les recettes fiscales doivent nécessairement passer par un maximum ; *il existe donc un taux d'imposition T pour lequel l'impôt est maximal.* Laffer affirme que : 1) le taux d'imposition T a été déjà dépassé ; 2) (conséquence logique) la baisse du taux d'imposition augmentera les recettes fiscales car elle incitera ceux que les taux élevés avaient découragés d'entreprendre à augmenter leur activité. Sur ces deux points, Laffer et ses adeptes n'apportent aucune trace de soupçon de début d'esquisse de preuve. La logique implicite du raisonnement est qu'il faut subventionner les riches (baisse des taux) parce qu'ils ont montré qu'ils étaient plus aptes que les pauvres à produire de la richesse. La politique dont Laffer est un propagandiste talentueux a été appliquée par l'administration Reagan ; elle n'a pas augmenté les recettes fiscales mais les a réduites ; d'où des déficits budgétaires sans précédent en temps de paix qui ont relancé l'économie américaine, conformément aux enseignements keynésiens... Malgré son inconsistance, la courbe de Laffer est un bon produit d'exportation : « Trop d'impôt tue l'impôt, comme l'a démontré la courbe de Laffer », entend-on souvent dire dans les campagnes (post) électorales françaises. La seule chose finalement démontrée par Laffer, c'est qu'un bon graphique était efficace pour communiquer. Sa courbe est devenue le logo de l'*économie de l'offre*.

Courbe de Lorenz. Du nom du statisticien britannique qui l'a inventée, courbe de concentration des revenus (ou des patrimoines) consistant à mettre en regard la proportion de la population et la proportion des revenus qu'elle perçoit. Plus l'écart entre les deux distributions est important, plus les revenus sont répartis de façon inégalitaire. Cet écart (relatif) est appelé « coefficient de Gini ».

Courbe de Phillips. Courbe (ou relation) représentant le taux d'inflation en fonction du taux de chômage, dont la représentation a été effectuée pour la première fois par A.W. Phillips, économiste néo-zélandais, en 1958, à partir de données britanniques portant sur un siècle. La courbe initiale de Phillips ne représentait pas le taux d'inflation, mais le taux d'évolution des salaires d'une année sur l'autre. Très vite, cette variable a été remplacée par le rythme d'inflation, puisque l'idée maîtresse de cette courbe est de suggérer que la baisse du taux de chômage s'accompagne habituellement d'une augmentation du taux d'inflation, sous l'impulsion des augmentations de salaires que la réduction du chômage favorise. Initialement, cette courbe jouait un rôle central dans l'analyse d'orientation keynésienne : entre inflation et chômage, on peut choisir, et le rôle de la politique économique consiste à trouver le compromis qui paraît le plus acceptable pour l'ensemble de la société, mais en sachant qu'on ne peut à la fois obtenir le beurre (peu de chômage) et l'argent du beurre (peu d'inflation). Tout l'effort de Milton Friedman consista à montrer que cette courbe était illusoire et que, avec le temps, les rigidités diverses de l'économie aboutissent à l'instauration d'un certain taux de chômage, appelé « taux de chômage naturel », toute tentative pour réduire ce taux sans s'attaquer aux rigidités qui lui donnent naissance engendrant inévitablement de l'inflation. V. chômage naturel.

Courbe d'indifférence. Dans l'analyse économique de type néoclassique, représentation graphique des possibilités de choix offertes à un consommateur déterminé qui s'interroge sur les différentes doses de consommation entre deux produits déterminés représentant pour lui la même satisfaction (les économistes disent « utilité »). Par exemple, si les produits en question sont du pain (nourriture) et des kilowatts-heure d'électricité (chauffage), notre consommateur peut ressentir la même satisfaction en achetant 4 kg de pain et 3 kWh ou 2 kg de pain et 7 kWh (dans ce cas, il se nourrit moins mais se chauffe davantage). Les deux lots sont donc sur une même courbe d'indifférence. Plus notre consommateur renonce à l'un des deux produits, plus la consommation de l'autre produit doit être forte pour compenser la perte de satisfaction issue de la diminution de consommation du premier produit : la courbe d'indifférence ressemble donc au quart sud-ouest d'un cercle. Il existe une infinité de courbes d'indifférence entre deux produits pour un même consommateur, chacune correspondant à un niveau déterminé de satisfaction. Le but de cette représentation graphique est de montrer que, face à une infinité de choix possibles, le consommateur choisira rationnellement le niveau de consommation qui lui apporte le plus de satisfaction, compte tenu du budget dont il dispose (contrainte budgétaire). On peut s'interroger sur cette capacité de calcul du consommateur moyen et penser que la mode, la publicité ou le mimétisme jouent un rôle au moins aussi grand dans les arbitrages entre types d'achat.

Courbe en J. Courbe généralement décrite par le solde de la balance commerciale (il est en ordonnée et le temps est en abscisse) d'un pays dont la monnaie est dévaluée ou se déprécie. La dévaluation augmente le prix (en monnaie nationale) des produits importés et diminue le prix (en monnaie étrangère) des produits exportés comme expliqué dans l'article « dévaluation ». Mais à court terme les quantités importées ou exportées sont peu modifiées. Dans ces conditions, le solde commercial se détériore (la courbe plonge). À moyen terme, les quantités importées doivent diminuer (la hausse des prix favorise des substitutions avec d'autres marchandises produites sur place) et les quantités exportées augmentent. Bref, après avoir plongé, le solde se redresse, la courbe ressemblant bien à un J. La forme précise (voire l'existence) du J dépend de la valeur des élasticités-prix des importations et des exportations, mais aussi des politiques de marges bénéficiaires des importateurs et exportateurs (qui déterminent les variations effectives de prix). Elle dépend souvent encore plus de la politique macroéconomique d'accompagnement de la dévaluation (blocage des salaires, « refroidissement » de la demande intérieure...). V. dévaluation, élasticités critiques.

Couronne périurbaine. V. aire urbaine.

Cours. Prix ; le terme est utilisé lorsque le prix est susceptible de varier assez rapidement sur un marché ouvert et assez large (cours boursier, cours de l'or, d'une matière première...). *Cours du change* ou *cours d'une monnaie* sont synonymes de taux de change.

Cours d'une obligation (évolution du). L'évolution du cours d'une obligation émise à *taux d'intérêt fixe* (v. ce terme) est inversement proportionnelle à celle du taux d'intérêt sur le marché. Si j'ai acheté 1 000 euros une obligation (perpétuelle, pour simplifier le raisonnement) rapportant 10 % d'intérêt, je possède le droit de recevoir 100 euros chaque année. Si, le lendemain ou dix ans après, le taux d'intérêt des nouvelles obligations (c'est-à-dire le taux d'intérêt du marché) est 20 %, ceux qui les achètent paient 1 000 euros le droit de recevoir chaque année 200 euros. Ils n'accepteront donc d'acheter mon obligation que 500 euros puisque je ne leur vends que le droit de toucher annuellement 100 euros. Si le taux était passé à 5 %, le cours de mon obligation aurait bondi à 2 000 euros. V. risque de taux.

Cours forcé. V. convertibilité monétaire.

Cours légal. Lorsqu'une monnaie a cours légal dans un pays, les agents économiques ne peuvent pas la refuser comme moyen de paiement. V. pouvoir libératoire.

Cours pivot. V. SME.

Coût affectable. V. comptabilité analytique.

Coût comparatif. V. avantages...

Coût d'opportunité. Le coût d'opportunité du loisir est la perte de revenu subie du fait que le loisir suppose le non-travail : jouer aux cartes une heure m'empêche de travailler une heure de plus... Le joueur rationnel s'arrêtera de jouer lorsqu'il estimera que le coût d'opportunité du jeu l'emporte sur le plaisir (l'*utilité*) de jouer. Mais l'observation de la réalité fait douter que cette rationalité soit souvent à l'œuvre.

Coût de production. C'est la somme des coûts fixes et des coûts variables.

Coût de revient complet. V. comptabilité analytique.

Coût de transaction. Coût induit par le recours au marché. L'entreprise peut faire elle-même (par exemple, le nettoyage de ses bureaux, la maintenance de ses ordinateurs...) ou acheter les biens et services dont elle a besoin sur le marché (contrat avec des prestataires de services : entreprises de nettoyage, de maintenance, etc.). Les coûts de transaction sont liés à l'analyse des éventualités possibles (il y a beaucoup de prestataires possibles...), à l'établissement des contrats (cahier des charges...) et au suivi de leur exécution (contrôle, règlement des conflits) lorsque l'entreprise achète sur le marché. S'ils sont plus élevés que les coûts d'organisation, l'entreprise a intérêt à faire elle-même (à *internaliser*), donc à allouer des ressources hors marché dans le cadre de relations de subordination (salariat). S'esquisse ainsi une théorie de l'existence de la firme : son « périmètre » dépend du niveau des différents coûts de transactions par rapport aux avantages de l'appel au marché. Certaines activités ou certaines fonctions peuvent être abandonnées (externalisation) parce qu'il devient moins coûteux d'acheter sur le marché que de continuer à faire soi-même.

Coût des facteurs. V. PIB, valeur ajoutée.

Coût fixe. À court terme, indépendant de la quantité produite. Exemple : les machines.

Coût marginal. Coût de la dernière unité produite (accroissement du coût total dû à la production d'une unité supplémentaire). Lorsqu'il augmente avec la quantité produite (les équipements restant inchangés), on dit que les rendements sont décroissants ; ceux-ci sont croissants si le coût marginal est décroissant. V. productivité marginale, vente au coût marginal.

Coût moyen ou unitaire. Coût de production d'une unité ; égal au coût total divisé par la quantité produite.

Coût salarial unitaire. Salaire total (y compris les cotisations sociales à la charge des salariés et des employeurs) divisé par la quantité produite. Son évolution dépend de celles du salaire et de la productivité.

Coût social. Coût engendré par la décision d'un acteur ou d'un ensemble d'acteurs (grève, licenciement, délocalisation, type de biens produits...) et supporté par la collectivité.

Coût variable. Varie avec la quantité produite. Exemple : les consommations intermédiaires.

Couverture de risque. V. marché à terme.

Couverture maladie universelle. V. CMU.

CRDS. Contribution au remboursement de la dette sociale, instaurée en 1996 pour rembourser la « Caisse d'amortissement de la dette sociale » (CADES) qui avait alors repris l'essentiel des dettes des organismes de Sécurité sociale. La CRDS, au taux de 0,5 % sur tous les revenus (sauf les minima sociaux), devait initialement prendre fin en 2014. Mais de nouvelles dérives des comptes de la Sécurité sociale ont amené le législateur (en 2004) à indiquer que la CRDS prendrait fin dans un avenir indéfini...

Créance. Droit d'exiger quelque chose de quelqu'un ; pour l'économiste, la créance est un droit financier, celui d'exiger la remise d'une somme d'argent dans des conditions déterminées. On appelle aussi créance le titre établissant la créance. Il ne peut pas apparaître de créance sans que soit créée simultanément une dette de même montant. La somme des créances est donc nécessairement égale à celle des dettes. Celui qui détient une créance sur quelqu'un est son créancier.

Création de valeur. V. valeur.

Création monétaire. Une banque crée de la monnaie lorsqu'elle accorde un crédit. Ce crédit se traduit en effet par un dépôt à vue monétaire (c'est-à-dire transférable par chèque, virement...) pour son bénéficiaire, autrement dit par une création de *monnaie scripturale* (lorsque la banque ouvre un crédit à un client, elle crédite son compte, c'est-à-dire qu'elle fait apparaître sur son compte une somme équivalente). Les crédits font les dépôts (*loans make deposits*) et non pas le contraire. On parle de *monnaie de crédit*. Le crédit (qui est une créance sur une société, un ménage...) est ainsi une *contrepartie* (v. ce terme) de la monnaie créée. Cette monnaie est détruite lorsque le crédit est remboursé à la banque. D'une façon générale, la banque crée de la monnaie lorsqu'elle « monétise » une créance, c'est-à-dire lorsqu'elle paie un actif (des biens, des valeurs mobilières, des devises...) en créditant le compte d'un de ses clients. La création de monnaie est limitée par les conditions de *refinancement* (v. ce terme) de la banque, influencées par la *politique monétaire* : taux du marché monétaire, réserves obligatoires, ratio Cooke, etc.

Crédit-bail. Prêt en nature. Le financeur achète un matériel amortissable (machine, automobile) et le met à disposition d'un utilisateur, moyennant un loyer convenu. Au terme du contrat (dont la durée est généralement fonction de la durée d'amortissement du matériel), le contrat prévoit que le locataire peut acheter le matériel à sa valeur résiduelle (faible, puisque le matériel est au terme de sa période d'amortissement). En anglais, *leasing*.

Credit crunch. « Rationnement du crédit » (en anglais). Situation où les organismes de crédit ne prêtent plus qu'avec réticence et en demandant d'importantes garanties, de crainte de ne pouvoir récupérer leurs créances ou de peur de ne pouvoir se refinancer sur le marché interbancaire ou auprès de la banque centrale. La crise des *subprime* (v. ce terme) en est un bel exemple.

Crédit d'impôt. Réduction d'impôt remboursable par le Trésor public si le montant de la réduction dépasse le montant de l'impôt dû. V. aussi impôt négatif.

Crédit hypothécaire. Crédit immobilier à long terme (plus d'un an), garanti par une hypothèque, c'est-à-dire une autorisation de saisie pour mise en vente judiciaire d'un bien immobilier au bénéfice du créancier si le prêt consenti n'est pas remboursé selon les conditions convenues lors de l'octroi du prêt.

Crédit *revolving*. Crédit à la consommation sous forme de droit de tirage mis à la disposition de l'emprunteur, et dont le montant se reconstitue toutes les fois que l'emprunteur le rembourse. Parfait piège à surendettement.

Crédits commerciaux. Octroi de délais de paiement par un fournisseur à son client. Le plus souvent, la créance qui en résulte est matérialisée par un *effet de commerce* ou *lettre de change* dont le but est de garantir le créancier contre le risque de non-paiement et d'accéder à l'*escompte* bancaire.

Crise. V. baisse tendancielle..., fordisme ; crise au sens strict : v. cycle.

Crise asiatique. Commence le 2 juillet 1997 lorsque la banque centrale thaïlandaise laisse flotter le baht attaqué par la spéculation depuis mai. Elle atteint les pays de la région : effondrement des Bourses, fuite de capitaux, faillites bancaires et industrielles se développent. Alerte sérieuse pour l'économie mondiale, elle est souvent attribuée à la libéralisation financière incontrôlée encouragée par le *consensus de Washington*.

Crise de la dette (du tiers-monde). On désigne souvent ainsi la période ouverte par l'impossibilité du Mexique de faire face au *service de sa dette* en août 1982.

Crise des *subprime*. Crise déclenchée en 2007 aux États-Unis en raison du surendettement immobilier de ménages à faibles revenus, auxquels des crédits hypothécaires (v. ce terme) à risque (d'où le terme *subprime*, désignant les crédits hypothécaires à fort risque de difficultés de remboursement) avaient été accordés, indexés sur la valeur marchande des maisons acquises à l'aide de ces crédits. La hausse des prix de l'immobilier avait ainsi engendré une augmentation importante de ces crédits. Lesquels ont fait l'objet d'une titrisation (v. ce terme) par les organismes de prêts immobiliers soucieux de se refinancer, titrisation effectuée le plus souvent sous forme de CDO (v. ce terme), dont les différentes tranches ont été acquises par de nombreux organismes financiers dans le monde. Lorsque la baisse des prix de l'immobilier américain a rendu insolvables les ménages endettés, les CDO qui en contenaient sont devenus des « créances toxiques », engendrant une méfiance généralisée à l'égard de toutes les banques, soupçonnées, elles ou leurs filiales spécialisées, de détenir des créances devenues sans valeur. En réalité, la crise des *subprime* n'a pas été seulement une crise financière, mais elle a montré les conséquences potentiellement dramatiques de la croyance dans les vertus autoéquilibrantes des marchés. Sa gravité a contraint les États à intervenir massivement et à s'interroger sur les conséquences d'une croissance tirée par l'endettement.

Crise mexicaine. Ne pas confondre la première (le Mexique déclare en août 1982 qu'il est en cessation de paiement, dans un contexte de finance intermédiée), qui ouvre la crise de la dette du tiers-monde, et la seconde (décembre 1994, endiguée par un refinancement de 48 milliards de dollars soutenu par le FMI, dans un contexte de finance directe de marché), qui montre la fragilité des solutions apportées à la crise de la dette. V. effet tequila.

Critères de convergence. Le traité d'Union européenne (Maastricht) avait défini quatre « critères de convergence » dont le respect avant 1998 a été examiné pour décider si un pays de l'UE pouvait passer à la monnaie unique : le taux d'inflation ne devait pas dépasser de plus de 1,5 point la moyenne des trois meilleures performances (de l'UE) ; le taux d'intérêt à long terme ne devait pas dépasser de plus de 2 points la moyenne des trois taux les plus faibles ; le besoin de financement des administrations publiques devait être inférieur à 3 % du PIB et leur endettement à 60 %. V. UEM et pacte...

Croissance. Abréviation fréquente de « croissance économique », pour désigner l'augmentation du volume de la valeur ajoutée produite dans une économie durant une période donnée. Ce volume lui-même se décompose en deux : les quantités produites et la variation de qualité, qui n'est en fait mesurable que sur un nombre limité de biens à composante technologique importante. V. taux de...

Croissance endogène (théories de la). Apparues en 1986 (P. M. Romer), elles veulent expliquer la croissance sans avoir recours à des variables exogènes (progrès technique...). Elles mettent l'accent sur la responsabilité de la recherche et de la formation pour expliquer l'origine et le rythme de la croissance. S'en déduit l'idée que la politique économique peut influencer le taux de croissance de l'économie, ce que niaient les anciennes théories.

Croissance et développement. L'opposition est traditionnelle : la croissance serait celle de quelque chose (le PIB, le bien-être matériel), le développement celui de quelqu'un (la société ou l'homme, « tout l'homme et tous les hommes » pour François Perroux [1903-1987]) (v. besoins). Si le développement ne se réduit pas à du quantitatif, il peut néanmoins être en partie quantifié (v. IDH). Par ailleurs, la croissance est aujourd'hui de plus en plus perçue comme n'étant pas une fin en soi. Dans son *Rapport sur le développement humain* de 1996, le PNUD (v. ce terme) définit cinq formes de « mauvaise » croissance à éviter : la croissance sans création d'emplois ; celle qui accroît les inégalités ; la croissance sans progrès vers la démocratie ; celle qui s'accompagne d'une perte de l'identité culturelle ; la croissance qui dilapide les ressources nécessaires aux générations futures. V. développement durable.

Croissance extensive, intensive. V. accumulation extensive.

Croissance externe, interne. La croissance d'une entreprise est externe lorsqu'elle augmente son chiffre d'affaires en absorbant d'autres entreprises ; interne si elle l'élève en développant sa propre activité.

Croissance potentielle. La production potentielle (ou le PIB potentiel) est le niveau maximal que l'économie pourrait atteindre sans accélération de l'inflation. Ce niveau est lié à la quantité des facteurs de production disponibles et à l'efficacité de leur mise en œuvre. La croissance potentielle est le taux de croissance de la production potentielle. Lorsque le taux de croissance effectif de l'économie est inférieur à celui de la production potentielle, il est inutile de freiner l'économie pour lutter contre une inflation qui ne menace pas. L'évaluation de la croissance potentielle n'est pas simple.

CRP. Convention de reclassement personnalisé. Dispositif que tout employeur de moins de 1 000 salariés est tenu de proposer aux salariés qu'il se propose de licencier dans le cadre d'un licenciement collectif pour cause économique. Le salarié a le choix de refuser ou d'accepter cette convention. S'il l'accepte, son contrat de travail est rompu et il bénéficie d'actions de soutien psychologique, d'orientation, d'accompagnement, d'évaluation des compétences professionnelles et de formation destinées à favoriser son reclassement. Il bénéficie également, sous réserve d'avoir deux ans d'ancienneté, d'une allocation spécifique de reclassement et peut avoir droit, s'il reprend un travail moins bien rémunéré que le précédent, à une indemnité différentielle de reclassement.

CSG. Contribution sociale généralisée. Dans le vocabulaire fiscal, contribution est synonyme d'impôt. La CSG a été créée fin 1990 pour remplacer des cotisations sociales reposant sur les seuls salaires par un prélèvement fiscal à taux fixe opéré sur tous les revenus : salariaux, mais aussi financiers, non salariaux ainsi que les revenus de remplacement (retraite, assurance chômage...). De sorte que la protection sociale qui profite à tous sans condition de cotisation préalable (allocations familiales et assurance maladie principalement) soit financée par tous les revenus et non par les seuls salariés. Bien qu'elle soit proportionnelle aux revenus auxquels elle s'applique, la CSG participe à la *redistribution verticale* car elle pèse aussi sur des revenus qui, jusque-là, échappaient aux cotisations sociales.

CSP (nomenclature des). Nomenclature des catégories socioprofessionnelles de l'Insee de 1954 à 1982. Combine trois logiques : celle des métiers, celle du statut (salarié, non salarié) et celle d'une hiérarchie des qualifications. Son niveau le plus rudimentaire distingue neuf CSP : agriculteurs exploitants, salariés agricoles, patrons de l'industrie et du commerce, professions libérales et cadres supérieurs, cadres moyens, employés, ouvriers, personnels de service, autres catégories (artistes, clergé, armée, police). Pourquoi des CSP plutôt que des « catégories sociales » ? Jean Porte, auteur de la nomenclature, répond ainsi : « Si nous avions choisi ce mot, nous aurions été critiqués par tout le monde. La gauche aurait estimé que ce n'était pas de vraies classes sociales, et la droite aurait crié au contraire que c'était des classes sociales. Tandis qu'avec "socioprofessionnel", personne n'a rien dit. » V. PCS.

CTP. Contrat de transition professionnelle. Dispositif que, dans certains bassins d'emploi particulièrement déprimés, tout employeur envisageant un licenciement collectif pour cause économique doit proposer aux salariés visés, en remplacement du CRP (v. ce terme). D'une durée maximale de douze mois, ce contrat a pour objet d'organiser un parcours de transition professionnelle comprenant des mesures d'accompagnement, des périodes de formation et des périodes de travail au sein d'entreprises ou d'organismes publics. Pendant la durée de ce contrat, et en dehors des périodes durant lesquelles il exerce une activité rémunérée, le titulaire du CTP perçoit une « allocation de transition professionnelle » égale à 80 % du salaire brut moyen perçu au cours des douze mois précédant la conclusion du CTP.

Culture. Ensemble des faits de civilisation (art, connaissances, coutumes, croyances, lois, morale, techniques, etc.) par lesquels un groupe (société, communauté, groupe social particulier) pense, agit et ressent ses rapports avec la nature, les hommes et l'absolu ; système de hiérarchisation des valeurs ; ne se manifeste pas seulement dans les formes d'expression culturelles mais aussi à travers la religion, les structures politiques, l'organisation familiale, l'éducation, voire le développement matériel et technique. Les dictateurs invoquent souvent les particularismes culturels pour justifier leur refus de la conception « occidentale » des droits de l'homme. Ne pas confondre culture et *culture savante* : connaissances scientifiques et artistiques. V. sous-culture.

Cultures vivrières. Celles dont les produits sont destinés à l'alimentation de la population, par opposition à cultures de rente, qui désignent les cultures destinées à l'exportation (cacao, arachide, coton...).

Currency board. V. dollarisation.

Currency principle. Théorie selon laquelle il est préférable que chaque billet de banque ait sa contrepartie métallique (or ou argent) dans les caisses de la banque émettrice (*currency* signifie circulation). L'*Act* de Peel (1844), qui réorganise la Banque d'Angleterre, consacre le triomphe de ce principe défendu par Ricardo contre le *banking principle* (v. ce terme). V. monnaie exogène.

CVJO. Correction des variations de jours ouvrés. V. CVS.

CVS. Correction des variations saisonnières. Technique statistique visant à éliminer les fluctuations saisonnières qui, chaque année à la même période, font varier en hausse ou en baisse, selon une ampleur prévisible, une grandeur économique par rapport à la tendance moyenne. Par exemple, le chômage augmente tous les ans entre juillet et septembre, lorsque les jeunes ont terminé leur formation et se présentent pour la première fois sur le marché du travail. De même, le prix des légumes ou des fruits baisse à la pleine saison, puis augmente. Il importe d'éliminer ces fluctuations saisonnières pour pouvoir mesurer, toutes choses égales par ailleurs, les autres évolutions qu'elles peuvent masquer. Il arrive que l'on rencontre également l'abréviation CVJO pour « correction des variations de jours ouvrés » afin de comparer des données statistiques sur des mois n'ayant pas le même nombre de jours ouvrés.

Cycle de productivité. Irrégularité du taux de croissance de la productivité du travail (π), due au fait qu'il faut un certain temps aux entreprises pour ajuster les effectifs à l'évolution du taux de croissance de la production (r). Lorsque r diminue, π chute pendant le délai nécessaire à l'ajustement de l'emploi. Lorsque l'ajustement a eu lieu, π se redresse et rejoint son niveau tendanciel. Le phénomène contraire se produit lorsque r augmente : π s'élève provisoirement au-dessus de son niveau habituel. Au plan macroéconomique, le cycle de productivité se traduit par le fait que les évolutions de l'emploi et du PIB ne sont pas synchrones.

Cycle de vie (d'un produit). Désigne les différents stades qui vont de la mise au point à la disparition d'un produit, par analogie à un être vivant. On distingue habituellement la phase de recherche-développement, celle de lancement, puis, si celle-ci réussit, la phase de croissance durant laquelle le produit a peu ou pas de concurrent, engendrant ainsi des marges bénéficiaires très élevées qui couvrent la mise au point et le lancement. En phase de maturité, la demande ne progresse plus qu'en raison de l'arrivée de produits concurrents sur le marché, ce qui suscite souvent une baisse des prix. Enfin, de nouveaux produits, ou la lassitude des consommateurs, provoquent un déclin de la demande (phase de déclin).

Cycle de vie (théorie du). Théorie avancée par Franco Modigliani (économiste américain, 1918-2003, considéré comme un keynésien libéral), selon laquelle les comportements d'épargne d'un individu ne dépendent pas seulement de ses revenus (comme le veut la théorie keynésienne), mais aussi de son âge : phase d'endettement lors de l'installation dans la vie et de l'arrivée des premiers enfants, phase d'accumulation en vue de la retraite ensuite, phase de liquidation du patrimoine à l'âge de la retraite et de la transmission d'une partie du patrimoine aux enfants.

Cycles. Fluctuations récurrentes (c'est-à-dire qui se répètent, sans que la périodicité soit complètement régulière) du niveau de l'activité économique (*ou de son taux de croissance*). On découpe le cycle en cinq phases (ou moments) : l'*expansion* (*boom*, essor), la *crise* (pic, point haut, sommet), la *dépression* (récession, contraction), le *creux* (point bas), la *reprise* (le « bout du tunnel » vu — disait-il — par Jacques Chirac en août 1975). On distingue le *cycle de Kondratieff* (au moins cinquante ans, appelé aussi *onde longue*), dans lequel Simiand opposait une *phase A* (croissance) et une *phase B* (baisse), le *cycle de Juglar* ou *cycle des affaires* (six à dix ans), le *cycle de Kitchin* ou *cycle mineur* (trois-quatre ans), etc.

D

Darwinisme social. Par référence à la théorie de Darwin sur la « sélection naturelle des espèces », terme usité par le sociologue anglais de la fin du XIXe siècle Herbert Spencer (1820-1903), pour désigner le fait que, dans la compétition économique et culturelle, les moins performants sont éliminés et que la société tout entière en tire profit. On parle aussi de la « sélection des plus aptes ».

DATAR. V. aménagement du territoire.

Débauchage. V. embauche.

Débudgétisation. Transfert d'une charge jusqu'alors supportée par l'État sur un opérateur extérieur (collectivité territoriale ou organisme ayant une autonomie budgétaire). La dépense existe toujours, mais elle n'apparaît plus dans les comptes de l'État votés par le Parlement.

Décalage conjoncturel. Écart entre le taux de croissance du PIB de la France et celui de ses principaux partenaires commerciaux. Influence notamment le solde commercial : si la France a un faible taux de croissance, ses importations sont faibles ; si ses partenaires ont un fort taux de croissance, ils importent beaucoup, donc les exportations françaises sont élevées. Ainsi un solde commercial favorable peut-il ne pas refléter une compétitivité forte mais un décalage conjoncturel « favorable » (défavorable à l'emploi, mais favorable au solde commercial). V. balance commerciale.

Décentralisation. Organisation administrative transférant aux collectivités territoriales certaines responsabilités exercées jusqu'alors par l'État. Si elle permet de rapprocher le lieu de décision des citoyens, elle peut aussi être source d'inégalités (tous les départements, par exemple, n'appliquent pas avec la même énergie les tâches de réinsertion sociale que la loi leur confie) et de clientélisme. La décentralisation doit donc aller de pair avec une plus grande transparence et un poids accru du contrôle *a posteriori* (après coup), pour limiter les abus.

Décile. La dixième partie d'une distribution statistique. Par exemple, en matière de revenus, il est fréquent que l'on classe les personnes dont on étudie les revenus par ordre croissant de revenu perçu : le premier décile regroupe alors les 10 % les plus pauvres de la distribution. La valeur d'un décile peut être déterminée par sa limite de classe (les 10 % les plus pauvres gagnent moins de X euros) ou par sa moyenne (les 10 % les plus pauvres gagnent en moyenne X euros).

Déclassement. Lorsqu'un salarié occupe un poste de niveau inférieur à celui que son niveau de formation ou de diplôme lui permettrait d'occuper. S'emploie également lorsqu'une génération, pour un niveau de formation donné, occupe des emplois moins qualifiés que ceux auxquels la génération précédente pouvait prétendre. Ne pas confondre avec déqualification (v. ce terme).

Décollage. En anglais *take-off*. Troisième des cinq phases (tradition, transition, décollage, maturité, consommation de masse) que doivent nécessairement parcourir les pays pour se développer selon la thèse libérale de Walt W. Rostow (*Les Étapes de la croissance économique*, 1960).

Déconcentration. Fait de confier aux représentants de l'État sur le terrain (préfets, recteurs, directeurs départementaux de l'action sanitaire et sociale, de l'agriculture, etc.) des tâches jusqu'alors effectuées au niveau central des ministères. Ne pas confondre avec décentralisation, qui implique transfert de pouvoir à des autorités locales, donc affaiblissement relatif de l'État, alors que la déconcentration n'implique qu'une répartition différente des pouvoirs au sein de l'appareil d'État.

Décote. 1) Réduction de l'impôt sur le revenu exigible lorsqu'il ne dépasse pas un certain plafond. 2) Réduction de la pension de retraite liée au fait que le nombre d'années nécessaires de cotisations pour en bénéficier à taux plein n'a pas été atteint. 3) En Bourse, situation où une action d'une société cotée se vend moins cher que l'actif net par action de la société en question et, plus généralement, situation dans laquelle la valeur marchande d'un actif devient moindre que sa valeur nominale ou théorique.

Découvert. Facilité de paiement accordée par une banque à son client et permettant à ce dernier de dépenser plus que le montant disponible sur son compte courant. C'est donc un crédit qui ne dit pas son nom et qui se paye généralement assez cher.

Décroissance (théorie de la). Inspirée par Nicholas Georgescu-Roegen (1906-1994), économiste américain d'origine roumaine, cette théorie avance que notre économie productiviste (toujours plus de production pour toujours plus de consommation) conduit l'humanité à sa perte en détruisant ou dispersant des ressources non renouvelables. La croissance, en dilapidant des ressources non renouvelables, n'est pas compatible avec un monde fini, elle engendre donc un désordre grandissant (« entropie ») dont nos descendants paieront inévitablement le prix. Le courant de la décroissance a repris cette thèse, en y ajoutant une critique éthique, sociale et environnementaliste des effets de la croissance économique. Les plus radicaux plaident pour un abandon des industries de masse et des technologies consommatrices de matières premières non renouvelables, ainsi que pour une réduction drastique de la population.

Défaillance (d'un débiteur). Incapacité à honorer les engagements de remboursement vis-à-vis de ses créanciers.

Défaillances (du marché). Désigne le fait que le marché ne parvient pas à régler correctement certains problèmes : par exemple, l'existence d'économies externes l'empêche d'aboutir à une décision optimale pour l'ensemble de la société. En anglais, *market failures*.

Défaisance. Néologisme tiré de l'anglais *defeasance*. Organisme chargé de délester des institutions financières de leurs actifs douteux, dont la valeur de marché est nulle ou sensiblement inférieure à leur valeur comptabilisée à l'actif de la société. En règle générale, la structure de défaisance achète ces actifs à leur valeur comptable, ce qui permet à la société d'éviter d'avoir à supporter des pertes, puis elle les revend peu à peu, en essayant d'en tirer le meilleur prix possible. La crise financière de 2008-2009 a pu être limitée par la multiplication de structures de ce type, financées par des fonds publics, de façon à alléger les banques menacées des actifs douteux ou sans valeur qu'elles portaient (ces structures étant parfois appelées *bad banks* ou « mauvaises banques »).

Défaut. Synonyme de défaillance, s'appliquant plutôt aux États.

Déficit budgétaire. Solde négatif du budget de l'État (les recettes sont inférieures aux dépenses). Ne pas confondre avec la dette de l'État. Le déficit est généralement financé par emprunt, ce qui accroît la dette publique.

Déficit public. Besoin de financement des administrations publiques (État + collectivités locales + Sécurité sociale). Le déficit pris en compte pour savoir si un État respecte le pacte de stabilité et de croissance n'est donc pas seulement le déficit budgétaire.

Déflation. Diminution du niveau général des prix ; il n'y a pas seulement diminution du taux de croissance des prix (désinflation), mais taux de croissance négatif des prix. D'une façon plus générale, la déflation désigne une situation dans laquelle la baisse des prix s'accompagne d'une régression du PIB.

DEFM. Demandes d'emploi en fin de mois enregistrées par *Pôle emploi*. Classées en cinq catégories : A, pour les demandeurs sans aucun emploi effectuant des « actes positifs de recherche » (lettres de candidature spontanée, réponse aux offres d'emploi, démarchage...) ; B, pour les demandeurs en *activité réduite* courte (soixante-dix-huit heures ou moins au cours du mois) effectuant des « actes positifs de recherche » ; C, pour les demandeurs d'emploi en activité réduite longue (plus de soixante-dix-huit heures au cours du mois) effectuant des « actes positifs de recherche » ; D, pour les demandeurs d'emploi sans emploi mais non disponibles dans les quinze jours (maladie, formation, *CRP* ou *CTP*) ; E, pour les demandeurs d'emploi en emploi mais à la recherche d'un autre emploi (ex. : bénéficiaires de *contrats aidés*). V. termes en italique.

Degré d'ouverture. Part du commerce extérieur dans l'activité économique d'un pays. Se mesure habituellement par le taux d'ouverture (rapport entre la somme des exportations et des importations d'une part, et le PIB d'autre part).

Délai de prévenance. V. modulation (du temps de travail).

Délégation à l'aménagement du territoire et à l'action territoriale. V. aménagement du territoire.

Délégué syndical, du personnel. V. représentants...

Délinquance. Comportement caractérisé par des délits (interdits et punis par la loi). Ne pas confondre avec la déviance. D'un point de vue juridique, les délits se distinguent des crimes (plus graves : criminalité) et des contraventions (moins graves).

Délit d'initié. Infraction boursière (souvent difficile à détecter) correspondant à l'utilisation d'informations privilégiées (c'est-à-dire détenues par une personne à cause de sa fonction, avant qu'elles ne soient rendues publiques) en vue d'obtenir des plus-values boursières sans risque.

Délocalisation. Transfert à l'étranger d'une activité assurée sur le sol national. Le changement de pays de résidence en vue de payer moins d'impôts est appelé délocalisation fiscale.

Demande (fonction de). Flux des achats d'un bien ou d'un service déterminé. La fonction de demande désigne la relation, normalement décroissante, entre les intentions d'achat et le prix du marché. V. élasticité.

Demande d'emploi. Exprimée par ceux qui recherchent un emploi. Elle correspond à une offre de travail.

Demande de monnaie. Situation dans laquelle un acteur économique souhaite se procurer de la monnaie, ce qui se traduit soit par la décision de vendre un élément de son patrimoine, soit par un emprunt bancaire permettant d'approvisionner son compte courant en liquidités. Alors que l'analyse traditionnelle de la demande de monnaie se limite à ce que Keynes appelle le motif de transaction (la monnaie n'a pas d'autre utilité que de permettre de payer des biens et des services) — ce qui est conforme à l'idée que la monnaie est « neutre » et ne joue qu'un rôle d'intermédiaire pour faciliter les transactions —, Keynes a montré que la monnaie disposait d'une qualité, la liquidité, expliquant qu'elle pouvait être demandée pour elle-même : pour un motif de précaution (disposer de monnaie permet de faire face à tout besoin de paiement imprévu) ou un motif de spéculation (disposer de monnaie permet d'acheter des titres dont on pense qu'ils vont monter). Dès lors, la demande de monnaie peut augmenter ou diminuer indépendamment des transactions effectuées sur le marché des biens et services, mais en fonction des anticipations relatives au taux d'intérêt.

Demande de travail. Elle est exprimée par les employeurs ; c'est une offre d'emploi. V. productivité marginale.

Demande effective (principe de la). Cœur de la théorie de Keynes. La demande effective est la demande globale *anticipée* par les entrepreneurs. Elle est donc influencée par leurs vues sur l'avenir. C'est une demande *ex ante*. En fonction du niveau de cette demande effective, ils déterminent le niveau de l'investissement et le niveau de l'emploi. Ce serait un hasard si le niveau de l'emploi ainsi déterminé correspondait au plein emploi (le marché du travail n'intervient à aucun moment du raisonnement).

Demande globale. Ensemble de la demande exprimée par l'ensemble des acteurs économiques, qu'il s'agisse de consommation finale, de consommation intermédiaire, d'investissement ou d'exportations. Concept introduit dans l'analyse économique par John Maynard Keynes afin de souligner les différences qu'il pouvait y avoir entre une approche microéconomique et une approche macroéconomique. Par exemple, une réduction des impôts pesant sur les entreprises peut permettre une augmentation de la demande émanant de celles-ci, mais si cette réduction d'impôts incite l'État à dépenser moins, la demande globale restera inchangée et l'effet sur l'activité dans son ensemble sera nul.

Demande intérieure. Quelquefois appelée *demande domestique* (en anglais, *domestic* signifie « intérieur »). Correspond à la demande finale des résidents : dépense de consommation finale + FBCF + variation des stocks.

Démocratie. De *dêmos*, « peuple », et *kratos*, « puissance, force ». Situation dans laquelle la souveraineté appartient au peuple, aux citoyens. Elle suppose leur liberté et leur égalité. Il y a *démocratie directe* lorsqu'ils exercent la souveraineté sans intermédiaire, *démocratie représentative* lorsqu'ils élisent des représentants. Attention ! Chez Tocqueville (*De la démocratie en Amérique*, 1835), la démocratie est aussi un état social, caractérisé par l'*égalité des conditions*, ce qui permet d'envisager la possibilité d'un despotisme démocratique (le peuple reste souverain, mais il est politiquement apathique et s'en remet pour tout à un État tutélaire).

Démonétisation. Décision de retrait d'une monnaie ou d'une forme de monnaie (un type de billet, par exemple) de la circulation : cette monnaie perd alors son cours légal et devient une marchandise comme les autres (pour les collectionneurs par exemple), avec un prix fluctuant en fonction de l'offre et de la demande.

Dénationalisation. Fait de revendre au secteur privé tout ou partie d'une entreprise nationalisée.

Densité démographique. Souvent exprimée en habitants au kilomètre carré ; effectif de la population divisé par la surface en kilomètres carrés.

Dépendance (théories de la). Avancent que le sous-développement est principalement dû à des causes externes aux PED : technologie, capitaux, spécialisation internationale, termes de l'échange. V. CEPAL, échange inégal.

Dépense fiscale. Perte de recette fiscale (par rapport à la législation fiscale antérieure) correspondant à un aménagement de la fiscalité dans le but d'inciter les ménages ou les sociétés à prendre une décision (par exemple, économie d'énergie).

Dépenses préengagées. Ensemble des dépenses des ménages sur lesquelles ceux-ci ne peuvent agir qu'à terme parce que des engagements ont été pris, tels le loyer, les abonnements d'eau, d'électricité, de gaz, de téléphonie ou de télévision, les assurances, le paiement des cantines, les frais financiers d'emprunts, etc. Ces dépenses ne comprennent pas les remboursements d'emprunts. Le revenu arbitrable mesure ce qu'il reste du revenu une fois les dépenses préengagées retirées.

Déplafonnement. Suppression totale ou partielle du plafonnement d'un prélèvement obligatoire, c'est-à-dire d'une absence ou d'une réduction du prélèvement au-delà d'un certain seuil.

Dépopulation. Diminution de la population d'un pays ou d'une région, du fait soit d'une natalité insuffisante au regard de la mortalité, soit d'une émigration d'une partie de la population. Le terme s'applique plutôt à une région ou à un type de région : on parle ainsi de la dépopulation rurale.

Dépôt de bilan. Lorsqu'une société est en *cessation des paiements*, elle dépose certaines pièces au tribunal, dont son bilan, pour permettre les procédures qui remplacent aujourd'hui la faillite : redressement judiciaire (poursuite de l'activité si une perspective de redressement de la situation est crédible) ou liquidation judiciaire (qui s'achève par une dissolution).

Dépôts. Liquidités confiées à une banque ; peuvent être retirés à tout moment (*dépôts à vue*) ou après un certain délai (*dépôts à terme* toujours rémunérés). Les dépôts à vue peuvent être rémunérés en fonction d'un taux d'intérêt (comptes sur livrets de caisse d'épargne ou de banque). L'interdiction de rémunérer les dépôts à vue monétaires (ceux qui se trouvent sur des comptes courants mobilisables par retrait, chèque, carte ou virement) en France a été levée en 2004.

Dépréciation (d'une monnaie). Ne pas confondre avec dévaluation. Diminution de la valeur d'une monnaie (par rapport à d'autres monnaies ou à un étalon de référence) *dans un régime de change flexible*. Se constate sur le marché des changes. Augmente le prix des importations et diminue celui des exportations. V. dévaluation (pour les effets).

Dépression. V. cycle.

Déqualification. Perte de qualification engendrée par l'inactivité, le chômage ou l'obsolescence de certaines activités. Ne pas confondre avec déclassement (v. ce terme).

Déréglementation. Recul, voire suppression des réglementations qui encadraient l'activité économique et financière ; très importante à partir des années 1980 ; favorise l'expansion des marchés : un des moteurs de la globalisation financière. Elle est censée mettre un terme à la complexité de la régulation administrative (d'où l'usage fréquent, et incorrect, de l'anglicisme « dérégulation » pour désigner la déréglementation). L'expérience montre que celle-ci n'est pas remplacée par la simplicité des mécanismes marchands, mais par *une autre forme de complexité* : l'institution et le contrôle des règles du jeu, sans lesquelles les marchés suscitent la fraude, encouragent la corruption et propagent l'instabilité ; la déréglementation provoque souvent une *reréglementation*.

Désaffiliation. Notion proposée par le sociologue Robert Castel pour désigner le « mode particulier de dissociation du lien social », la « rupture du lien sociétal » qu'ont en commun les exclus, les pauvres. « Au bout du processus, la précarité économique est devenue dénuement, la fragilité relationnelle isolement. [...] En schématisant : être dans la *zone d'intégration* signifie que l'on dispose des garanties d'un travail permanent et que l'on peut mobiliser des supports relationnels solides ; la *zone de vulnérabilité* associe précarité du travail et fragilité relationnelle ; la *zone de désaffiliation* conjugue absence de travail et isolement social. »

Descendance finale. Nombre moyen d'enfants mis au monde tout au long de leur vie féconde (en général de 15 à 50 ans, parfois de 15 à 45 ans) par les femmes appartenant à une même *génération*. Indicateur *longitudinal* à ne pas confondre avec l'indicateur conjoncturel de fécondité, indicateur *transversal*.

Déséconomie d'échelle. V. rendements d'échelle.

Déséconomie externe. V. externalité.

Désenchantement du monde. Expression utilisée par Max Weber (1864-1920) pour désigner le manque de sens lié au développement d'une représentation scientifique du monde au détriment de son interprétation religieuse. Ne signifie pas la disparition du religieux mais le fait que l'éthique religieuse a été remplacée comme facteur déterminant des conduites sociales par les intérêts économiques et politiques. V. rationalité.

Désindexation salariale. Lorsque le salaire nominal n'est plus ajusté périodiquement en fonction de l'évolution des prix (indexation) comme le prévoyaient de nombreux accords de salaires jusqu'au début des années 1980. Ne signifie pas que le salaire nominal reste constant et/ou que le salaire réel diminue.

Désinflation. Recul de l'inflation, c'est-à-dire du taux de croissance des prix. Lorsque l'inflation est stabilisée à un niveau faible, il n'y a plus désinflation mais... faible inflation. Ne pas confondre avec déflation.

Désinflation compétitive. Objectif principal de la politique économique française entre 1983 et 1987. L'idée est d'obtenir un taux d'inflation durablement plus faible que celui des pays partenaires (principaux concurrents, clients et fournisseurs : Allemagne...), pour augmenter ses *parts de marché* en France et à l'exportation (grâce à l'amélioration de *compétitivité* ainsi obtenue), ce qui doit permettre une croissance plus forte et une réduction du chômage. Cette politique a vaincu l'inflation grâce à une sévère désindexation salariale, à la baisse du prix des importations liée au contre-choc pétrolier et à la baisse du dollar, à la « sagesse » des salaires liée à la montée du chômage. Si la compétitivité a été améliorée (balance commerciale excédentaire), malgré le « franc fort », c'est au prix d'une croissance ralentie (v. décalage conjoncturel) et le chômage a finalement augmenté.

Désintermédiation. Recul relatif de l'intermédiation (v. ce terme), c'est-à-dire du poids de la finance indirecte (intermédiée) dans le financement de l'économie. S'est développée dans les années 1980 lorsque l'expansion des marchés financiers (finance directe) et la hausse des taux d'autofinancement des entreprises ont conduit à une réduction du rôle des intermédiaires financiers, notamment bancaires. V. économie d'endettement, finance.

Désinvestissement. Économie : investissement net négatif. Gestion : abandon d'une activité (ou d'un pays) par un groupe industriel ou financier.

Destruction créatrice. Terme forgé par l'économiste américain (d'origine autrichienne) Joseph Schumpeter à la fin des années 1940 pour désigner le processus par lequel les innovations (v. ce terme) engendrent un renouvellement du système productif, ce qui à la fois stimule la croissance et rend obsolètes certaines activités ou modes d'organisation. Il faut en quelque sorte éliminer le vieux pour avoir du neuf.

Destruction de monnaie. La monnaie est détruite lorsqu'un de ses clients rembourse le crédit que la banque lui avait consenti, ou lui vend des devises, etc. V. création.

Détour de production. Terme utilisé par Eugen von Böhm-Bawerk (économiste autrichien, 1850-1914) pour décrire le processus d'investissement et désigner le fait que la production de biens de production, nécessaire à la production ultérieure de biens de consommation, prend du temps et exige du travail dont l'effet ne se concrétisera que plus tard. Exemple : la construction d'un réseau de distribution de gaz exige de gros investissements et d'importants chantiers avant que le gaz n'arrive chez les utilisateurs.

Dette. V. encours, endettement, service de la dette.

Dette publique. Pas seulement celle de l'État, mais aussi celle des autres administrations publiques. Ne pas confondre avec déficit public (v. ce terme), qui mesure l'accroissement de la dette publique durant une année.

Dette souveraine. Dette souscrite ou garantie par un État.

Dévaluation. Ne pas confondre avec *dépréciation*. Diminution de la valeur d'une monnaie (par rapport à d'autres monnaies) *dans un régime de change fixe*. Résulte d'une décision des autorités publiques (souvent destinée à améliorer le solde de la balance commerciale). Normalement, en effet, la dévaluation a pour conséquence de renchérir les importations (puisqu'il faut payer plus cher les achats libellés en autres monnaies) et de rendre les exportations moins chères pour les acheteurs étrangers (puisque leur monnaie vaut désormais davantage par rapport à la monnaie dévaluée). Ce raisonnement est valable *toutes choses égales par ailleurs*, c'est-à-dire notamment si les marges bénéficiaires des producteurs, importateurs et exportateurs sont les mêmes avant et après. Une dévaluation est souvent accompagnée d'une politique économique de « rigueur » : blocage des salaires pour éviter que la hausse des prix des importations ne renforce l'inflation *via* l'indexation salariale, etc. Le risque de la dévaluation est que l'*inflation importée* (hausse du prix des importations) ne conduise à un déficit commercial aggravé (la hausse du prix des exportations consécutive à l'inflation rend en effet plus difficiles les exportations), nécessitant une nouvelle dévaluation qui accélérerait l'inflation, etc. V. élasticités critiques, courbe en J et termaillage.

Développement. Ensemble des changements — économiques ou sociaux — visant à améliorer les conditions d'existence d'une population donnée, que ce soit au niveau régional (développement rural, développement local) ou au niveau mondial (pays en développement). Le terme « pays en voie de développement », quoique politiquement correct, donc retenu officiellement par les institutions internationales, est loin d'être toujours fondé pour désigner les pays du tiers-monde : soit parce que leur population s'appauvrit, soit parce qu'une partie seulement bénéficie des fruits de la croissance. V. croissance et..., stratégie de...

Développement durable (ou soutenable). Notion inventée en 1980 par l'Union internationale pour la conservation de la nature et popularisée par le rapport Bruntland (1987) de la Commission mondiale sur l'environnement et le développement qui le présente comme « celui qui répond aux besoins du présent sans compromettre la capacité des générations futures à répondre à leurs propres besoins ». Depuis la conférence de Rio en 1992, il fait partie du *credo* de la Banque mondiale et de la CNUCED. La crise de 2008 et l'inquiétude d'une partie grandissante de la communauté mondiale concernant le dérèglement climatique ont confirmé que la question de la soutenabilité du modèle de développement actuel était vraiment essentielle, mais la difficulté de partager équitablement les efforts à faire dans ce domaine a, jusqu'ici, empêché tout accord contraignant. Bien qu'il s'agisse d'un mot-valise, le terme renvoie principalement à trois dimensions : environnementale (faire en sorte de limiter les effets négatifs de la croissance sur l'environnement et la biodiversité), énergétique (réduire la voracité du modèle de croissance industriel et urbain moderne) et sociale (faire en sorte que tous puissent satisfaire leurs besoins fondamentaux et que l'enrichissement des uns ne s'accompagne pas de l'appauvrissement des autres).

Déversement. Terme par lequel Alfred Sauvy (démographe français, 1898-1990) désignait la modification de la structure de la population active entraînée par la croissance économique issue des gains de productivité : il faut à la fois moins de travailleurs dans l'agriculture et dans l'industrie, du fait des gains de productivité, et plus dans les services, secteur vers lequel se déverse une bonne partie des hausses de revenus engendrées par les gains de productivité.

Déviance. Mot apparu dans la sociologie à la fin des années 1950. Comportement non conforme (transgression) aux normes d'un groupe à un moment donné (elle est donc relative) ; objet d'une sanction qui n'est pas nécessairement pénale ou même légale (ne pas confondre avec délinquance ou criminalité), par exemple une stigmatisation, une exclusion, une réprobation. Selon les courants de la sociologie, la déviance peut être considérée comme : 1) un échec du groupe à réguler les passions et les humeurs inhérentes à la nature humaine ; 2) un produit de la société qui encourage certains désirs sans donner les moyens de les satisfaire (v. anomie) ; 3) la conséquence des réactions du groupe à un acte (et non pas comme une propriété de l'acte) ; 4) une catégorie construite dans des interactions entre tous les acteurs (notamment ceux qui défendent certaines normes et ceux qui veulent en promouvoir d'autres).

Devises. Moyens de paiement libellés en unités monétaires étrangères convertibles.

Différenciation d'un produit. V. concurrence, segmentation.

Différentiel d'inflation, de taux. Désigne la différence entre des taux nationaux d'inflation ou d'intérêt (entre la France et l'Allemagne par exemple). Le terme exact devrait être différence d'inflation ou écart de taux, car, en mathématiques, un différentiel désigne une dérivée, non un écart.

Dilemme du prisonnier. En théorie des jeux, désigne une situation où, par crainte d'un comportement opportuniste de la personne à laquelle on est confronté, on est amené à choisir une solution qui maximise le gain individuel, alors que, s'il y avait eu coopération ou confiance, une solution de maximisation des gains collectifs aurait été possible et plus avantageuse. Dans ce jeu, l'équilibre non coopératif est sous-optimal (mais la solution optimale n'est pas un équilibre, car chaque joueur a intérêt à trahir l'autre). Le dilemme du prisonnier illustre une des défaillances du marché : la concurrence, ou la méfiance, peut amener les participants à choisir une solution qui n'est pas mutuellement bénéfique.

Dilution du capital. Conséquence d'une augmentation de capital social dans une société, la dilution consiste à ce que chacun des actionnaires est amené à posséder une plus faible part du capital, sauf s'il a souscrit à l'augmentation. L'inverse de dilution est relution : c'est ce qui se produit lorsqu'une société utilise ses bénéfices pour racheter ses actions (en Bourse) et les annuler, de manière à faire grimper leurs cours. La relution est donc une façon déguisée de distribuer les profits réalisés aux actionnaires sans qu'ils payent d'impôts sur le revenu, puisqu'il n'y a pas distribution de dividendes.

Directive européenne. Texte de portée générale portant sur l'un des domaines de compétence de l'Union européenne, rédigé par les services de la Commission européenne après approbation du Conseil des ministres de l'Union et que chaque pays membre doit obligatoirement intégrer dans sa législation nationale (opération appelée « transposition ») dans un délai déterminé, sous peine d'amendes.

Directoire. V. conseil d'administration.

Dirigisme. Doctrine économique prônant le contrôle par l'État de l'activité économique des entreprises. À ne pas confondre avec socialisme qui prône la propriété collective des moyens de production. Le dirigisme est une modalité particulière d'action de l'État au sein d'un système économique qui demeure de type capitaliste.

Discount. Terme anglais signifiant « remise » et qui, par extension, désigne en général les formes de commerce qui pratiquent des prix bas. On devrait dire en français « discompte », mais le terme n'est quasiment jamais employé.

Discrimination positive. Mesure prise au profit de certaines catégories de personnes pour compenser une inégalité de fait en donnant plus à ceux qui ont moins. Ce mode de compensation des inégalités sociales, mauvaise traduction d'*affirmative action*, est assez étranger aux traditions françaises. On lui préfère des politiques générales (aides sous condition de ressources). Toutefois, la loi sur la parité hommes/femmes sur les listes de candidats aux élections, l'obligation d'emploi d'une certaine proportion de travailleurs handicapés ou de boursiers dans les grandes écoles sont des formes de discrimination positive.

Disparité. Écarts entre les valeurs extrêmes d'une même variable. Par exemple, si l'on compare les salaires de deux catégories socioprofessionnelles, la disparité est mesurée par l'écart puisqu'il s'agit d'une même variable (le salaire). En revanche, si l'on compare les revenus de deux catégories socioprofessionnelles, il faudra parler d'inégalités, car la variable (le revenu) n'a pas la même composition d'une catégorie socioprofessionnelle à l'autre : pour les uns, il s'agit de salaire, pour d'autres de résultat d'entreprise individuelle, pour d'autres de retraites, pour d'autres encore de revenus composites, etc.

Disponibilités monétaires. Agrégat monétaire comprenant l'ensemble des moyens de paiement directement utilisables dans une transaction (pièces, billets, dépôts à vue mobilisables par chèque, virement ou carte bancaire). On le désigne souvent sous le sigle M1. V. agrégats monétaires.

Distorsion de concurrence. Avantage concurrentiel lié à l'inobservation des règles légales ou professionnelles : par exemple, utilisation de travailleurs non déclarés.

Distribution. Commerce de biens destinés aux consommateurs finaux. La « grande » distribution désigne le commerce en libre-service et en grandes surfaces. En statistique, le terme désigne un ensemble d'observations ayant chacune une valeur différente et que l'on peut regrouper par classes (exemple : le niveau de salaire des salariés).

District industriel. Concentration sur certains territoires de petite taille (l'équivalent de quelques cantons en général) d'un ensemble d'entreprises d'une même branche ou de branches entretenant des relations interindustrielles étroites. Cette proximité permet à la fois des échanges d'information, des coopérations (investissements commerciaux communs par exemple) et une stimulation de l'innovation. Diffère des technopôles (v. ce terme) à la fois par un espace géographique plus étendu et par une nature de production moins « high-tech ».

Diversification. Pour une entreprise, stratégie visant à développer ou à prendre le contrôle de domaines d'activité nouveaux, différents de ceux qui constituaient jusqu'alors son activité principale, le plus souvent afin de limiter les risques liés à une dépendance trop forte de l'entreprise vis-à-vis d'un produit particulier.

Dividende. Revenu reçu par le détenteur d'une action, d'un certificat d'investissement ou d'une part sociale. Variable : résultat de la division du bénéfice distribué par le nombre d'actions.

Division du travail. La *division technique du travail* résulte de la décomposition des activités productives à l'intérieur de l'entreprise (malgré cette appellation, elle est évidemment également sociale) ; la *division sociale du travail* correspond à la répartition des activités entre des unités de production et des fonctions spécialisées dans l'ensemble de la société ; la *division internationale du travail* (*DIT*) définit la spécialisation des pays (v. avantages comparatifs). Économistes et sociologues s'intéressent à la division du travail pour des raisons différentes. Les premiers y voient par exemple une condition de la croissance de la productivité (Adam Smith, *Recherches sur la nature et les causes de la richesse des nations*, 1776), un facteur de domination du capital sur les travailleurs (Karl Marx, *Le Capital*, 1867) ; les seconds considèrent par exemple qu'elle change la nature du lien social (v. solidarités mécanique et organique chez Durkheim).

Dollarisation. Remplacement de la monnaie nationale par le dollar, soit officiellement (en Équateur), soit, le plus souvent, de fait, parce que les agents intérieurs se méfient de la monnaie nationale et craignent qu'elle ne perde de sa valeur. Une autre forme de dollarisation consiste à indexer la monnaie nationale sur le dollar, par exemple (comme en Argentine avant 2000) en n'autorisant les banques commerciales à s'approvisionner en monnaie centrale que contre remise de dollars. On parle alors de *Currency Board*. Dans tous les cas, la dollarisation signifie une perte de souveraineté monétaire et l'abandon de toute politique monétaire propre au pays.

Domination. « Chance de trouver des personnes déterminables prêtes à obéir à un ordre de contenu déterminé » (Max Weber).

suppose une légitimité. Selon Max Weber (1864-1920), il y a trois modes de domination légitime (présentés ainsi par Catherine Colliot-Thélène dans le *Nouveau Manuel*, p. 112) : « 1) la domination légale ou rationnelle, qui repose sur la conformité aux règles de droit positif. L'État bureaucratique moderne est l'exemple le plus pur de ce type de domination ; 2) la domination traditionnelle, dans laquelle les traditions ancestrales sont le garant de la légitimité des règles et de l'autorité ; 3) la domination charismatique où les individus se soumettent aux ordres ou aux règles énoncés par un chef en vertu du caractère sacré ou exemplaire qu'ils lui prêtent (prophète religieux, mais aussi leader politique). » Weber accorde aussi de l'importance aux fondements économiques de la domination. Pour Marx, ceux-ci sont essentiels, mais l'idéologie joue un grand rôle dans la domination d'une classe sociale sur les autres, car elle sert à la légitimer en masquant son origine et sa nature (l'exploitation) : les idées dominantes sont les idées de la classe dominante ; dans le capitalisme, cette domination culturelle n'est pas la cause de la domination économique mais son effet et un élément important de sa reproduction.

Don. Dans le langage courant, le don est synonyme de cadeau sans contrepartie. Il n'en est rien. Marcel Mauss (1877-1950) a montré, à partir de l'étude de sociétés traditionnelles, qu'il s'agit d'un mode de relations sociales, créant, pour celui qui le reçoit, une obligation de rendre. Le don n'est pas un échange : ce dernier, en effet, implique un calcul de prix et une stricte égalité entre ce qui est échangé (le plus souvent argent contre marchandise). Le don, au contraire, n'implique pas que celui qui a reçu rende exactement euro pour euro, mais seulement qu'il renvoie l'ascenseur sous une forme ou une autre. Celui qui est invité doit inviter à son tour. L'important est donc la réciprocité, alors que dans l'échange c'est l'équivalence. C'est pourquoi, chez Mauss, le don est défini comme la triple obligation : donner-recevoir-rendre.

Données statistiques. Se méfier de l'appellation : elles ne sont pas données (par qui ?). Les données statistiques sont des résultats construits au terme de processus de mesure qui ne sont pas indépendants du statut du phénomène mesuré. Exemple : tant que l'avortement est réprimé par le code pénal, les « données » sont problématiques.

Dotation. Terme comptable désignant le montant des amortissements et des provisions effectués au cours d'un exercice donné. En comptabilité budgétaire publique, désigne le montant du crédit ouvert pour une mission déterminée.

Dotation de facteurs (ou dotation factorielle). Dans la théorie néoclassique, désigne l'ensemble des capacités potentielles de production d'un pays ou d'une entreprise. À partir de cet ensemble de capacités (équipements, travail de diverses qualifications, énergie, etc.), chaque pays ou chaque entreprise doit s'efforcer de maximiser sa production, c'est-à-dire de combiner les différents facteurs de production de telle sorte que le résultat final soit le plus élevé possible.

Dow Jones. V. indice boursier.

Downsizing. En français, dégraissage. Compression de personnel visant à accroître le bénéfice d'une entreprise.

Droit naturel. Loi éternelle, valant toujours et partout. Donnée par Dieu ou définie par la nature même de l'homme supposée invariable. Certains pensent que le droit naturel permet de déterminer si le droit positif est juste ou injuste, légitime ou illégitime.

Droit positif. Ensemble des lois en vigueur dans un pays. Elles sont adoptées par le législateur et varient selon les époques et les pays.

Droits à polluer. V. permis d'émissions polluantes.

Droit de douane. Prélèvement fiscal opéré à l'entrée d'une marchandise sur le territoire national, dès lors que cette marchandise n'est pas seulement en transit. Les droits de douane peuvent être *ad valorem* (calculés sur le montant du prix déclaré et exprimés en pourcentage de ce prix) ou fixés en fonction du prix intérieur des marchandises comparables, de manière à ramener le prix du produit importé à un niveau supérieur au prix du produit national. Cette deuxième technique est interdite par les règles internationales, mais elle a été longtemps utilisée par l'Union européenne dans le domaine agricole (système des prélèvements) et par les États-Unis pour les produits chimiques (*American Selling Prices*). Les règles internationales de l'OMC

(Organisation mondiale du commerce) interdisent également des augmentations de droits de douane, sauf si elles sont limitées dans le temps (six mois maximum) et justifiées par un risque de désorganisation économique intérieure.

Droits de propriété (théorie des). Conception selon laquelle la plupart des problèmes économiques — notamment ceux liés aux externalités — seraient correctement résolus par le marché si des droits de propriété étaient définis sur toutes les ressources, y compris l'eau, l'air, etc. Les droits de propriété comprennent le droit à une utilisation exclusive et le droit de transférabilité. V. Coase, libertarisme.

Droits de tirage spéciaux (DTS). Créés en 1969 par le premier amendement aux statuts du FMI. Esquisse d'une nouvelle monnaie internationale émise par le FMI *ex nihilo* au profit de tous ses adhérents (il s'agit donc de crédits non remboursables) ; les « allocations » de DTS ont pour objectif d'augmenter le volume des liquidités internationales (les banques centrales peuvent les utiliser entre elles). La valeur d'un DTS est fixée en référence à un panier de monnaies. V. FMI, accords de la Jamaïque.

Dualisme du marché du travail. V. segmentation...

Dumping. Discrimination de prix entre les ventes sur le territoire national du producteur et les ventes à l'étranger (à prix réduits, voire à perte). Le prix de vente à l'étranger doit évidemment être converti au taux de change courant pour pouvoir être comparé au prix intérieur.

***Dumping* monétaire.** Maintien du taux de change d'une monnaie à un taux faible par les autorités monétaires du pays, en vue de stimuler ses exportations en les rendant moins coûteuses pour les acheteurs potentiels, donc plus intéressantes. De fait, certains pays ne s'en privent pas (la Chine, par exemple), mais cela ne répond pas à la définition du *dumping*, lequel requiert de dissocier prix intérieurs et prix extérieurs.

***Dumping* social.** Compte tenu de la définition du *dumping*, il s'agit d'un abus de langage. Cette notion est en effet utilisée pour désigner le non-respect des conventions de l'OIT dans certains pays (travail des enfants, absence de libertés syndicales...) ; mais ces mauvaises conditions de travail ne sont pas limitées à la production des biens exportés ; mieux vaudrait parler de concurrence déloyale. V. clause sociale.

Duopole. Structure de marché dans laquelle deux offreurs sont face à de nombreux demandeurs (Coca-Cola et Pepsi-Cola). V. monopole bilatéral.

Durée légale du travail. Durée du travail salarié fixée par la loi. En France, elle est définie de façon hebdomadaire (trente-cinq heures depuis 2000, avec des possibilités de modulation et de dépassement dans le cadre d'un contingent annuel d'heures supplémentaires). La durée légale définit le cadre dans lequel des heures supplémentaires doivent être payées, avec des tarifs majorés par rapport à ceux retenus pour le paiement des heures de la durée légale. Lorsque la notion de durée légale hebdomadaire ne peut s'appliquer (cas des cadres, des représentants, etc.), la durée légale est déterminée en jours dans l'année. La durée maximale fixe le plafond au-delà duquel nul employeur ne peut aller, même en payant les heures supplémentaires.

E

EBE. Excédent brut d'exploitation. En comptabilité nationale comme en comptabilité générale, désigne ce qu'il reste de la valeur ajoutée brute lorsqu'on en déduit les salaires, cotisations sociales (c'est-à-dire la rémunération du travail) et les impôts prélevés sur la production (taxes sur les alcools, sur l'essence, sur les médicaments, etc.). Dans les deux cas, il s'agit de mettre en évidence ce que dégage une entreprise (comptabilité générale) ou un secteur institutionnel (comptabilité nationale) une fois couvertes les charges d'exploitation hors amortissements et provisions (qui sont des charges calculées). Toutefois, la définition précise de chacun de ces deux termes montre qu'on ne retient pas exactement les mêmes éléments pour le calcul.

EBITDA. Abréviation anglaise de *Earnings Before Interest, Taxes, Depreciation and Amortization* (résultat avant paiement des intérêts et des taxes, et avant prise en compte des provisions et amortissements). En fait, mesure très proche de l'EBE, mais calculée en quelque sorte « à l'envers » : on part du résultat final et on y ajoute les éléments indiqués (alors que l'EBE part de la valeur ajoutée, et l'on en retire les salaires, cotisations sociales et impôts sur la production). Comme le mode de calcul n'est pas normalisé, il peut y avoir des écarts avec l'EBE, notamment en raison de la prise en compte d'opérations exceptionnelles (des gains ou pertes de change sur opérations extérieures, par exemple).

Échange inégal (théorie de l'). Proposée par l'économiste marxiste Arghiri Emmanuel en 1969 ; soutient que les prix pratiqués dans le commerce international permettent de transférer de la valeur produite dans les pays à bas salaires vers les pays à salaires élevés ; les salariés du « centre » bénéficient donc de l'exploitation de ceux de la « périphérie » à travers la dégradation des termes de l'échange.

Échanges interindustriels. Échanges entre branches économiques (même non industrielles) décrits et chiffrés par le tableau des entrées-sorties (TES) de la comptabilité nationale. Les échanges intrabranches (entre entreprises faisant partie d'une même branche) ne sont pas pris en compte.

Échantillon représentatif. V. sondage.

Échelle d'Oxford. Sert à calculer le nombre d'unités de consommation (UC) à l'intérieur d'un ménage. Dans le système retenu aujourd'hui par l'INSEE (« échelle modifiée de l'OCDE »), le premier adulte vaut une UC, les adultes supplémentaires 0,5 et les enfants de moins de 14 ans 0,3. Ces pondérations renvoient notamment à l'idée de coûts fixes à l'intérieur du ménage.

Échelle mobile des salaires. Jadis, processus d'indexation automatique des salaires sur l'évolution des prix.

ECOFIN. V. Eurogroupe.

Économétrie. Technique d'analyse consistant à tester des relations mathématiques pour rendre compte de l'évolution de certains phénomènes (consommation, épargne, investissement, production...) en fonction de certaines grandeurs. C'est sur la base de relations économétriques que sont bâtis les modèles qui servent à simuler les réactions de telle ou telle grandeur (emploi, production, exportations, taux de change, etc.) lorsque telle autre grandeur varie. On distingue aujourd'hui une microéconométrie et une macroéconométrie.

Économie d'échelle. V. rendements d'échelle.

Économie d'endettement. Appelée aussi économie de découvert (*overdraft economy*). John Richard Hicks, économiste britannique (1904-1989), a opposé l'économie d'endettement (ou économie de découvert) à l'économie de marché financier (ou économie de financement). Alors que, dans celle-ci, les entreprises augmentent leur capital social pour accroître leurs fonds propres ou lancent des emprunts souscrits par des particuliers, qui assument donc le risque que l'emprunteur ne puisse tenir ses engagements (*finance directe*), l'économie d'endettement est caractérisée par la prépondérance du financement bancaire ou des institutions financières spécialisées dans le prêt à long terme, lesquelles portent donc le risque (*finance intermédiée*). Pour peu qu'il existe un contrôle des changes et une tutelle des autorités publiques sur les institutions financières en question, ce système permet d'orienter les ressources vers les branches jugées prioritaires (v. prêt bonifié), tout en maintenant des taux d'intérêt réels faibles, voire négatifs. L'économie d'endettement permet donc un taux d'investissement élevé, mais favorise l'inflation. Au contraire, l'économie de marché financier suppose que la Bourse joue un rôle important, que les ménages placent leur épargne dans des organismes spécialisés dans l'achat de titres de créance ou d'actions (fonds de pension, SICAV...), organismes dont la valeur dépend de leur capacité à sélectionner les « bons risques ». Le niveau en général élevé des taux d'intérêt réels et des dividendes, requis pour attirer les épargnants, tend à freiner l'investissement et renforce le pouvoir des créanciers.

Économie d'envergure. Réduction des coûts liée aux synergies qui résultent dans certaines conditions de la diversité des productions d'une entreprise. Cette réduction de coût est liée généralement au fait que deux produits (ou familles de produits) utilisent les mêmes équipements, les mêmes *inputs* ou les mêmes réseaux commerciaux, ce qui permet de gagner en efficacité : économie d'envergure et rendements d'échelle ne sont donc pas contradictoires.

Économie de découvert. V. économie d'endettement.

Économie de financement. V. économie d'endettement.

Économie de gamme. Variante des rendements d'échelle. Une entreprise qui maîtrise bien une technique particulière de production peut décider de produire des biens (ou des services) recourant à la même technique mais visant d'autres marchés, ce qui lui permet d'amortir les coûts fixes issus de cette technique particulière sur un plus grand nombre d'objets produits.

Économie de l'offre. En anglais, *supply-side economics* (économie du côté de l'offre). À l'ambition de supplanter le keynésianisme, considéré très abusivement comme une *économie de la demande*. Le message : il faut détruire tout ce qui entrave l'offre, c'est-à-dire la production de richesse. Psalmodiée dans les milieux conservateurs américains (puis européens) à partir de la fin des années 1970, il ne s'agit que d'une nouvelle théorisation des méfaits de l'intervention publique, dont les prélèvements dissuadent les entrepreneurs de prendre des risques et dont les règles corsètent le marché et l'empêchent d'innover autant que ce serait possible. Ainsi, pour George Gilder (*Wealth and Poverty*, 1981), la protection sociale accentue la pauvreté car elle incite les pauvres à ne rien faire. C'est donc un retour sur la scène de raisonnements économiques habituels au XIXe siècle et que la fréquence (et la gravité) des crises ainsi que l'ampleur des inégalités et de la pauvreté avaient fait disparaître. Les seules nouveautés sont le vocabulaire (aubaine, éviction, risque...), l'appellation et le logo. V. courbe de Laffer.

Économie de marché. Utilisé en général comme périphrase pour désigner l'économie capitaliste. Toutefois, pour l'historien Fernand Braudel, le marché est très antérieur à l'économie capitaliste proprement dite : il s'est bâti sur les « échanges du quotidien », alors que le capitalisme s'est bâti sur les échanges au loin. Dans une économie de marché, les nombreuses entreprises qui composent le tissu productif ne sont pas dirigées, officiellement ou souterrainement, par une autorité unique, ce qui explique à la fois son dynamisme (il y a sans cesse de nombreuses initiatives, les unes débouchant sur des échecs et des disparitions, les autres couronnées de succès) et ses difficultés (il n'existe pas de coordination et de logique centrales).

Économie de marché financier. V. économie d'endettement.

Économie de variété. À partir d'une même technique, ou d'un même ensemble de techniques, augmentation de la diversité des produits réalisés, afin de capter l'ensemble des segments de demande du marché. Exemple : dans le cinéma, des sociétés de production produisent à la fois des dessins animés, des films policiers et des films historiques.

Économie domestique. Économie de la maisonnée (sens littéral) ou, dans une nation, économie intérieure (sens le plus fréquent, bien qu'il s'agisse d'une mauvaise traduction de l'anglais *domestic*).

Économie externe. V. externalité.

Économie industrielle. Branche de l'analyse économique s'intéressant aux comportements et décisions des firmes (industrielles ou non) sur le marché, notamment dans des situations de concurrence imparfaite : *différenciation des produits, économies d'échelle, économies de gamme*... V. termes en italique.

Économie informelle. Ensemble des activités économiques légales, mais non déclarées : travail dissimulé, économie souterraine, économie parallèle (échange de services...), qui peut recouvrir soit des stratégies de survie, soit des volontés de dissimulation fiscale, soit des formes d'échange spontané. À ne pas confondre avec l'économie illégale, qui repose sur des activités délictueuses (trafic, vol...).

Économie keynésienne. Aucun accord entre les économistes sur ce que cela signifie : la prise en compte de l'incertitude (v. ce terme), le choix d'une méthode (macro contre micro, etc.), une sensibilité à certains thèmes (le chômage...), le rejet de certaines croyances sur les vertus autorégulatrices du marché, une prise de position éthique, etc. ? En toute hypothèse, ne pas confondre avec le colbertisme. V. régulation.

Économie mixte. Terme utilisé pour désigner le mélange d'entreprises privées, d'organisations diverses, n'ayant pas pour finalité le profit, et d'entreprises publiques, ou soumises à l'autorité publique, qui tend à être la règle dans une économie de marché.

Économie-monde. Notion construite par l'historien Fernand Braudel (*Civilisation matérielle, économie et capitalisme*, 3 tomes, 1967-1979). Ce n'est pas une économie mondiale mais un système commercial reliant un pôle dominant (en général un port, plus rarement un État) à un réseau de marchands spécialisés situés dans d'autres pays, qui participent ainsi à la prospérité du pôle dominant et en tirent profit. Dans ce système, les liaisons internes sont assez fortes pour qu'il soit doté d'une unité qui lui permet d'être cohérent, autonome et autosuffisant. Plusieurs économies-mondes ont existé, mais seule l'économie-monde européenne est devenue mondiale.

Économie nationale (cn). Ensemble des unités résidentes, c'est-à-dire des agents (ménages, sociétés, administrations...) qui ont une activité économique (produire, consommer...) pendant plus d'un an sur le territoire économique (la France, DOM-TOM inclus). Certains résidents peuvent être provisoirement absents du territoire (touristes français à l'étranger), et certains non-résidents peuvent être provisoirement présents sur le territoire (touristes étrangers en France). Les immigrés sont des résidents (ils sont présents plus d'un an) ; les Français travaillant à l'étranger sont des non-résidents (sauf s'ils sont travailleurs frontaliers).

Économie parallèle. Activités exercées en marge du système marchand classique, donc répondant à des logiques autres que celles de la recherche du profit. Proche de l'économie souterraine, elle s'en distingue par le fait qu'elle se veut productrice de liens sociaux, pas de revenus monétaires. Elle fonctionne sur le principe des réseaux, des communautés, des groupes de pairs (systèmes d'échange locaux à base de bons de travail, réseaux d'échanges de savoir, récupération, autoproduction). Elle se révèle d'une efficacité faible dès lors qu'il s'agit d'activités pour lesquelles l'économie marchande bénéficie d'économies d'échelle et de techniques de production sophistiquées.

Économie politique. Approche s'efforçant d'analyser les conséquences des choix économiques effectués sur la société dans son ensemble (politique étant pris au sens premier : ce qui concerne la cité) et qui s'intéresse au premier chef aux décisions de la puissance publique. Ce qui revient à introduire des considérations éthiques ou normatives sur ce qu'il conviendrait de faire, alors que la science économique privilégie une approche positive, faisant abstraction de tout jugement de valeur.

Économie politique internationale. Courant d'analyse économique qui s'intéresse aux relations de force, de puissance et de contrainte entre pays, estimant qu'elles jouent un rôle essentiel pour comprendre l'économie internationale.

Économie sociale. Désigne les coopératives, mutuelles et les associations. S'est historiquement constituée pour répondre à des besoins peu ou mal pris en compte par le marché ou par l'État.

Économie sociale de marché. Désigne le modèle allemand d'économie de marché qui laisse une large place au pouvoir syndical.

Économie solidaire. Ensemble des activités économiques visant à atteindre des objectifs à finalité sociale au moyen d'activités économiques. S'appuie généralement, pour fonctionner, sur un réseau de bénévoles et des subventions publiques. Exemple : commerce équitable, épargne solidaire (dont une partie du revenu est affectée à des œuvres sociales), structures d'insertion par l'activité économique. V. système d'échange local.

Économie souterraine. V. économie informelle.

Économies émergentes. Désigne l'ensemble des pays du Sud connaissant une forte croissance de leur activité industrielle.

Économies en transition. Usité par le FMI pour désigner les anciens pays socialistes d'Europe « en transition vers des économies de marché ». Plus d'une vingtaine d'années après cette rupture avec l'économie administrée, on peut considérer que la transition est terminée (plusieurs de ces pays ont intégré l'Union européenne), mais le terme continue d'être utilisé.

ECU (écu). Acronyme de *European Currency Unit* (unité monétaire européenne), francisé en écu (ancienne monnaie). Appellation du numéraire commun du SME. C'était un panier de monnaies de l'UE, pondérées en fonction de l'importance macroéconomique des différents pays. Avec la *monnaie unique*, l'écu a été remplacé par l'*euro*. V. SME.

EEE. Espace économique européen ; existe depuis 1994 ; en 2010, associe l'UE et les pays de l'AELE sauf la Suisse.

Effet d'agglomération. Tendance au regroupement dans un même lieu, soit des entreprises, soit des consommateurs, en raison des économies externes dont ils bénéficient alors. Exemple d'effet d'agglomération : les restaurants ont tendance à se regrouper dans les mêmes endroits, voire dans les mêmes rues. Pour les clients, cela permet plus de choix et les assure de prix assagis par la concurrence, pour les restaurateurs, cela attire les clients, sans qu'ils soient contraints de faire une publicité coûteuse. L'effet d'agglomération explique aussi la tendance à l'urbanisation (vivre dans une ville, c'est bénéficier d'un vaste marché du travail, de services collectifs plus importants, etc.). L'effet d'agglomération est contrebalancé par des coûts d'agglomération (les distances, le coût du foncier...), si bien qu'il ne se développe que jusqu'à un certain point.

Effet d'apprentissage. V. apprentissage.

Effet d'aubaine. L'aubaine désigne un profit inattendu. Lorsqu'une subvention (une aide à l'emploi par exemple) est destinée à inciter les agents économiques à prendre une certaine décision (embaucher une personne supplémentaire), on parle d'effet d'aubaine pour désigner le fait que la subvention bénéficie aussi à ceux qui de toute façon auraient pris cette décision.

Effet d'encaisses réelles. Lorsque les prix baissent, la valeur réelle (pouvoir d'achat) des encaisses monétaires des ménages augmente. Pour la rétablir à son ancien niveau, les ménages doivent réduire leur épargne, ce qui augmente la consommation. C'est le contraire si les prix augmentent.

Effet d'éviction. Diminution de l'investissement privé provoquée par la hausse du taux d'intérêt consécutive à l'accroissement du déficit budgétaire. Son existence, présentée comme une évidence par les monétaristes, est très controversée parce que : 1) le lien entre le déficit budgétaire et le taux d'intérêt n'est pas clair ; 2) l'influence du taux d'intérêt sur l'investissement n'est ni générale ni décisive ; 3) la réduction du déficit budgétaire pourrait bien contracter les débouchés et conduire les entreprises à réduire leurs investissements. Une conception large de l'effet d'éviction partagée par les ultralibéraux considère que les dépenses publiques correspondent fondamentalement à un *détournement de fonds* qui autrement seraient disponibles pour la dépense privée. V. courbe de Laffer, équivalence ricardienne, investissement.

Effet de commerce. Titre représentatif d'une créance à court terme et servant à son paiement.

Effet de composition. Résultat collectif inintentionnel d'actions individuelles décentralisées (effet pervers s'il est contraire aux intentions individuelles). Notion centrale pour l'individualisme méthodologique : sans elle, le tout ne pourrait qu'être la somme des parties. V. main invisible.

Effet de démonstration ou **d'imitation** ou **de contagion.** Consommation par un individu de certains biens pour imiter un groupe de référence différent (« supérieur ») de son groupe d'appartenance ; étudié par J. Duesenberry.

Effet de levier de l'endettement. Existe lorsque le coût de l'emprunt pour une entreprise se révèle inférieur à la *rentabilité économique* attendue des investissements : l'entreprise a alors intérêt à s'endetter pour financer ces investissements car, une fois le coût de l'emprunt déduit, il lui restera un profit accru, donc une *rentabilité financière* plus élevée. Plus l'écart entre la rentabilité économique et le coût de l'emprunt est élevé, plus le « bras de levier » est important. Ce constat est à l'origine des *LBO*. V. termes en italique.

Effet de revenu. V. effet prix.

Effet de richesse. Accroissement des dépenses ou des emprunts d'un ménage (donc réduction de l'épargne nette) suite à la valorisation de son patrimoine, qu'il s'agisse d'une valorisation liée à une diminution des taux d'intérêt (v. effet Keynes) ou d'une valorisation liée à une augmentation des cours de la Bourse ou de l'immobilier. V. effet d'encaisses réelles.

Effet de serre. Réchauffement du climat dû à l'émission de certains gaz dans l'atmosphère provoquée par l'activité humaine. Ses conséquences pourraient être catastrophiques pour l'humanité.

Effet de seuil. Conséquence du fait que le franchissement de certains seuils modifie certains phénomènes pour des raisons qui peuvent ou non être psychologiques. Exemples : les réductions de cotisations sociales patronales sur les bas salaires, qui sont dégressives depuis le niveau du SMIC, se traduisent par des hausses fortes de cotisations sociales toutes les fois que l'écart entre le salaire versé et le SMIC s'accentue, ce qui pousse les employeurs à freiner les augmentations de salaires des salariés concernés ; selon ses adversaires, la législation sur les représentants du personnel se traduirait par une forte réticence des employeurs à dépasser le seuil des cinquante salariés à partir duquel l'obligation s'applique.

Effet de stigmatisation. Lorsqu'une politique de *discrimination positive* souligne que ses bénéficiaires appartiennent à une catégorie socialement handicapée.

Effet de structure. Phénomène (éventuellement paradoxal) explicable par un changement de structure. Exemple : comment le salaire moyen peut-il augmenter plus que les salaires des différentes professions ? Parce que, en raison par exemple de recrutement de personnels plus qualifiés, la *proportion* des salariés appartenant aux professions les moins payées a diminué.

Effet d'encaisses réelles. Selon Arthur Cecil Pigou (1877-1959), économiste britannique ami et adversaire de Keynes, toute valorisation du patrimoine détenu (immobilier ou en Bourse) incite ceux qui en bénéficient à accroître leurs dépenses, car ils disposent ainsi d'un potentiel d'emprunt accru en cas de besoin et ont donc moins besoin de se prémunir d'un éventuel risque en conservant des avoirs liquides.

Effet de substitution. V. effet prix.

Effet externe. V. externalité.

Effet Giffen. V. Giffen.

Effet Keynes. Modification de la consommation due à l'effet d'une variation du taux d'intérêt sur le cours des obligations. V. cours d'une obligation.

Effet Matthieu. Du nom de l'évangéliste, qui écrivit : « Aux riches il sera donné, aux pauvres, il sera retenu », ce qui, dans le langage de tous les jours, signifie que les riches s'enrichissent, les pauvres s'appauvrissent. Effet généralement attribué aux mécanismes de marché lorsqu'ils ne sont pas corrigés par des règles contraignantes.

Effet pervers. Effet non désiré contraire à l'objectif de l'action entreprise (exemple : une politique de lutte contre le chômage des jeunes se traduit par une hausse du chômage des moins jeunes). Peut résulter d'une mauvaise analyse préalable de la situation ou être un *effet de composition*.

Effet Pigou. V. effet d'encaisses réelles.

Effet prix. Modification des choix d'un agent économique à la suite de la variation du prix d'un bien. On le décompose traditionnellement en un effet de substitution et en un effet revenu. Soit une hausse du prix de A. L'*effet de substitution* résulte du fait que les consommateurs vont désormais acheter moins de A et davantage d'autres produits, devenus relativement moins coûteux. Ce report de consommation d'un bien sur d'autres va dépendre de la plus ou moins grande *substituabilité* entre A et les autres biens. L'*effet revenu* résulte de ce que, suite à la hausse du prix de A, le pouvoir d'achat de ses acheteurs a diminué, d'autant plus que A occupait une place importante dans le budget. Ce qui se traduit par des réductions de consommation de tous les biens, selon l'importance de leur *élasticité-revenu*. Exemple : une hausse du prix du carburant provoque *à la fois* un report sur d'autres modes de transport que la voiture pour certains (effet de substitution) et une ponction sur le pouvoir d'achat génératrice de moindre consommation pour d'autres postes (effet revenu). Dans un raisonnement en *équilibre partiel*, l'économiste a souvent tendance à considérer que l'effet prix se réduit à un effet de substitution, l'effet revenu étant négligeable. Les économistes (néoclassiques) qui voient dans la baisse du prix du travail (salaire) un remède au chômage ne mettent en avant que l'effet de substitution ; ils « oublient » que le bilan de l'effet prix doit aussi considérer l'effet revenu (baisse de la demande de biens des salariés qui contracte les débouchés). V. élasticité.

Effet qualité. Hausse du prix d'un bien provenant d'une amélioration de sa qualité. Les statisticiens se sont mis d'accord sur des règles relativement complexes, et partiellement arbitraires, pour décomposer une hausse de prix en un éventuel effet qualité, le reste — s'il existe — étant comptabilisé comme hausse purement inflationniste.

Effet revenu. V. effet prix.

Effet tequila. Fuite des capitaux par crainte d'une dépréciation de la monnaie. V. crise mexicaine.

Effet Veblen. Phénomène d'élasticité-prix de la demande positive constaté par Thorstein Veblen à la fin du siècle dernier pour certains biens de luxe et certains groupes sociaux. La hausse du prix du bien le rend plus désirable car moins accessible ; il devient davantage une source de distinction. On parle d'effet de snobisme.

Efficacité marginale du capital. Expression utilisée par Keynes pour désigner la rentabilité attendue de l'investissement, c'est-à-dire celle que les entrepreneurs anticipent compte tenu de la façon dont ils perçoivent l'avenir.

Efficience. Une méthode de production est efficiente lorsqu'elle permet d'obtenir le résultat recherché au moindre coût. L'efficience informationnelle désigne la capacité d'un marché à prendre en compte l'ensemble des informations disponibles pour déterminer un prix. Cette question se pose pour les titres, dont la valeur aujourd'hui est déterminée par les anticipations que les opérateurs effectuent sur leur rentabilité à venir. Un marché efficient ne peut connaître de bulles spéculatives, puisque le prix ne va pas dépendre des mouvements d'humeur ou du mimétisme des opérateurs, mais des conditions fondamentales de l'actif sur lequel est indexée la valeur du titre.

Égalité des chances. Situation dans laquelle l'avenir d'un individu ne dépendrait pas du capital économique, culturel, social qui lui a été transmis, mais de ses seuls talents. Toutefois, comme le souligne François Dubet, elle « ne met pas en cause le fait que les plus méritants occuperont les meilleures positions et les autres, les plus mauvaises ». L'égalité des chances ne suffit donc pas à réduire l'inégalité des conditions.

Égalité des conditions. Caractérise la société démocratique selon Alexis de Tocqueville (1805-1859) dans *De la démocratie en Amérique* (1835). Elle est à la fois égalité juridique (égalité devant la loi), égalité sociale (égalité des chances et mobilité sociale), égalité de respect (égale dignité de chacun). Elle n'implique pas l'égalité réelle, c'est-à-dire l'égale répartition des biens sociaux (richesse, pouvoir, prestige), mais la possibilité ouverte à chacun d'entrer dans la compétition pour y accéder (en opposition à la société aristocratique caractérisée par la concentration de ces biens et leur transmission héréditaire au profit du même groupe). Il y a égalité des conditions lorsque, en regardant les riches, chacun peut se dire : pourquoi pas moi ? V. démocratie.

Élargissement des tâches. Modifications d'organisation du travail visant à augmenter la variété des tâches effectuées par des opérateurs spécialisés dans une tâche répétitive. L'élargissement consiste en général à confier à ces opérateurs des fonctions comportant plus de tâches, chacune de ces tâches étant toujours du même niveau de complexité. Le terme anglais (*job enlargement*) est plus fréquemment utilisé.

Élasticité. Sensibilité d'une variable X à une variable Y, mesurée par le rapport de la variation relative de X à celle de Y (approximation acceptable pour une faible variation de Y, la définition rigoureuse de l'élasticité faisant référence à des dérivées). Exemple : si X varie de – 3 % quand Y varie de 1,5 %, l'élasticité est de – 2. Si X est la demande d'un bien et Y son prix, on parle d'*élasticité-prix de la demande* (élasticité de la demande par rapport au prix) ; d'*élasticité-prix de l'offre* si X est l'offre. Si X est la demande d'un bien et Y le revenu des consommateurs, on parle d'*élasticité-revenu de la demande* (élasticité de la demande par rapport au revenu). X et Y peuvent être des offres, des demandes, des prix, des revenus, etc. Le niveau de l'élasticité-revenu permet de classer les biens. Les *biens inférieurs* (élasticité négative) sont ceux dont la demande diminue lorsque le revenu augmente (pain, pommes de terre...). Les *biens normaux* ont une élasticité positive inférieure à 1. Les *biens supérieurs* (biens de luxe) sont ceux dont l'élasticité est supérieure à 1. V. Engel, Giffen. On parle de demande (ou d'offre) *inélastique* (par rapport au prix ou au revenu) lorsque l'élasticité est voisine de zéro. La demande est d'autant plus *élastique* que son élasticité s'éloigne de zéro. Attention ! L'élasticité-prix de la demande n'est qu'exceptionnellement positive. V. Giffen.

Élasticités critiques (théorème des). Pour qu'une dévaluation (ou une dépréciation) de la monnaie soit suivie d'une amélioration de la balance commerciale, les élasticités-prix de la demande intérieure de biens importés et de la demande extérieure de biens exportés doivent être telles que la somme de leurs valeurs absolues soit supérieure à 1. Ce résultat — connu sous le nom de conditions de Marshall-Lerner — n'est établi que moyennant quelques hypothèses complémentaires non insignifiantes. Il souligne que les effets d'une dévaluation peuvent être très différents selon les situations concrètes.

Élites. L'élite militaire regroupe les meilleurs soldats, l'élite sportive regroupe les meilleurs sportifs, l'élite scientifique les plus grands chercheurs, l'élite artistique les plus grands artistes, etc. ; il y a donc autant d'élites que de domaines d'activité (Al Capone appartenait à l'élite des gangsters) ; se pose par conséquent la question de leurs relations : s'opposent-elles ? Forment-elles une coalition ? Etc. Selon Vilfredo Pareto (1848-1923), les élites sont en lutte pour le pouvoir : quand une minorité qui monopolisait le pouvoir en vient à le perdre, c'est parce qu'une autre a réussi à prendre sa place (l'histoire est un « cimetière d'élites ») ; les masses, dominées et manipulées, n'accèdent jamais au pouvoir. Selon Wright Mills (1916-1962), les élites politique, économique et militaire forment aux États-Unis un « complexe militaro-industriel » qui détient le pouvoir (*L'Élite du pouvoir*, 1956) et domine la société, sans pour autant former une classe dirigeante unifiée.

Embauche. Lorsque les salariés étaient employés à la journée (d'où le terme « journaliers »), l'embauche désignait le démarrage de la journée de travail pour ceux qui avaient été retenus par l'employeur. Désormais, désigne le recrutement d'un salarié, que ce soit pour une période temporaire ou pour une durée indéterminée, mais il arrive que l'on utilise encore l'ancienne signification pour désigner le début d'une journée de travail. L'inverse (« débauche ») est rarement utilisé en raison du sens péjoratif du terme (dont l'origine vient du fait que les travailleurs à la journée étaient payés à la fin de leur journée de travail, et que certains utilisaient alors cet argent à boire ou à faire la fête), mais on le rencontre encore lorsqu'un employeur s'efforce d'amener un salarié qu'il souhaite recruter à mettre un terme à son contrat de travail avec un autre employeur. On parle alors de débauchage.

Émergent. V. économies émergentes.

Émigration. Fait de quitter un pays pour vivre ou travailler ailleurs.

Emploi. Fait d'occuper un poste de travail associé à certaines conditions d'horaire, de rémunération, de protection sociale, de formation et de statut. Un poste non rémunéré — par exemple du travail bénévole dans une association — n'est pas considéré comme un emploi.

Emploi temporaire. Tout emploi à durée limitée : intérim, contrat à durée déterminée, contrat aidé. Ne pas confondre avec travail temporaire (v. ce terme).

Emplois aidés. Contrats de travail subventionnés par la collectivité et destinés à des personnes en difficulté sur le marché du travail. V. contrat unique d'insertion.

Emplois atypiques, précaires. V. formes particulières d'emploi.

Emplois de proximité. Concept apparu dans les années 1980 pour désigner les emplois de services à faible productivité, mais créateurs de lien social.

Employabilité. Capacité à obtenir un emploi. Ce n'est pas un jugement sur une situation individuelle mais une notion qui permet de définir la position relative des différentes catégories de chômeurs. On la mesure statistiquement par la probabilité de sortir du chômage en accédant à un emploi. Elle décroît avec l'ancienneté au chômage en raison d'un phénomène de file d'attente tel que les nouveaux chômeurs s'insèrent devant les plus anciens dans la file. V. chômage de longue durée.

Empreinte écologique. Indicateur (en général exprimé en hectares par habitant) chiffrant la surface qui serait nécessaire pour produire les ressources qu'utilise une économie nationale donnée et pour absorber ses déchets. Utiliser plus d'hectares que cette population n'en dispose signifie que la population en question vit au-dessus de ses moyens, soit parce qu'elle utilise à son profit une partie de la surface dont disposent les autres populations, soit parce qu'elle puise dans des ressources non renouvelables. De nombreuses conventions sont nécessaires pour calculer cette surface, mais même imprécise, elle permet de déterminer si le mode de vie d'une société est prédateur, et de combien.

Emprunt. Prêt remboursable dans une durée et des conditions (garantie, intérêt) convenues d'avance. Un emprunt s'effectue habituellement avec des garanties (en droit, on parle de sûretés) permettant au prêteur de réduire les risques : caution d'un tiers (qui accepte de se substituer à l'emprunteur au cas où ce dernier serait défaillant), gage (dépôt de titres ou biens d'une valeur au moins équivalente au montant de la somme empruntée), nantissement (gage sur un actif incorporel) ou une hypothèque (gage immobilier) etc. La loi réglemente sévèrement l'activité de prêt et réserve, sauf exception, le droit d'en accorder à des organismes qui disposent d'un statut particulier d'établissement financier. Ainsi, une société n'a pas le droit d'emprunter à des particuliers, sauf si ces derniers sont associés de la société en question.

Encadrement du crédit. Rationnement quantitatif imposé aux banques dans la distribution des crédits. L'objectif est de limiter la *création monétaire* (dont les crédits sont à l'origine). A été abandonné en France en 1987 au profit d'une régulation par les taux d'intérêt. V. réescompte.

Encaisse. Quantité de monnaie détenue par un agent économique ; comprend la monnaie fiduciaire et la monnaie scripturale.

Enclosures. Clôture des terres communales qui, au XVIIIe siècle, provoqua la paupérisation d'une masse de paysans sans terre en Angleterre, devenus incapables de nourrir leurs animaux. À la recherche de n'importe quel travail, ces paysans fournirent l'essentiel de la main-d'œuvre dont avait besoin la révolution industrielle naissante.

Encours. Montant de la valeur à un moment donné du *stock* des dettes (encours de dettes), du stock des crédits (encours des crédits), etc.

Endettement. Montant total des dettes contractées. Chaque année, l'endettement augmente à cause de nouvelles dettes ou diminue parce que des dettes antérieures sont remboursées. Ne pas confondre endettement et déficit (ou besoin de financement) : le déficit annuel est à l'origine de la variation annuelle de l'endettement.

Endettement intérieur total. Encours des dettes des agents non financiers résidents, qu'elles soient contractées (auprès de résidents ou de non-résidents) sur les marchés de capitaux ou auprès d'établissements de crédit (banques, etc.).

Endogamie. Mariage à l'intérieur d'un groupe auquel on appartient (groupe territorial, caste, etc.). Ne pas confondre avec inceste ou homogamie.

Endogène. Une variable est endogène (ou dépendante, ou expliquée) si sa valeur dépend de celle des autres variables du modèle. Exemple : dans la théorie keynésienne, le revenu et la consommation sont endogènes. V. exogène.

Engel. V. loi d'Engel.

Enrichissement des tâches. Type d'organisation du travail visant à intégrer dans les postes de travail des tâches de qualification plus élevées (réglage d'une machine, par exemple). Tout comme l'élargissement des tâches, le *job enrichment* (terme anglais d'origine) vise à dépasser le taylorisme.

Entente. Désigne le fait, pour un ensemble d'entreprises ayant une activité commune, d'échanger des informations ou de convenir de règles secrètes en vue de réduire la concurrence entre elles. Les ententes sont illicites, puisqu'elles aboutissent à augmenter les prix de vente par le partage des marchés, la concertation ou la mise en commun d'informations. À l'inverse d'un *cartel*, une entente demeure largement informelle et limitée à certains objets particuliers (exemple : soumission à des appels d'offres). C'est ce qui en fait à la fois la fragilité et la discrétion.

Entreprise. Pour l'économiste, l'entreprise est une unité qui vend sur le marché les biens et services qu'elle produit en combinant des facteurs de production (travail, capital...). Son objectif est généralement de réaliser le profit maximum (les entreprises de l'*économie sociale* constituent une exception). L'INSEE définit l'entreprise comme « toute unité légale, personne physique ou personne morale, qui, jouissant d'une autonomie de décision, produit des biens et services marchands » (la notion d'autonomie de décision est purement formelle puisque, par exemple, une société anonyme dont les actions sont entièrement possédées par une autre est réputée autonome). Les entreprises (environ trois millions) peuvent être classées par taille (60 % n'ont aucun salarié, un tiers de 1 à 9, v. PME), par statut juridique (v. société, SA, SARL, groupe), par branche et par secteur d'activité. Le siège de l'entreprise est l'*établissement* qui abrite le pouvoir de décision de l'entreprise. V. termes en italique et coût de transactions.

Entreprise conjointe. V. *joint-venture*.

Entreprise d'insertion. Entreprise du secteur marchand mais à but non lucratif employant des personnes en situation d'exclusion sur des emplois temporaires (six mois en général), dans le but de leur redonner une employabilité qui leur est déniée par le marché du travail.

Entreprise d'investissement. Depuis 2008, nom donné aux sociétés financières ayant pour objet principal d'investir l'épargne de leurs clients en titres financiers ou de les conseiller dans ce domaine. Les sociétés de Bourse, chargées d'exécuter les ordres d'achat ou de vente en Bourse passés par des clients, personnes physiques ou morales, sont des entreprises d'investissement.

Entreprises individuelles. V. ménages.

Entreprises managériales. V. gouvernement d'entreprise.

EONIA. V. taux de l'argent au jour le jour.

Épargne. Partie non consommée du revenu. Son niveau est déterminé par le taux d'intérêt (théorie néoclassique) ou le niveau du revenu (propension à épargner chez Keynes). L'épargne est transformée en richesse non financière par l'investissement, et en richesse financière par l'acquisition de créances. Ne pas confondre épargne et placement. V. taux d'intérêt.

Épargne brute (cn). L'EB est égale au revenu disponible brut (RDB) moins la consommation finale ; elle représente la part des ressources courantes qui reste disponible pour financer la formation de capital ou acheter des actifs financiers. Comme elles n'ont pas de consommation finale, les sociétés ont une épargne brute égale à leur RDB.

Épargne de proximité. Épargne dont le montant est affecté à des investissements au profit d'organismes développant l'activité économique du territoire où se trouvent les épargnants.

Épargne éthique. Placements dans des titres émis par des entreprises répondant à certains critères de responsabilité sociale (par exemple, ne produisant pas d'armes ou d'alcool, ou s'étant engagées à ne pas pratiquer de discrimination ethnique, etc.).

Épargne financière. Appellation souvent donnée à la capacité de financement (des ménages). L'épargne financière peut être placée ou ne pas être placée (cas du dépôt à vue non rémunéré dans une banque, mais aussi de la conservation — thésaurisation — de billets ou de pièces).

Épargne forcée. Terme forgé pour indiquer que la hausse des prix (inflation) provoque forcément une baisse du pouvoir d'achat des consommateurs, donc réduit leur demande, exactement comme le ferait un comportement d'épargne (mais les conséquences sur le patrimoine ne sont évidemment pas les mêmes). En d'autres termes, l'inflation rétablit les équilibres économiques en réduisant le volume des achats.

Épargne-retraite. Forme d'épargne défiscalisée et bloquée jusqu'au départ en retraite du bénéficiaire (sauf cas particuliers : décès prématuré, invalidité ou chômage non indemnisé par exemple). En France, il existe deux types d'épargne-retraite : celle effectuée en entreprise dans le cadre d'un plan d'épargne-retraite négocié entre l'employeur et les représentants du personnel (PERCO : plan d'épargne-retraite collectif), bénéficiant alors d'un abondement de l'employeur ; celle effectuée à titre personnel dans le cadre d'un PERP (plan d'épargne-retraite populaire). Dans les deux cas, les sommes débloquées au moment de la retraite peuvent être versées au choix du bénéficiaire soit sous forme de rente jusqu'à son décès, soit sous forme de capital. Il s'agit donc de formes de retraite par capitalisation gérées par des fonds de pension. V. abondement, fonds de pension, retraite par capitalisation.

Épargne salariale. Dispositifs conventionnels ou légaux par lesquels une entreprise verse en franchise d'impôts des fonds bloqués durant une période de temps déterminée au bénéfice de ses salariés, au titre de l'*intéressement*, de la *participation* ou d'un *plan d'épargne-retraite*. Ces fonds sont gérés par des organismes spécialisés. V. termes en italique.

Épargne solidaire. Épargne dont tout ou partie des revenus sont contractuellement affectés à des organismes caritatifs. Peut parfois désigner des formes d'épargne visant à financer des projets favorisant la cohésion sociale ou la lutte contre l'exclusion. V. CIGALE.

Équilibre de sous-emploi. Situation durable (équilibre) dans laquelle du chômage existe, que le marché ne parvient pas à résorber. Dans l'analyse keynésienne, cette situation résulte d'une *demande effective* (v. ce terme) insuffisante requérant une politique économique active. Dans l'analyse néoclassique, cette situation provient d'obstacles mis au fonctionnement du marché (salaire minimum par exemple) ou du comportement des chômeurs, préférant l'aide sociale à l'emploi (chômage volontaire). Comme le faisait remarquer Franco Modigliani (1918-2003), économiste américain d'orientation keynésienne, à ce compte, le chômage massif des années 1930 « n'était qu'une sévère attaque de paresse contagieuse ».

Équilibre des biens et services d'une économie nationale (cn). Il s'agit d'un équilibre pendant une période entre le flux des ressources en produits et le flux des emplois de ces produits. L'origine des biens et services disponibles pour une économie nationale (ses ressources en produits) est constituée de ceux qu'elle a produits (le PIB) et de ses importations ; les emplois (utilisations) possibles de ces produits par l'économie nationale sont les dépenses de consommation finale, l'investissement, la variation des stocks et les exportations. Ressources et emplois sont forcément égaux : on ne peut acheter ce qui n'est pas produit ou importé, tandis que, à l'inverse, si les dépenses de consommation finale et d'investissement ainsi que les exportations ne suffisent pas à absorber ce qui est en vente, les stocks augmenteront d'autant. Ce qui peut encore se formuler ainsi : le PIB est égal à la demande intérieure (consommation finale et investissement) augmentée ou diminuée, selon les cas, du solde extérieur (exportations-importations) et des variations de stocks. C'est ce qui explique que, pour réaliser l'*ajustement structurel*, le *consensus de Washington* préconise de réduire la demande intérieure, de manière à accroître le solde extérieur et, ainsi, dégager des devises pour rembourser les créanciers externes non payés. Mais cette politique peut avoir pour conséquence de réduire le PIB, auquel cas le pays concerné s'appauvrit sans améliorer son solde extérieur…

Équilibre général. Situation dans laquelle « rien ne bouge », tous les agents économiques étant dans la meilleure situation possible compte tenu des dotations initiales (capital, travail, terre...) de chacun. Les néoclassiques ont démontré, moyennant des hypothèses très restrictives (absence d'incertitude et de monnaie, centralisation de toutes les offres et demandes de l'économie par un commissaire-priseur, etc.), qu'en concurrence parfaite il existait un système de prix correspondant à l'équilibre général, mais que la stabilité (v. ce terme) de cet équilibre serait un hasard. V. optimum de Pareto.

Équilibre partiel. Raisonner en équilibre partiel, c'est considérer l'offre et la demande sur un marché (celui des pommes par exemple) *ceteris paribus* (toutes choses égales par ailleurs), c'est-à-dire sans tenir compte de l'interdépendance des marchés ; autrement dit, ne pas tenir compte du fait que le marché des pommes n'est pas indépendant de celui des poires et des scoubidous, mais aussi de celui du travail et, finalement — directement ou indirectement —, de tous les marchés. La prise en compte complète de ces interdépendances est l'objectif de la démarche d'équilibre général. V. chômage involontaire.

Équité. Terme renvoyant à l'idée de justice ; souvent utilisé pour désigner une situation dans laquelle chacun doit disposer exactement des mêmes chances (accès à l'école, aux soins, à la formation continue, etc.), le mérite (intelligence, travail, qualités personnelles) devenant le seul critère de différenciation alors que l'égalité renvoie aux situations d'arrivée (niveaux de revenu, de patrimoine, de chômage, d'espérance de vie, etc.). Alors que, dans la théorie de la justice (v. ce terme) de Rawls, une inégalité ne peut être juste que si elle aboutit *in fine* à améliorer le sort des plus pauvres, l'équité accepte comme « justes » les inégalités issues des seuls mérites de chacun. Cette conception particulière de la justice explique que les libéraux préfèrent se référer à la notion d'équité qu'à celle d'égalité.

Équivalence ricardienne. Expression inventée par Barro pour désigner l'équivalence entre le financement des dépenses publiques par l'emprunt (pour faire face au déficit) et leur financement par l'impôt. Cette *équivalence* est mise en avant par les nouveaux classiques (Robert Barro dès 1975) pour démontrer l'inefficacité d'une politique de relance keynésienne. Constatant un accroissement du déficit, les ménages anticipent qu'il faudra un jour rembourser la dette publique correspondante au moyen d'une élévation de l'impôt ; ils décident donc d'augmenter immédiatement leur épargne pour faire face ultérieurement à la hausse de l'impôt. La baisse de la consommation qui s'ensuit réduit les débouchés et tue dans l'œuf la relance keynésienne. Suscite beaucoup de controverses. Le raisonnement est utilisé en France pour laisser entendre que la réduction du déficit public n'aurait pas d'effet récessif, contrairement à ce que prédit l'analyse keynésienne.

Esclavage. Système dans lequel le travailleur (esclave) n'est pas considéré comme une personne mais a le statut d'une marchandise possédée par un maître.

Escompte. Opération par laquelle une banque achète à un de ses clients un effet de commerce (une traite — v. ce terme — par exemple) non échu (c'est-à-dire qui n'est pas encore parvenu à l'échéance du paiement). La banque paie le montant de l'effet moins une somme — l'*agio* (taux d'escompte plus des frais) — qui dépend de la durée entre la date de l'escompte et l'échéance de l'effet. Le *taux d'escompte* est donc le taux d'intérêt auquel la banque finance son client lorsqu'il escompte des effets. V. réescompte.

Espace économique européen. V. EEE.

Espérance de vie à la naissance (ou vie moyenne). Lorsque ce n'est pas précisé, il s'agit de l'espérance de vie dite *du moment*, c'est-à-dire du nombre moyen d'années que vivrait une personne si elle connaissait tout au long de sa vie les conditions de mortalité observées au cours d'une année (perspective *transversale*). Ne pas confondre avec l'espérance de vie d'une génération (analyse longitudinale) : nombre moyen d'années effectivement vécues par ceux qui sont nés la même année. Attention ! L'espérance de vie n'est pas l'âge moyen des personnes décédées au cours d'une année (qui dépend de la structure par âge de la population, résumée dans la pyramide des âges). On calcule selon les mêmes principes l'espérance de vie à l'âge x.

Établissement. « Unité de production géographiquement individualisée, mais juridiquement dépendante de l'entreprise » (Insee). N'a pas de personnalité juridique propre. Une entreprise a souvent plusieurs établissements. Une succursale est un établissement commercial.

Étalon-or (*Gold Standard*). Système monétaire international dans lequel chaque monnaie est définie par rapport à un poids d'or et convertible en or. Il a fonctionné jusqu'en 1914. Dans un tel système, le déficit de la balance des paiements d'un pays est réglé par une sortie d'or au bénéfice des pays excédentaires. Parce que la livre sterling était utilisée comme monnaie de règlement pour les transactions internationales, on a pu dire que l'étalon-or était en fait un étalon-sterling, préfigurant le *Gold Exchange Standard* mis en place par les accords de Bretton Woods (v. ce terme). Mais c'est bien l'or qui était utilisé comme monnaie de réserve par toutes les banques centrales, celles-ci ne conservant en sterling qu'un fonds de roulement pour les transactions courantes.

État (fonctions économiques de l'). Pour les économistes (non marxistes), les interventions économiques de l'État (détenteur du monopole de la violence légale) relèvent de trois registres : 1) l'*allocation des ressources* (*politique de la concurrence*, gestion des imperfections inévitables du marché : *externalités, monopoles naturels*...) ; 2) la *redistribution des revenus* si elle n'est pas conforme aux attentes de la collectivité ; 3) la régulation de l'activité économique (par exemple lutte contre le chômage et l'inflation). La conception d'un *État gendarme* correspond surtout à une partie de la première fonction : l'État veille au respect des règles du jeu économique. L'*État-providence* (*welfare state*) qui s'est développé après 1945 correspond aux trois fonctions, avec un accent sur la deuxième (expansion de la *protection sociale*) et la troisième (politique budgétaire active). Le mode d'exercice de toutes ces fonctions est remis en cause par la *mondialisation*. Pour les marxistes, l'État est entièrement au service de la classe dominante. V. termes en italique.

État-providence. Organisation, par la collectivité, de systèmes de protection sociale obligatoire destinés à couvrir chacun des membres de cette collectivité (ou seulement certains groupes sociaux) contre un certain nombre de risques sociaux (en général, vieillesse, maladie, maternité, accidents du travail et chômage). Le caractère obligatoire du système vise à empêcher que ceux qui sont moins concernés par les risques couverts ne cherchent à organiser entre eux une assurance privée qui, compte tenu de la moindre probabilité de réalisation du risque, serait moins coûteuse, ce qui reviendrait à ne faire financer l'assurance collective que par les seules personnes les plus menacées par le risque. Toute assurance collective implique donc une certaine redistribution : des bien-portants vers les autres, des jeunes vers les personnes âgées, des travailleurs vers les chômeurs.
Aux États-Unis, l'État-providence (*Welfare State*) se borne à organiser l'assurance maladie et l'assurance vieillesse des personnes qui n'ont pu adhérer à des systèmes volontaires ou conventionnels. À ce titre, il s'agit davantage d'un mécanisme d'aide sociale que d'un mécanisme d'assurance.

État stationnaire. Dans la tradition classique du XIXe siècle (David Ricardo, John Stuart Mill principalement), désigne la situation d'équilibre stable et durable, ainsi que la répartition des revenus à laquelle conduisent inévitablement selon eux les mécanismes économiques.

Ethnocentrisme. Tendance à faire de sa propre culture le seul modèle de référence, à voir les autres cultures à travers la sienne.

Ethnologie. Du grec *ethnos*, « peuple », et *logos*, « traité ». Analyse comparée des différents groupes humains vivant en société et de leurs cultures ; les Anglo-Saxons la nomment anthropologie sociale et culturelle. L'ethnologie utilise les résultats de l'ethnographie.

Ethnométhodologie. N'est pas une méthodologie sociologique mais une école de sociologie américaine fondée par Harold Garfinkel (*Studies in Ethnomethodology*, 1967), qui étudie les méthodes ordinaires, les modalités pratiques, les procédures habituelles utilisées par les individus dans leur vie quotidienne pour agir. Contrairement à Durkheim, elle ne s'intéresse pas à la contrainte sociale qui s'imposerait aux individus de l'extérieur, mais à la façon dont ceux-ci interprètent le monde et produisent continuellement des normes.

Éthologie. Du grec *ethos*, « mœurs », et *logos*, « traité ». Étude du comportement des animaux dans leur milieu naturel.

Éthos. Notion utilisée par Max Weber (1864-1920) pour désigner un ordre normatif (système de valeurs) intériorisé qui guide les conduites d'un groupe social (l'éthos puritain dans *L'Éthique protestante et l'esprit du capitalisme*, 1905).

Euribor. Acronyme de *European Inter-Bank Offered Rate*. Taux interbancaire de référence court terme (90 jours...). Calculé à partir d'un échantillon de banques de la zone euro. Il sert notamment de référence aux crédits à taux variable. V. EONIA.

EURL. Entreprise unipersonnelle à responsabilité limitée. Statut de société commerciale destiné à des travailleurs indépendants et leur permettant de séparer le patrimoine de l'entreprise de leur patrimoine familial.

Euro. Nom (choisi au Conseil européen tenu à Madrid en décembre 1995) de la monnaie unique européenne. Aucun rapport avec les eurodevises. V. ECU, UEM.

Euro Stoxx 50. V. indice boursier.

Eurodevises. Devises gérées par des banques ou des institutions financières situées ailleurs que dans le pays d'émission et faisant l'objet de prêts, donc de création monétaire, libellés dans ces devises. La principale eurodevise est le dollar. Le terme « euro » ne signifie pas que les institutions qui gèrent ces dépôts en devises sont européennes, mais provient du nom de la banque qui a imaginé le système à la fin des années 1950, la Banque de l'Europe du Nord, dite Eurobanque, qui dépendait alors de l'Union soviétique. Ce pays cherchait à se procurer des dollars et a donc eu recours à cette banque qui a proposé l'ouverture de comptes libellés en dollars. Cette innovation financière a rencontré un grand succès, car elle permettait de contourner le contrôle des changes et des mouvements de capitaux. Par la suite, la libéralisation financière, puis, plus récemment, la création de l'euro l'ont rendue moins attractive, mais elle subsiste toujours, fonctionnant un peu comme un marché monétaire mondial, où l'on peut emprunter pour des périodes courtes d'importantes sommes libellées dans à peu près n'importe quelle devise. Il existe aussi des *eurofrancs*, des *eurodeutschemarks*, etc. La création de ces *eurodevises* (on parle aussi de *xénodevises*) par les *eurobanques* (banques qui créent des eurodevises et animent cet *euromarché*) est une *innovation financière* qui a eu trois conséquences majeures : création de liquidités internationales indépendamment des institutions monétaires nationales ou internationales ; financement plus facile des déficits des balances des paiements (ce qui a permis la persistance de ces déficits, d'où crise de la dette du tiers-monde) ; constitution d'une masse de manœuvre pour la spéculation contre les monnaies (notamment le dollar) qui a déstabilisé l'étalon-dollar.

Eurogroupe. Formé des ministres des Finances de la zone euro, du président de la BCE et du commissaire européen chargé des questions économiques, il se réunit chaque mois avant le conseil ECOFIN (Conseil des ministres des Finances de l'UE) pour traiter de questions conjoncturelles et budgétaires.

Euronext. Nom de l'institution financière qui gère la principale Bourse de New York (*New York Stock Exchange*), celles de Paris (*Euronext-Paris*), d'Amsterdam, de Bruxelles, de Lisbonne, de Porto et le LIFFE (marché à terme d'instruments financiers de Londres) qui avait lui-même précédemment absorbé le MATIF (marché à terme international de France, consacré à la gestion de produits dérivés) et le MONEP (marché des options négociables de Paris).

Europe verte. V. politique agricole commune.

Eurosystème. Nom donné à l'ensemble constitué par la BCE (v. ce terme) et les banques centrales des pays de l'Union européenne ayant adopté l'euro.

Évasion fiscale. Utilisation de toutes les possibilités offertes par la législation fiscale pour échapper le plus possible à l'impôt. Se distingue de la fraude parce qu'elle est licite, mais son résultat est identique puisqu'elle soustrait des revenus ou des patrimoines à l'imposition. Exemples : société transférant son siège social dans un paradis fiscal (*délocalisation fiscale*) ; particulier transférant sa richesse sous une forme telle qu'elle échappe aux droits de succession ; *stock options* (v. ce terme). Une des causes de l'évasion est l'hypocrisie de la législation : plutôt que d'exonérer directement certains revenus (ce qui irait clairement dans le sens d'une régressivité de l'impôt), le législateur multiplie les possibilités d'évasion, ce qui est plus discret mais — une fois démêlé le maquis fiscal (qui fait la fortune des « conseillers en optimisation fiscale »...) — conduit au même résultat.

Ex ante, ex post. Notions introduites en 1933 par l'économiste suédois Gunnar Myrdal (1898-1987), précurseur de la révolution keynésienne. Il distingue les grandeurs *ex ante*, c'est-à-dire anticipées, et les grandeurs *ex post*, c'est-à-dire réalisées. Exemple : *ex ante*, l'épargne et l'investissement n'ont aucune raison d'être compatibles ; *ex post*, en revanche, ils sont nécessairement égaux (équilibre comptable).

Excédent brut d'exploitation. V. EBE.

Excédent naturel. Écart positif entre le taux de natalité et le taux de mortalité pour un pays ou une région. Si l'écart est négatif, on parle de déficit naturel. L'excédent naturel est calculé sans prendre en compte l'émigration et l'immigration. On passe de l'excédent naturel à l'excédent effectif en intégrant ces deux grandeurs. L'excédent naturel se calcule habituellement en pour mille.

Exclusion. Privation des droits économiques (droit au travail) et sociaux (droit au logement, à la santé...) engendrée par un processus de mise à l'écart sur le marché du travail. Alors que la marginalisation résulte de comportements plus ou moins volontaires de refus des normes sociales admises ou requises dans la société (drogue, errance, refus du travail...), l'exclusion résulte de l'impossibilité de trouver un emploi, donc d'obtenir un revenu, un statut et une place admise dans la société. L'exclu n'est pas en dehors de la société, il demande au contraire à en être pleinement partie prenante, mais il est réduit, faute de ressources propres, à la portion congrue, sans possibilité de pouvoir sortir de ce qui ne serait qu'une mauvaise passe. Si bien que le processus d'exclusion n'est pas susceptible de s'inverser par la seule volonté de celui qui en est victime, ce qui explique que les exclus perdent peu à peu courage et que certains finissent par perdre définitivement pied (alcoolisme, ruptures familiales, désocialisation...). Les causes d'exclusion sont diverses : absence de formation ou de qualification, maladie, isolement. Mais la principale est le tri sélectif à l'embauche que les entreprises, dans leur grande majorité, pratiquent en période de chômage de masse. Si bien que les moins bien placés stagnent dans la file d'attente et versent peu à peu dans l'exclusion. Les politiques de lutte contre l'exclusion sont donc à la fois des politiques de création d'emplois, mais aussi de formation, d'accompagnement, de resocialisation, d'accès au logement décent, etc. Les emplois aidés (v. ce terme) ont largement échoué à donner une deuxième chance aux victimes de l'exclusion, car leur durée et leur rémunération insuffisantes en ont fait souvent des « sous-emplois » stigmatisants, accentuant ainsi la difficulté à trouver un emploi « normal » à leur sortie. Les structures d'insertion par l'activité économique (v. entreprise d'insertion), bien qu'ayant fait la preuve de leur efficacité, demeurent trop peu nombreuses pour faire face à la tâche.

Exode des cerveaux (*brain drain*). Migration de travailleurs très diplômés vers des régions ou des pays qui leur offrent de meilleures conditions de vie et d'emploi. A longtemps touché seulement les pays du tiers-monde au profit des pays développés. Commence désormais à toucher les pays européens dont les chercheurs et techniciens prometteurs sont débauchés à prix d'or par des organismes situés aux États-Unis.

Exode rural. Migration de la population des communes rurales (pas seulement des agriculteurs) vers les communes urbaines où se trouvent la plupart des emplois. V. rurbain.

Exogamie. Mariage à l'extérieur d'un certain groupe (parenté, groupe territorial, etc.).

Exogène. Une variable est exogène si sa valeur est déterminée à l'extérieur du système que l'on cherche à expliquer. Exemple : le prix en dollar du baril de pétrole pour l'économiste qui essaie de prévoir la conjoncture française. V. endogène.

Exonération. Réduction partielle ou totale d'impôts (exonération fiscale) ou de cotisations sociales prévue par la législation. La globalisation financière a servi de prétexte à la multiplication des exonérations fiscales sur les revenus du capital et de l'épargne.

Exploitation. 1) Lieu d'une activité économique particulière (exploitation agricole, minière, industrielle...). 2) Terme popularisé par Marx et désignant le fait que le salarié perçoit en salaire moins de revenu que la valeur qu'il a contribué à créer. Dans le langage marxiste, la différence entre la valeur créée par le travail et la rémunération de la force de travail (salaire) s'appelle plus-value. Même si l'on récuse l'analyse de Marx, force est de reconnaître que la balance est souvent inégale, au détriment des salariés, dans la façon dont le partage des revenus issus de l'activité productive s'effectue.

Exportations et importations (cn). Les exportations représentent la valeur des biens et services fournis par des unités résidentes à des unités non résidentes (la définition des importations est symétrique). Compte tenu de la définition de la résidence (v. économie nationale), il n'est pas nécessaire que les produits franchissent la frontière ; les dépenses des touristes français dans le reste du monde (en général 1% du PIB français) sont donc des importations pour l'économie nationale, et celle des touristes étrangers en France (près de 2 % du PIB) sont des exportations. Conséquence : les données mensuellement connues à partir de sources douanières (ou équivalentes) sur la *balance commerciale* sous-estiment systématiquement le *solde extérieur.*

Externalisation. V. coût de transaction.

Externalité. Interaction entre agents économiques sans transactions sur le marché. Il y a *externalité positive* (*effet externe positif, économie externe*) lorsque A bénéficie d'une action de B sans que B ne soit en mesure d'obtenir une rémunération ; exemples : voisinage d'un apiculteur (A) et d'un horticulteur (B) ; éclairage public financé par la collectivité (B) et dont bénéficie le piéton (A) ; bonne formation des travailleurs dont bénéficie l'entreprise (A) grâce aux dépenses de formation supportées par l'État (B). Il y a *externalité négative* (*effet externe négatif, déséconomie externe*) lorsque A est pénalisé par une action de B sans que A soit en mesure d'obtenir un dédommagement de B ; exemples : je (A) « bénéficie » de la fumée de la cigarette de mon voisin (B) ; je (A) suis bloqué sur l'autoroute parce qu'un accident a été provoqué par un automobiliste ivre (B). À la réflexion, de très nombreux biens, services et comportements émettent des externalités. Les externalités ne peuvent être correctement gérées par le marché (qui ne peut fonctionner que si les coûts et les avantages sont totalement supportés par l'individu qui prend une décision). Elles justifient des interventions massives de l'État (lois particulières, dépenses, fiscalité) pour : 1) produire des externalités positives (v. biens collectifs) ; 2) en favoriser la production par des lois ou la modification des prix spontanés du marché (vaccination obligatoire, école gratuite et/ou obligatoire, subvention à la production ou à la consommation des biens culturels, etc.) ; 3) interdire certaines externalités négatives (meurtres, obligation d'être assuré pour l'automobiliste, etc.) ; 4) en rendre d'autres plus coûteuses à émettre (taxation lourde du tabac, de l'alcool, de l'essence). V. Coase, défaillances (du marché), passager clandestin.

Extraversion de l'économie. Qualification traditionnellement péjorative donnée à une économie tournée vers l'extérieur et dépendante. Mais l'extraversion peut être un résultat recherché et positif. Elle repose sur la conviction qu'il est plus efficace d'ouvrir l'économie sur l'extérieur et de se spécialiser en exploitant ses avantages comparatifs (le faible niveau des salaires dans bon nombre de pays du Sud). Encore faut-il que les entreprises mettent à profit l'expérience acquise pour « remonter les filières », c'est-à-dire pour se lancer dans des activités productives ne reposant plus principalement sur le bas coût de leur main-d'œuvre ou sur la production de matières premières. Encore faut-il, également, que l'État mette en œuvre les investissements collectifs (infrastructures, formation, urbanisation) et les biens collectifs (monnaie, organisation bancaire, lutte contre la corruption) dont la stratégie d'exportation et de remontée des filières a besoin pour être viable. La leçon des économies asiatiques qui ont réussi dans cette stratégie d'extraversion (Chine, Taiwan, Corée du Sud) est claire : c'est la qualité de l'interaction entre un État interventionniste et des entreprises réactives qui a permis que la promotion des exportations s'accompagne d'une expansion parallèle du marché intérieur, donc débouche sur un processus de développement. V. filière, stratégie de développement.

F

FAB. V. CAF.

Facilités d'ajustement structurel. Crédits accordés par le FMI aux pays à bas revenus. Ne pas confondre avec les programmes d'ajustement structurel. V. ajustement structurel.

Facteur de production. Dans l'approche néoclassique, désigne chaque élément de base utilisé dans la production : travail, capital. Parfois, on y ajoute la terre, l'énergie ou le capital humain. Il arrive aussi que, dans le facteur travail, on distingue entre travail qualifié et travail non qualifié. La façon dont ces facteurs sont combinés pour aboutir à la production est appelée fonction de production (v. ce terme).

Faillite. Appellation usuelle de la situation d'un commerçant ou d'une société dont un tribunal a constaté la cessation de paiement et prononcé la mise en liquidation des biens (v. dépôt de bilan). Le produit de la vente de tous les actifs de la société est réparti entre les créanciers.

Faire-valoir direct. Exploitation agricole dont les terres appartiennent en propre à l'exploitant. S'oppose aux terres louées, qu'elles soient en fermage (le montant de la location est indépendant de la récolte) ou en métayage (la location consiste en une part de la récolte, le propriétaire étant alors tenu de fournir semences et produits phytosanitaires).

Fait social. Émile Durkheim, dans *Les Règles de la méthode sociologique* (1895), définit les faits sociaux comme « des manières d'agir, de penser et de sentir, extérieures à l'individu, et qui sont douées d'un pouvoir de coercition en vertu duquel ils s'imposent à lui ». « Il faut traiter les faits sociaux comme des choses », écrit-il dans le même ouvrage. V. contrainte sociale.

Famille. « Groupe caractérisé par la résidence commune et la coopération d'adultes des deux sexes et des enfants qu'ils ont engendrés ou adoptés », selon la définition large de l'ethnologue George Peter Murdock. « Cadre susceptible d'accueillir un ou plusieurs enfants : elle peut donc être constituée soit par un couple (marié ou non) et, le cas échéant, de ses enfants, soit d'une personne sans conjoint et de ses enfants (famille monoparentale) », selon la définition étroite de l'INSEE (*Annuaire statistique de la France*) correspondant au modèle dominant de la famille nucléaire depuis le Moyen Âge. Cette dernière est de plus en plus autonome à l'égard de la parenté. V. ménage, parenté, lignage, filiation.

Famille étendue. Famille qui regroupe plus de deux générations dans une résidence commune (ascendants, descendants...). On parle aussi de « famille élargie » lorsque certains descendants vivent en couple au sein de la résidence commune.

Famille monoparentale. Composée d'un seul parent vivant avec au moins un enfant ; 20 % des familles avec enfant(s) en 2005 (dans 85 % des cas, le parent est une femme).

Famille nucléaire. Famille réduite aux parents et aux enfants non mariés, appelée aussi *famille conjugale* ou *famille élémentaire* ou *famille restreinte*.

Famille recomposée. Formée d'un couple d'adultes (divorcés ou non, mariés ou non) qui vivent avec au moins un enfant né d'une union précédente de l'un des deux conjoints. En 2006, 8 % des familles avec enfant(s) étaient recomposées.

Famille souche. Terme utilisé par le sociologue Frédéric Le Play (1806-1882) pour désigner un type de famille élargie dans lequel l'aïeul vit avec l'aîné de ses enfants (ou celui qui a été désigné pour reprendre l'exploitation agricole familiale), le conjoint de ce dernier, leurs enfants et les autres membres de la famille sans descendant.

FAO. Sigle anglais de l'Organisation des Nations unies pour l'alimentation et l'agriculture.

FBCF (cn). Formation brute de capital fixe, mesure de l'investissement brut en comptabilité nationale ; valeur des biens durables acquis pour être utilisés pendant au moins un an dans un processus de production (la FBCF comprend aussi les grosses réparations de ces mêmes biens). Pour les ménages, il s'agit des logements ; pour les entreprises et les administrations, la FBCF correspond aux machines, matériels divers (notamment de transport), bâtiments, travaux de génie civil (routes, ponts...) et logements. Depuis 1999, on intègre aussi à la FBCF des actifs incorporels correspondant à une partie de l'investissement immatériel : achats et dépenses de mise au point de logiciels utilisés dans un processus de production, dépenses de protection minière, œuvres artistiques et littéraires originales destinées à entrer dans un circuit commercial. Les dépenses de recherche-développement et de formation restent exclues. Les achats de terrains ne sont pas classés dans la FBCF. La FBCF est *brute* : les amortissements — « consommation de capital fixe » en cn — ne sont donc pas déduits. Les achats d'automobiles ou autres biens durables par les ménages ne sont pas de la FBCF mais de la consommation finale. V. investissement.

FCP. Fonds commun de placement. Organisme collectant l'épargne des particuliers pour acheter des titres dont la valeur détermine le montant de la part de FCP. Un FCP, comme une SICAV (v. ce terme), est un organisme de placement collectif en valeurs mobilières (OPCVM). Ce type de structure permet une gestion collective, réalisée par des professionnels, des placements des épargnants, mais aussi une certaine mutualisation de ces derniers. Le FCP est une copropriété : les risques sont donc partagés entre les copropriétaires, et le gérant se borne à gérer pour le compte des copropriétaires.

FEADER. V. FEOGA.

FEAGA. V. FEOGA.

Fécondité. On emploie ce terme — et non pas celui de natalité — lorsque les naissances sont mises en relation avec l'effectif des femmes d'âge fécond (conventionnellement, jusqu'à 50 ans). La fécondité d'une génération est résumée par la *descendance finale*, celle d'une année l'est par l'*indicateur conjoncturel de fécondité*. V. taux de fécondité.

Federal Reserve System **(Fed).** Ensemble d'institutions qui font office de banque centrale aux États-Unis (pour des raisons historiques, il y a officiellement... douze banques centrales). L'ensemble est coiffé par un organisme public, le *Federal Reserve Board*, au sein duquel se prennent les décisions de politique monétaire et dont le président est nommé par le président des États-Unis.

Fédéralisme. Modalité d'organisation politique consistant, pour des États, à déléguer une fraction de leur souveraineté dans des domaines précis (armée, monnaie, diplomatie...) à un organisme qui représente l'ensemble. Ce transfert de souveraineté est définitif et détaillé dans une Constitution qu'aucun des États fédérés ne peut remettre seul en cause.

FEOGA. Fonds européen d'orientation et de garantie agricole, chargé, jusqu'en 2007, de financer la politique agricole commune (PAC), sous la responsabilité de la Commission européenne. Depuis cette date, il est remplacé par deux fonds distincts : le FEAGA (« Fonds européen agricole de garantie »), chargé de financer la politique des marchés et des prix agricoles de l'Union européenne, et le FEADER (« Fonds européen agricole pour le développement rural »), chargé de financer les actions en faveur du développement rural. La scission marque la volonté de l'Union européenne de réduire les politiques de prix et de soutien des marchés au profit des politiques de développement territorial. Le FEADER est doté de 78 milliards d'euros (valeur 2004) de crédits pour la période 2007-2013, le FEAGA dispose quant à lui de 293 milliards d'euros.

Fermage. V. faire-valoir direct.

Fétichisme de la marchandise. Une marchandise correspond à une certaine quantité (et une certaine qualité) de travail. L'échange de marchandises est donc fondamentalement un rapport entre les travaux de producteurs différents. Mais il n'apparaît pas ainsi. Marx parle de « fétichisme attaché aux produits du travail », de « caractère fétiche de la marchandise » (*Le Capital*, premier chapitre de la première section du livre premier) pour désigner le fait que lorsque les produits du travail prennent la forme de marchandises (c'est-à-dire sont vendus sur un marché), ils apparaissent comme des rapports entre des choses alors qu'ils sont des rapports entre des personnes (les producteurs). V. aliénation.

Filiale. Société dont plus de 50 % du capital sont détenus par une autre, appelée société mère ou maison mère. En droit européen, est considérée comme filiale toute participation d'au moins 20 %, et les économistes ont tendance à considérer comme filiale toute participation d'une autre société qui donne à cette dernière un contrôle de fait. Ne pas confondre avec établissement ou succursale. V. groupe.

Filiation. Lien entre les individus qui descendent les uns des autres. Le critère est social : le lien n'est pas nécessairement biologique (cas de l'adoption) et le lien biologique n'implique pas nécessairement filiation. La *filiation unilinéaire* n'admet la filiation qu'en ligne paternelle (*filiation patrilinéaire* ou *agnatique*, les parents d'un individu étant ceux auxquels il est relié par l'intermédiaire de son père) ou en ligne maternelle (*filiation matrilinéaire*, par l'intermédiaire de la mère). Notre société ne connaît que la *filiation indifférenciée* ou *cognatique*, dans laquelle la parenté est transmise à la fois par le père et par la mère (la transmission du nom par le père est une trace de filiation patrilinéaire). V. lignage.

Filière. Ensemble d'activités productives complémentaires orientées vers un produit (un marché) final donné. La remontée de filière est une stratégie qui consiste, à partir d'une activité dans les domaines les plus simples de la filière (industrie de main-d'œuvre peu qualifiée), à acquérir progressivement la maîtrise des maillons plus complexes (industrie à technologie évoluée).

Finance. Art de faire en sorte que les *capacités de financement* des uns servent à satisfaire au mieux les *besoins de financement* des autres, tant en ce qui concerne les durées de financement que la répartition des risques et le niveau de rémunération entre financeur et financé. On distingue la *finance directe* (les opérations ont comme support des *titres*) et la *finance indirecte* ou *finance intermédiée* (des banques, par exemple, s'interposent entre les financeurs et les financés). V. économie d'endettement, intermédiation.

Finance directe. Mode de financement mettant directement en relation des épargnants et un emprunteur (par exemple, un ménage achète les actions émises par une entreprise). S'oppose à la finance indirecte ou intermédiée.

Finance islamique. Système de financement d'un investissement ou d'un bien de consommation dans lequel l'intérêt est banni et assimilable soit au crédit-bail (l'organisme financier achète le bien et le loue à l'utilisateur durant une période de temps au terme de laquelle le bien est acheté par l'utilisateur pour une valeur résiduelle convenue d'avance), soit à un apport en capital (les bénéfices étant partagés selon une clé convenue d'avance), soit à une opération d'achat (par l'organisme financeur) suivie d'une vente payable par fractions convenues d'avance par l'utilisateur.

Firme multinationale. Entreprise détenant au moins 10 % du capital de sociétés implantées dans d'autres pays. Selon la CNUCED, on compterait dans le monde en 2008 environ 82 000 firmes multinationales, contrôlant environ 800 000 entreprises. V. TRIM.

Fisc. Administration des impôts chargée de recouvrer les sommes dues par les contribuables et votées par le Parlement.

Fixing. Terme anglais désignant les cours qui se fixent de gré à gré entre banques ou organismes financiers privés sur certains marchés (notamment celui de l'or), par opposition aux marchés spécialisés où le cours est obtenu par cotation.

Flexibilité. Pour les libéraux et les employeurs, c'est la souplesse sans laquelle les mécanismes de marché seraient inefficaces. Cette notion n'a de sens qu'en *équilibre partiel*. Si l'on tient compte de toutes les interdépendances entre les marchés (perspective d'*équilibre général*), il est scientifiquement impossible d'affirmer, même d'un point de vue néoclassique, que la flexibilité n'aggrave pas la situation. V. amortissement d'un choc.

Flexibilité du travail. Capacité d'une entreprise à adapter sans délai sa production et ses coûts aux fluctuations et aux modifications de la demande. Elle permet de diminuer sensiblement les stocks de produits finis, puisque la production est susceptible d'être augmentée ou réduite très rapidement. Mais cela implique que les horaires de travail puissent être modifiés au gré de la charge de travail et que le nombre de salariés puisse varier sans délai en fonction des commandes. La flexibilité a donc un coût social qui peut être élevé (ajustement des effectifs par licenciement, contrats de travail temporaires plutôt qu'en CDI, etc.). On distingue sur ce plan la flexibilité interne (la main-d'œuvre provisoirement excédentaire est suffisamment polyvalente pour être affectée à d'autres activités) de la flexibilité externe (grâce à l'intérim et aux CDD, l'entreprise augmente ou réduit ses effectifs en fonction de sa charge de travail).

Flexicurité. Ou flexisécurité, ou flexsécurité. Néologisme d'origine danoise forgé à partir de flexibilité et de sécurité : comment maintenir la flexibilité de l'emploi tout en sécurisant les parcours professionnels des personnes ? Les réponses sont diverses : en favorisant la polyvalence des salariés, en les formant, en assurant une stabilité de leurs revenus (assurance chômage de bon niveau), en décourageant le recours aux contrats de faible durée, en incitant à la création de groupements d'employeurs, etc. Le Danemark est souvent cité en exemple dans ce domaine.

Flexion des taux d'activité. Hausse ou baisse du taux d'activité liée à la situation de l'emploi. Lorsque la situation économique générale s'améliore ou que des emplois se créent dans une agglomération particulière (ouverture d'une grande surface par exemple), des personnes inactives (ne cherchant pas d'emploi, donc non prises en compte dans la population active) peuvent revenir sur le marché du travail pour tenter de trouver un emploi à la faveur de cette embellie. Le taux d'activité s'accroît alors. Mais, à l'inverse, il est susceptible de se réduire lorsque la situation économique se dégrade : des chômeurs, découragés, cessent de rechercher un emploi, des jeunes poursuivent plus longtemps leurs études, des chefs de famille monoparentale préfèrent recourir à l'aide sociale, etc.

Flottant. Dans une société cotée en Bourse, partie du capital social détenue par des petits actionnaires, donc susceptible de changer de main fréquemment et discrètement.

Flottement de la monnaie. V. changes flexibles.

Fluidité sociale. V. mobilité structurelle.

Flux. Les flux économiques correspondent à une circulation de produits, de revenus, de monnaie... On ne peut pas les mesurer à un moment donné (comme les stocks), mais seulement pendant une période déterminée.

Flux d'emploi. Somme des créations et des destructions d'emplois durant une période donnée. Ne pas confondre avec les flux de main-d'œuvre, mesurés par la somme des embauches et des séparations (licenciements, fins de contrat, départs en retraite, départs volontaires...) durant une période donnée. En effet, une fin de CDD peut être suivie d'une embauche nouvelle : l'emploi, dans ce cas, n'est pas supprimé. On parle aussi de réallocation d'emploi ou de main-d'œuvre pour désigner ces flux d'emploi ou de main-d'œuvre.

Flux de main-d'œuvre. V. flux d'emploi.

Flux tendus. V. juste-à-temps.

FMI. Fonds monétaire international ; créé en 1945, en même temps que la Banque mondiale, en application des décisions de la conférence de Bretton Woods en 1944, il conseille les gouvernements dans les domaines monétaire et financier. Siège à Washington. Les membres du FMI ont des droits de tirage sur le Fonds, c'est-à-dire le droit d'acheter pour une durée déterminée (c'est donc un crédit) avec leur propre monnaie une autre monnaie ; cette procédure permet de faire face à des déséquilibres temporaires de balance des paiements. Le FMI joue un grand rôle dans le tiers-monde ou dans les pays « en transition » en imposant des programmes draconiens d'ajustement ou en organisant des soutiens financiers massifs dont les considérations géopolitiques sont évidentes (Mexique, Russie). V. ajustement structurel, Bretton Woods, Club de Paris, consensus de Washington, crise de la dette, crise asiatique, crise mexicaine, DTS, *swap*.

FOB. V. CAF.

Fonction de production. Dans la théorie néoclassique, désigne le lien qui existe entre la production et les facteurs de production utilisés (travail, capital, énergie...). Si les facteurs sont substituables, la proportion relative de chacun est fonction des prix relatifs : par exemple, si le prix relatif du travail s'élève par rapport à celui du capital, l'approche néoclassique postule que la quantité de facteur travail diminuera au regard de la quantité de facteur capital ou, en d'autres termes, que l'entreprise remplacera du travail par du capital. Cette approche implique que l'entreprise a le choix entre une grande variété de solutions techniques pour produire, et que l'entreprise choisit la proportion des différents facteurs auxquels elle recourt en fonction de leurs prix relatifs. La fonction de production la plus connue est celle qualifiée de « Cobb-Douglas », des noms du mathématicien et de l'économiste qui l'ont formalisée. Elle est à deux facteurs (travail, noté x, et capital, noté z) et s'écrit : $y = ax^{\alpha}bz^{\beta}$ où α et β sont des paramètres positifs. Si $\alpha + \beta$ est égal à 1 (cas le plus souvent retenu), les rendements d'échelle sont alors constants, ce qui signifie que, si l'entreprise augmente de 10 % le recours à chacun des facteurs de production qu'elle utilise, sa capacité de production augmente également de 10 %. Cette fonction de production est très utilisée en économétrie ou dans la théorie, moins pour sa vraisemblance (le nombre de facteurs de production est bien supérieur à 2, les rendements d'échelle constants sont rarissimes, la substituabilité des facteurs est limitée ou inexistante) que pour sa simplicité de maniement.

Fondamentaux. Anglicisme pour désigner les données fondamentales d'une économie, c'est-à-dire son état de santé, tel qu'on peut le mesurer à partir des indicateurs classiques (taux d'inflation, taux d'investissement, commerce extérieur, compétitivité...). Il arrive aussi que l'on parle des fondamentaux d'une entreprise.

Fonds commun de placement. V. FCP.

Fonds de pension. Dénomination générique des institutions financières collectant les cotisations d'épargne retraite en provenance des entreprises ou des particuliers et garantissant en contrepartie le versement d'un capital ou d'une rente à vie aux épargnants lors de leur départ en retraite. Ce capital ou cette rente sont assurés par le placement des sommes collectées et dépendent de la rentabilité des placements effectués. Il s'agit donc de retraite par capitalisation. V. régime de retraite, capitalisation.

Fonds de roulement. Capitaux permanents (ressources stables) moins Actifs immobilisés (emplois stables). Mesure le montant des sommes dont doit disposer une entreprise pour financer son activité, compte tenu des délais de paiement de ses fournisseurs et de ses clients.

Fonds propres. Synonyme de capitaux propres.

Fonds structurels. Dans le jargon européen, désigne les fonds versés par l'Union européenne à titre d'aide aux investissements (publics ou privés) dans les zones considérées comme déprimées ou en retard du point de vue économique. Ces fonds structurels correspondent en quelque sorte aux aides à l'aménagement du territoire européen.

Force de travail. Dans l'analyse marxiste, désigne ce qu'un salarié loue contre salaire à un employeur, lequel en espère un apport productif qui lui appartiendra en propre et qui sera générateur de plus-value si le salaire versé est moindre que l'apport productif.

Force productive. V. mode de production.

Fordisme (théorie de la régulation). Régime d'accumulation intensive centré sur la consommation de masse, correspondant à peu près aux « trente glorieuses ». L'appellation de fordisme lui a été donnée par les économistes régulationnistes (Aglietta, Boyer...) en hommage aux travaux du marxiste italien Antonio Gramsci qui le premier avait attiré l'attention sur l'importance des réformes mises en œuvre par le constructeur automobile Henry Ford après la Première Guerre mondiale. Le fordisme repose sur un rapport salarial qui combine une certaine organisation du travail (à partir du taylorisme, mécanisation des processus productifs et séparation plus complète entre conception et exécution, la chaîne de montage en étant le symbole emblématique) et un partage des gains de productivité permettant une hausse régulière du salaire réel. Ce *rapport salarial fordiste* est associé à trois formes institutionnelles particulières : une concurrence oligopolistique, un régime monétaire favorisant le développement du crédit bancaire, l'espace national comme cadre principal de la régulation. Certains considèrent les perturbations économiques contemporaines comme l'expression de la *crise du fordisme* à partir des années 1970. V. taylorisme.

Forfait hospitalier. Somme qu'un malade hospitalisé doit verser par jour d'hospitalisation à titre de contribution à ses frais de séjour (cantine et hébergement), les frais sanitaires étant pris en charge par la Sécurité sociale.

Formation brute de capital (le sigle FBC est peu utilisé). Somme de la FBCF et de la variation des stocks (ceux-ci ne sont pas du capital fixe mais du capital circulant).

Formation brute de capital fixe. V. FBCF.

Formes particulières d'emploi. Se distinguent de l'emploi « normal » (contrat à durée indéterminée, *qu'il soit à temps plein ou non*). Cette notion de l'INSEE correspond à quatre catégories : emplois intérimaires, CDD, apprentis et « contrats aidés » (contrats d'aide à l'emploi et certains stages de la formation professionnelle) ; 13,1 % de l'emploi salarié en 2008 (en progression sensible depuis une quinzaine d'années). On parle quelquefois d'emplois atypiques ou d'emplois précaires pour désigner ces emplois dans lesquels la situation des salariés est particulièrement instable et le rapport de force avec l'employeur très défavorable.

Franc CFA. V. zone franc.

Franchise. 1) Sens commercial : lien commercial existant entre un commerçant indépendant et une société disposant d'une enseigne connue. En échange d'un pourcentage sur le chiffre d'affaires (et, parfois, d'un « ticket d'entrée » plus ou moins élevé), la société accorde au franchisé le droit d'utiliser son enseigne, sa centrale d'achat et l'ensemble des techniques propres à la société. La plupart des boutiques de marques exclusives dans l'habillement (Benetton, Kookaï, etc.) fonctionnent sous le régime de la franchise, tout comme bon nombre de chaînes hôtelières ou de restauration (Kyriad, MacDonald's...). 2) Assurance : réduction forfaitaire appliquée pour le calcul des remboursements d'assurance (maladie ou sur les biens).

Francs constants, courants. V. valeur, prix.

Fraude fiscale. V. évasion.

Fusion. Regroupement de plusieurs entreprises en une seule. V. absorption.

Futures. En anglais, désigne les contrats à terme. V. marché à terme.

G

G8 (groupe des 8). Réunion informelle annuelle des chefs d'État ou de gouvernement des pays capitalistes les plus importants de la planète, la première ayant eu lieu en 1976 pour faire face à la montée des prix du pétrole (« choc pétrolier ») et à la dépression économique qui en était résultée. Au départ, il s'agissait du G5 (Allemagne, États-Unis, France, Japon et Royaume-Uni), devenu G7 avec l'arrivée du Canada et de l'Italie, puis, en 2002, G8 avec l'arrivée de la Russie. Les thèmes traités étaient uniquement économiques et financiers. Les « sommets » annuels (et les réunions ministérielles et d'experts) du G8 s'intéressent aujourd'hui à toutes les questions internationales. Il a été beaucoup reproché à cette instance de vouloir maintenir ainsi le poids dominant d'une poignée de pays riches sur l'ensemble de la planète (en 2008, les pays du G8 comptaient 11 % de la population mondiale, mais 45 % du produit intérieur brut mondial) et de ne s'intéresser à la gouvernance mondiale que du point de vue des pays riches. En 1999, le G8 a suscité la création d'un « forum économique » avec un ensemble de pays émergents, en raison de la place croissante que ces derniers occupent dans le commerce international. Ce forum a été appelé G20 : il comprend, outre les huit pays membres du G8 (qui subsiste par ailleurs), le président du Conseil européen en exercice (l'Union européenne est donc représentée comme telle), ainsi que l'Afrique du Sud, l'Argentine, le Brésil, la Chine, la Corée du Sud, l'Inde, l'Indonésie, le Mexique, la Turquie et l'Australie. C'est au niveau du G20 que, en 2008 et 2009, les réunions consacrées à la crise financière mondiale ont été tenues, avec, pour la première fois, la présence des chefs d'État, consacrant ainsi l'émergence d'une forme de gouvernance mondiale mieux partagée et l'accession de certains pays du Sud au rôle de « puissances mondiales ».

GAEC. Groupement agricole d'exploitation en commun. Association (souvent familiale) de deux ou plusieurs exploitants, qui mettent en commun leurs outils, leur cheptel et leur foncier. Chacun perçoit une part du revenu net proportionnelle à son apport.

Gain de productivité. V. productivité.

Gap. Écart (entre le mieux placé et le moins bien placé d'un ensemble de personnes, d'institutions ou de pays). Utilisé pour désigner soit le retard technologique d'un pays par rapport à un autre (*gap* technologique), soit l'écart d'inflation ou de croissance.

GATT. *General Agreement on Tariffs and Trade.* Accord général sur les tarifs douaniers et le commerce (de 1948 à 1995), qui a disparu au profit de l'OMC (v. ce terme) ; traité multilatéral, le GATT a connu huit cycles de négociations commerciales multilatérales (NCM) dont *Kennedy Round* (1964-1967), *Tokyo Round* (1973-1979), *Uruguay Round* (1986-1994).

Génération. Ordinairement, ensemble des individus qui sont nés à la même époque (la génération de l'après-guerre...). L'écart entre la génération des parents et celle des enfants dépend de l'âge *moyen à la maternité.* En démographie, une génération est la *cohorte* des individus nés la même année. V. termes en italique.

Genre de vie. V. mode de vie.

GIE. Groupement d'intérêt économique. Accord passé entre deux ou plusieurs entreprises pour mettre en commun une partie de leurs activités. Par exemple, un même système de distribution avec une marque unique, un organisme de stockage commun, de la publicité commune, etc.

Giffen (biens, effet). Il y a effet Giffen lorsque la hausse du prix d'un bien inférieur s'accompagne d'une augmentation de sa demande. Un bien *inférieur* (élasticité-revenu négative) peut occuper une grande place dans le budget de certains ménages (exemple, la pomme de terre chez les Irlandais du XIXe siècle étudiés par Giffen). La hausse de son prix, au lieu d'en réduire la demande (élasticité-prix négative normale), se traduit par une hausse de sa demande (élasticité-prix positive) due à un effet revenu : la hausse du prix du bien inférieur fait baisser le pouvoir d'achat du revenu et augmente donc logiquement la demande du bien inférieur. Les biens Giffen entravent le bel ordonnancement de la « loi » de l'offre et de la demande.

Glissement. Soit le taux de croissance (ou de variation) entre T1 et T2. Si T1 et T2 sont deux années consécutives, il s'agit d'un *taux de croissance en moyenne annuelle* ; si ce sont des dates séparées par un délai d'un an, il s'agit d'un *taux de croissance en glissement annuel.* Lorsque la croissance est régulière, il n'y a pas de différence entre les taux en moyenne et les taux en glissement ; ce n'est plus le cas à partir du moment où les évolutions deviennent irrégulières ; d'où l'importance de cette distinction. Il est évidemment possible de calculer des taux en moyenne ou en glissement sur un semestre, ou un trimestre, etc.

Globalisation financière. Anglicisme, synonyme de mondialisation financière. Mise en place d'un marché unifié de l'argent au niveau planétaire à partir des années 1980, permise par les nouvelles techniques (télécommunications, informatique), la *déréglementation,* le décloisonnement des marchés et la *désintermédiation.* Elle signifie que les agents peuvent emprunter ou placer sans restriction où et quand ils le souhaitent. Elle a permis jusqu'à maintenant de financer des déficits publics et des déficits extérieurs colossaux sans inflation élevée. Elle ne semble pas avoir fait diminuer le coût du financement, mais a sans doute accru le *risque de système,* comme l'a montré, hélas, la crise financière de 2008. V. les termes en italique.

Gold Bullion Standard (étalon lingot d'or). Nom quelquefois donné au système dans lequel la convertibilité de la monnaie en or est limitée aux lingots (*bullion*) de plus de 11 kilogrammes. A existé notamment en Angleterre de 1925 à 1931.

Gold Exchange Standard (étalon devise or). Le GES est un système monétaire international dans lequel l'or et une ou plusieurs devises dites devises clés sont monnaie internationale. Dans le GES mis en place par la conférence de Gênes (1922), la convertibilité en or était limitée aux devises clés (livre sterling et dollar). V. Bretton Woods (GES dont le dollar est la devise clé).

Gold Standard. V. étalon-or.

Goodwill. Valorisation de marché d'une entreprise ou d'un actif supérieure à sa valeur comptable. Il en est ainsi parce que certains éléments d'actifs sont inscrits dans la comptabilité de l'entreprise à leur valeur d'acquisition (par exemple un terrain), voire ne le sont pas du tout (ex. : la renommée d'une marque, la fidélité des clients...) alors qu'ils jouent un rôle essentiel dans son bon fonctionnement et sont donc source de gains, lesquels permettent de déterminer une valeur patrimoniale (ou de marché) différente de la valeur comptable.

GOPE. Grandes orientations des politiques économiques. Recommandations adoptées chaque année par les chefs de gouvernement de l'UE sur proposition de la Commission. Relatives à l'ensemble de l'UE, puis déclinées pays par pays, elles ne sont pas seulement budgétaires ou monétaires : réformes structurelles... C'est une forme faible de coordination des politiques économiques. V. Eurogroupe, pacte de stabilité...

Gosplan. Organisme chargé de la planification en URSS, qui élaborait le plan quinquennal adopté par le Parlement et qui était chargé de le mettre en œuvre, en procédant à l'attribution des ressources nécessaires.

Gouvernance. Terme attesté en français depuis plus de cinq siècles, mais utilisé aujourd'hui par amour des anglicismes (*governance*), avec une signification proche du sens initial de gouvernement : pilotage ; ou ensemble des règles et des institutions qui contribuent à piloter et à réguler (gouvernance d'entreprise, gouvernance de l'économie mondiale).

Gouvernement (ou gouvernance) **d'entreprise.** En anglais, *corporate governance*. Comme le capital est dispersé entre de nombreux actionnaires, ceux-ci ont dû déléguer la gestion de l'entreprise à des cadres dirigeants (on parle d'entreprises *managériales*). Cette relation d'*agence* (v. ce terme) met les dirigeants en situation d'adopter des comportements opportunistes plus préoccupés de leurs intérêts que de ceux des propriétaires. Au sens le plus étroit — dominant — le gouvernement d'entreprise est l'ensemble des dispositifs d'incitation et de contrôle qui organisent les relations entre les actionnaires et les dirigeants pour limiter l'opportunisme de ces derniers et les inciter à la création de *valeur* (v. ce terme). Le gouvernement d'entreprise se traduit souvent par un fonctionnement plus important du conseil d'administration (élu par l'assemblée générale des actionnaires) avec la création en son sein de plusieurs comités en charge de l'audit (contrôle) de l'information communiquée aux actionnaires, du recrutement et de la rémunération des cadres dirigeants (poids croissant donné aux *stock options*, v. ce terme). Mais le cumul des mandats dans de nombreux conseils d'administration favorise la connivence entre administrateurs contrôleurs (mais dirigeants contrôlés d'autres sociétés) et dirigeants contrôlés (mais administrateurs contrôleurs de ces autres sociétés). Dans ces conditions, les mécanismes de marché jouent aussi un grand rôle dans le gouvernement d'entreprise : variations du cours de la société en Bourse (qui manifestent la confiance ou la défiance du marché), OPA hostiles (qui permettent de changer les dirigeants et les... contrôleurs). Une conception moins étroite du gouvernement d'entreprise prendrait en compte notamment les salariés.

Gré à gré. 1) Dans les services à la personne, cas où l'utilisateur recrute et devient l'employeur de la personne chargée de rendre les services (par opposition au mode prestataire, dans lequel c'est un organisme qui recrute le salarié et en est l'employeur, ou par différence avec le mode mandataire, dans lequel un organisme spécialisé est chargé du recrutement, l'utilisateur devenant ensuite employeur de la personne recrutée). 2) Dans les relations financières, marchés financiers non organisés (principalement de produits dérivés, dans lesquels il n'existe ni chambre de compensation ni règles contraignantes pour encadrer les échanges).

Grenelle. V. accords de Grenelle.

Grève. Arrêt volontaire et collectif du travail pour défendre des revendications professionnelles. Interdite par la loi Le Chapelier de 1791, reconnue par une loi de 1864. La *grève du zèle* est une application stricte des procédures ou de la réglementation qui désorganise la production ou le service. La *grève tournante* affecte à tout de rôle les différents secteurs d'une entreprise. La *grève perlée* consiste à ralentir le rythme d'activité sans cesser officiellement le travail.

Groupe d'appartenance. V. groupe de référence.

Groupe de référence. Celui dont les valeurs, les normes et les comportements sont adoptés comme critères de jugement ou d'action, comme modèle, par un individu. Il peut être simultanément un *groupe d'appartenance*, c'est-à-dire celui auquel l'individu appartient en fonction de ses statuts (profession, famille...). L'individu en situation d'ascension sociale peut être tiraillé entre les groupes d'appartenance qu'il espère quitter et les groupes d'appartenance auxquels il cherche à accéder. V. conformisme.

Groupe de sociétés. Ensemble des sociétés dépendant d'un même centre de décision, la *société tête de groupe*. En France (2006), on compte 39 000 groupes dont 37 000 *microgroupes* de moins de cinq cents salariés et 100 de plus de dix mille.

Groupe des 77. Opposé aux conceptions libre-échangistes des institutions internationales ; constitué par les PED lors de la première CNUCED en 1964 ; cent trente PED en 2009.

Groupe primaire, groupe secondaire. Distinction introduite par le sociologue américain Charles H. Cooley (*Social Organisation*, 1909). Dans les groupes primaires (famille, groupe de camarades, groupe de voisinage), les rapports interpersonnels sont dominants, la coopération et la solidarité développées ; ils ont une certaine permanence et sont non spécialisés. Les groupes secondaires sont de plus grande taille et ont des objectifs plus utilitaires (syndicat, parti politique, association...). Le contrôle social y est formalisé (règles écrites). V. socialisation.

Groupe social. Terme général désignant un ensemble d'individus en interaction et/ou ayant conscience d'appartenir au groupe.

GVT. « Glissement vieillesse, technicité » : hausse de la masse salariale due à l'effet de l'avancement à l'ancienneté (hausse de salaire prévue par des conventions collectives ou des statuts en fonction de l'ancienneté dans l'entreprise ou dans le poste de travail) et à celui des changements de qualifications (hausse de salaire due à un changement de catégorie). V. salaire.

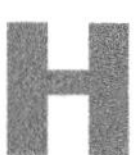

Habitus. En latin, « manière d'être ». Notion philosophique très ancienne, utilisée par quelques sociologues classiques. Elle est essentiellement utilisée par Pierre Bourdieu (1930-2002). L'*habitus* est le système de dispositions plus ou moins inconscientes, inculquées par son milieu (famille, classe...) à l'individu et qui guident, balisent, ses opinions, représentations et conduites. Il existe des *habitus* individuels, des *habitus* de groupe, des *habitus* de classe. « Les *habitus* sont des générateurs de pratiques distinctes et distinctives. [...] Ainsi, par exemple, le même comportement ou le même bien peut apparaître distingué à l'un, prétentieux ou m'as-tu-vu à l'autre, vulgaire à un troisième », écrit-il dans *Raisons pratiques* (1994).

Halo du chômage. V. inactivité.

Hasard moral. V. risque moral.

Haute banque. Anciennement, banque d'affaires spécialisée dans la gestion de fortune et dont la clientèle était triée sur le volet. Exemple le plus connu : la banque Rothschild. Il arrive que l'on trouve l'expression « haute société protestante », parfois abrégée en HSP, pour désigner les banques d'affaires du XIXe siècle qui étaient contrôlées par des familles de la bourgeoisie protestante (ex. : la banque Schlumberger, la banque de Neuflize...).

Hedge fund. Littéralement, fonds de couverture, c'est-à-dire organisme financier spécialisé dans le portage de risques dont certains opérateurs souhaitent se défaire. Ces fonds sont spécialisés dans des opérations spéculatives dans lesquelles le risque pris va de pair avec des rendements élevés, partagés entre financeurs et opérateurs. Initialement présents uniquement sur les marchés à terme, ils ont élargi leur champ d'action aux opérations d'arbitrage (tirer profit d'écarts de cours sur un même titre — ou une même monnaie — coté sur deux places différentes), de vente à découvert (vente de titres que l'on ne possède pas, en espérant que, entre la vente et la livraison effective, le cours s'appréciera) ou de gestion alternative (par opposition à la gestion indicielle, qui consiste à gérer un portefeuille d'actions dont la structure réplique celle retenue pour le calcul d'un indice donné, par exemple le CAC 40) en choisissant des titres estimés sous-valorisés par le marché. Pour cette raison, les *hedge funds* sont souvent appelés « fonds spéculatifs » ou « fonds alternatifs ». Leur rentabilité élevée va de pair avec un niveau élevé de risque, ce que les épargnants qui leur ont fait confiance avaient tendance à oublier : une partie des *hedge funds* n'ont pas survécu à la crise de 2008 et l'épargne qui y avait été investie a disparu.

Hédoniste (comportement). Celui dont l'objectif est la recherche du plaisir ou de la satisfaction la plus grande.

Hégémonie. Suprématie. Pour le philosophe marxiste et cofondateur du Parti communiste italien Antonio Gramsci (1891-1937), une classe est hégémonique lorsqu'elle parvient à légitimer sa domination en diffusant ses propres valeurs (« direction culturelle »).

Hérédité sociale. Désigne le fait que les enfants occupent la même position sociale (et souvent le même métier) que leur père.

Heure supplémentaire. Heure de travail salarié effectuée en sus de la durée légale (trente-cinq heures hebdomadaires actuellement). La loi en limite le nombre annuel (on parle de « contingent d'heures supplémentaires ») à 220 par salarié, une autorisation de l'inspection du travail étant nécessaire pour dépasser ce contingent, sauf lorsque la convention collective de la branche dont dépend le salarié concerné le prévoit. La rémunération de chaque heure supplémentaire doit être majorée de 25 % (de la première à la septième heure supplémentaire hebdomadaire) et de 50 % au-delà. Une disposition controversée de 2007 détaxe les heures supplémentaires de cotisations sociales salariales, d'impôt sur le revenu et d'une partie des cotisations sociales patronales.

Hiérarchie sociale. Tout système de différenciation fondé sur le classement ordonné d'individus ou de groupes en fonction de l'inégale distribution de biens sociaux tels que le pouvoir, la richesse, le prestige, le savoir ; il y a hiérarchisation, et non simple différenciation, dès lors que les positions sont considérées, les unes par rapport aux autres, comme supérieures ou inférieures.

Holding. Société qui détient des actions d'autres sociétés dont elle contrôle et/ou dirige l'activité.

Holisme. V. individualisme méthodologique.

Homo oeconomicus. Individu abstrait de la théorie néo-classique. Il est rationnel au sens où il est maximisateur, cohérent et souverain. Maximisateur : il recherche toujours un maximum de satisfaction (il est hédoniste), compte tenu des ressources dont il dispose. Cohérent : ses choix sont transitifs, c'est-à-dire que s'il préfère A à B et B à C, alors il préférera A à C. Souverain : ses préférences ne dépendent que de lui (de sa nature humaine) ; elles ne sont pas influencées par la société et l'histoire. V. individualisme méthodologique.

Homogamie. Tendance, statistiquement bien établie, qui incite un individu à choisir un conjoint aux caractéristiques sociales, culturelles, etc., proches des siennes. L'homogamie est sociale en général, mais peut être religieuse, ethnique...

Hors bilan. Engagement d'une entreprise qui ne figure pas dans l'état de son patrimoine (le bilan), mais qui est susceptible de l'amener à supporter des coûts ultérieurs (ex. : cautions données à des filiales, participation à un GIE, v. ces termes).

Hyperinflation. V. inflation.

Hypothèque. Garantie prise par un créancier sur un bien immobilier. En cas de non-remboursement du prêt, la créance est liquidée par le produit de la vente forcée (l'excédent éventuel revenant à l'emprunteur). V. marché hypothécaire.

Hystérésis (ou hystérèse). Persistance d'un phénomène, alors même que sa cause initiale a disparu (terme emprunté à la physique). Hypothèse utilisée par certains analystes pour rendre compte du chômage de longue durée : l'obsolescence du capital humain engendrée par le chômage de longue durée provoquerait une « inemployabilité » durable, même lorsque la cause conjoncturelle initiale a disparu. La notion est aussi utilisée à propos des taux de change pour désigner la persistance des effets favorables d'une dévaluation (v. ce terme) sur le niveau des exportations même lorsque l'inflation importée (v. ce terme) consécutive à la dévaluation a détruit le gain de compétitivité initialement produit par la dévaluation.

I

IDE. V. investissement direct à l'étranger.

Idéal-type. Dans la sociologie de Max Weber (1864-1920), stylisation d'une réalité historique singulière par la sélection et l'accentuation de certains traits jugés particulièrement significatifs par le sociologue en relation avec la question qu'il se pose (exemple, idéal-type de l'entrepreneur capitaliste) ; autrement dit, l'idéal-type n'est pas un modèle car il ne sert qu'une fois (il est strictement lié à une conjoncture historique singulière). Il est la voie royale pour rechercher sens et explication de l'action sociale. Il schématise une interprétation compréhensible des phénomènes sociaux observés.

Idéologie. La sociologie considère, sans porter de jugement de valeurs, que l'idéologie est un système de références, idées, valeurs, propre à un groupe, une classe ou une société déterminés, et qui sert à décrire, expliquer, interpréter le monde, et à orienter et légitimer leurs actions. Pour Marx, l'idéologie dominante est celle des dominants. La proclamation de la « fin des idéologies » est une idéologie. V. domination, hégémonie.

IDH. Indicateur du développement humain, calculé depuis 1990 par le PNUD (Programme des Nations unies pour le développement) pour manifester que la mesure du développement ne saurait se réduire au PIB. Moyenne de trois indicateurs : l'espérance de vie à la naissance, le niveau d'éducation (obtenu à partir des taux d'alphabétisation des adultes et de scolarisation des moins de 24 ans), le niveau de vie mesuré par le PIB réel corrigé par habitant (la correction consiste à considérer que le niveau de vie augmente avec le PIB exprimé en parité de pouvoir d'achat, mais de moins en moins vite à partir d'un certain seuil). Des méthodes simples permettent de faire en sorte que la valeur de l'IDH soit comprise entre 0 et 1. Un IDH spécial permet d'apprécier les écarts entre les hommes et les femmes. L'intérêt de l'IDH est de montrer que le développement a des dimensions (approchées ici par des indicateurs relatifs à la durée de vie et à l'éducation) qui ne sont pas nécessairement strictement liées au PIB. Certains pays peuvent avoir un PIB moyen élevé mais un IDH faible (Arabie Saoudite...), d'autres être dans la situation inverse (Europe centrale et orientale).

Illiquidité. V. liquidité.

Illusion monétaire. Tendance à prendre les évolutions nominales pour des évolutions réelles ; par exemple à considérer que son salaire réel n'a pas baissé alors que son salaire nominal est constant mais que les prix ont augmenté. Elle met à mal l'hypothèse de *neutralité de la monnaie*, c'est-à-dire d'indépendance (ou de dichotomie) entre les phénomènes monétaires (hausse de la masse monétaire par exemple) et les phénomènes réels (prix relatifs, quantités) postulée par la théorie quantitative et les monétaristes. Certains monétaristes (Milton Friedman...) considèrent que l'illusion monétaire est possible à court terme mais qu'elle se dissipe ensuite. D'autres vont plus loin encore : ainsi, le courant des anticipations rationnelles (Robert Lucas) estime que la notion même d'illusion monétaire est sans consistance, car contraire à la rationalité.

Immigré. En théorie, toute personne née à l'étranger et résidant (c'est-à-dire présente depuis plus d'un an) en France. En pratique (définition retenue par l'INSEE), personne née étrangère à l'étranger et résidant en France (cas de 8,1 % de la population en 2006, proportion stable depuis 1975). Un immigré naturalisé (cas de 29 % des immigrés en 2006), c'est-à-dire qui a acquis la nationalité française, est toujours un immigré (mais pas ses enfants, même si certains les qualifient d'*immigrés de la deuxième génération*). Une personne née étrangère en France et y résidant (550 000 personnes) n'est pas un immigré.

Immobilisation. Élément de patrimoine (on parle aussi d'actif) susceptible d'avoir une valeur marchande à la revente et dont la durée d'utilisation excède l'année. Il peut s'agir d'un bien (machine, bâtiment, logement...), d'un élément foncier (terrain...), d'un droit de propriété (brevet, marque, image, concession...) ou d'un actif financier (actions, obligations...).

Importation. V. exportations.

Impôt. Prélèvement obligatoire décidé par le Parlement qui en fixe le montant et la base (ou assiette). En droit budgétaire, un impôt ne peut être affecté à une dépense précise. Lorsque c'est le cas, on parle de contribution (ex. : la CSG). Le recouvrement de l'impôt peut être sur rôle (document personnalisé expédié par le fisc, précisant le montant et la date du paiement de l'impôt) : on parle alors d'impôt direct. L'impôt indirect est recouvré à l'occasion d'une transaction (ex. : la TVA) ou d'un événement particulier (ex. : création d'une entreprise).

Impôt négatif. Terme lancé par Milton Friedman en 1968 pour désigner un système d'aide sociale qui va diminuant avec le revenu personnel, jusqu'à un certain seuil à partir duquel, au contraire, des prélèvements (croissant avec le revenu) se substituent aux versements d'aide sociale. Ce système, à ses yeux plus simple (« en dessous d'un certain seuil, l'État vous donne de l'argent, au-dessus il vous en prend »), devait se substituer à toutes les autres aides (prestations familiales, minimum social, etc.). Des versions un peu différentes (limitées aux personnes en emploi) ont été mises en place aux États-Unis (*Earned Income Tax Credit*), au Royaume-Uni (*Working Tax Credit*) et en France (prime pour l'emploi et RSA « chapeau », v. ces termes).

Impulsion budgétaire. Accroissement des dépenses publiques ou réduction des impôts (en général exprimé en proportion du PIB) destiné à contrebalancer les conséquences dépressives d'une diminution de la dépense privée. Fait partie de la grande famille des politiques contracycliques (v. ce terme).

Inactivité. Situation d'une personne qui n'occupe pas et ne recherche pas d'emploi. Selon les définitions internationales (du BIT), ne pas occuper d'emploi implique de n'avoir pas travaillé du tout au cours de la semaine précédente, et ne pas en rechercher signifie ne pas avoir effectué de démarche spécifique (lettres de candidature, consultation de petites annonces...). Cette définition est restrictive, car de nombreuses personnes, sans rechercher activement d'emploi, souhaitent néanmoins travailler. Ce « halo du chômage », comme on le désigne souvent, représentait en 2009 (France métropolitaine) 800 000 personnes inactives en plus des 2,7 millions de chômeurs alors recensés par les enquêtes emploi.

Incertitude. À bien distinguer du risque. Celui-ci renvoie à l'idée que la réalisation future d'un événement est prévisible (peut être associée à une distribution de probabilités) donc assurable. L'incertitude (au sens du risque non probabilisable) joue un grand rôle chez Keynes. En parlant d'incertitude, explique-t-il (en 1937), « [mon] intention n'est pas seulement de distinguer ce qui est su avec certitude de ce qui est seulement probable. [...] Le sens dans lequel j'utilise ce terme est celui selon lequel la perspective d'une guerre en Europe était incertaine, ou encore le prix du cuivre et le taux d'intérêt dans vingt ans, ou la date d'obsolescence d'une invention nouvelle [...]. En ces matières, il n'y a pas de fondement scientifique sur lequel on puisse formuler, de façon autorisée, quelque raisonnement probabiliste que ce soit. Nous ne savons pas tout simplement ». L'incertitude est un effet de l'existence de l'histoire.

Inceste (prohibition de l'). Interdiction des relations sexuelles entre proches parents (pas nécessairement des consanguins mais aussi des alliés), la notion de proximité variant selon les sociétés. Son caractère universel a conduit Claude Lévi-Strauss (*Les Structures élémentaires de la parenté*, 1949) à y voir ce qui fonde la culture par opposition à l'état de nature : obliger les hommes à chercher des épouses à l'extérieur de leur famille proche les contraindrait à des alliances qui fonderaient la société.

Incitations. Approche économique consistant à utiliser l'attrait financier pour amener un acteur à agir dans le sens souhaité. La théorie des incitations (développée en France par Jean-Jacques Laffont et Jean Tirole) vise à mettre au point des contrats qui incitent celui qui détient des informations à agir dans le sens souhaité par celui qui n'a pas accès à ces informations (ex. : contrat de concession, contrat de sous-traitance).

Inconvertibilité. Situation d'une monnaie qui ne peut être changée contre d'autres monnaies ou contre de l'or, ou seulement après autorisation spécifique des autorités à un cours fixé par elles. L'inconvertibilité implique l'absence d'un marché de changes officiel, mais s'accompagne presque toujours d'un marché parallèle « au noir ».

Indexation. Indexer une variable, c'est lier son évolution à celle d'une autre variable ; par exemple, indexer les salaires sur les prix.

Indicateur conjoncturel de fécondité (ou indice synthétique de fécondité, ou somme des naissances réduites, ou nombre moyen d'enfants par femme). Nombre moyen d'enfants que chaque femme mettrait au monde si, à chaque âge de sa vie, elle connaissait les conditions de fécondité observées pour chaque âge pendant l'année dans l'ensemble du pays. Il peut s'interpréter comme la descendance finale d'une génération fictive de femmes qui auraient connu tout au long de leur vie féconde ces taux de fécondité par âge. Le même concept est parfois dénommé indice synthétique de fécondité, ou somme des naissances réduites, ou fécondité du moment. En raison de la mortalité féminine avant 40 ans et de la probabilité de stérilité féminine, il faut que l'indicateur soit de 2,1 enfants par femme pour qu'il y ait renouvellement de la population à l'identique en l'absence de mouvements migratoires. En France, en 2009, l'indicateur se situait à 1,99, soit un niveau nettement plus élevé que celui observé en 1996 (1,73) et qui était alors dû à un « effet de calendrier », les femmes ayant tendance à avoir non pas moins d'enfants, mais des enfants de plus en plus tard (la première naissance a lieu désormais un peu avant 30 ans). Au sein de l'Union européenne, la France et l'Irlande sont les seuls pays à effleurer la barre des 2 enfants par femme. Dans dix-sept des vingt-cinq autres pays de l'Union européenne, l'indicateur est de 1,3 ou 1,4 (2006), ce qui, si ces chiffres ne remontent pas ou si l'immigration nette ne comble pas l'écart, pourrait se traduire à terme par une diminution sensible de la population (de l'ordre de 40 % par siècle) et par un vieillissement encore plus sensible. Si, dans l'ensemble de l'Asie et de l'Amérique du Sud, l'indicateur de fécondité a beaucoup diminué et se situe désormais aux alentours de 2,5, laissant présager une sensible atténuation de la croissance démographique mondiale dans les décennies à venir, dans certains pays il demeure encore très élevé (Afghanistan : 6,8 ; Mali : 7,1 ; ensemble de l'Afrique occidentale : 5,8). On constate une nette corrélation entre indice de fécondité élevé et faible IDH.

Indicateur du développement humain. V. IDH.

Indice. Nombre résumant la variation relative d'un phénomène simple ou complexe (indice synthétique) entre deux dates ou deux périodes, l'une des deux étant prise comme référence. Exemple : mesurée aux prix de 2000, la dépense de consommation finale des ménages est passée de 503 milliards d'euros en 1978 à 938,5 en 2009. Sur base 1 en 1978, l'indice de la consommation finale s'établit donc à 1,866 en 2008 (938,5/503 = 1,866). L'indice sur base 1 est souvent appelé coefficient multiplicateur. La racine trente et unième de ce coefficient est 1,021, ce qui signifie que la croissance annuelle moyenne de la consommation finale a été, au cours de cette période, de 2,1 %. Si l'on calcule sur base 100, l'indice est à 186,6 : une hausse de 86,6 % en trente ans.

Indice boursier. Indice de l'évolution des cours boursiers. Les plus connus sont calculés à partir d'un échantillon non représentatif : les quarante principales valeurs de la cote pour le Cac 40 à Paris (Cac a signifié « chambre des agents de change » puis « cotation assistée en continu »), les trente premières (*blue chips*) pour le Dow Jones (nom de la société qui l'a créé) à Wall Street. Sont aussi souvent cités l'Euro Stoxx 50 (cinquante plus fortes capitalisations européennes) et l'indice du Nasdaq (v. ce terme), marché boursier américain où sont cotées les sociétés jeunes et/ou de la « nouvelle économie ».

Indice de prix. Indice (v. ce terme) synthétisant l'évolution des prix d'un ensemble de produits. À côté de l'*indice mensuel des prix à la consommation des ménages* (auquel des moyens importants sont consacrés par l'INSEE en raison des enjeux qui lui sont attachés), il existe des indices de prix de la FBCF, des exportations, des importations, du PIB, des prix de gros, etc.

Indice synthétique de fécondité. V. indicateur conjoncturel.

Individualisme. Doctrine qui considère l'individu comme une valeur suprême. D'un point de vue sociologique, l'individualisme désigne le résultat de processus qui ont permis le relâchement, voire la disparition, des tutelles qui déterminaient les choix et les modes de vie des individus (parenté, religion, communautés diverses, classe, etc.). Ces processus s'accompagnent selon Max Weber d'un *désenchantement du monde*. Pour Durkheim, l'individualisme est le produit de la *solidarité organique* ; l'*anomie* en est sa pathologie. Pour Tocqueville, il est la conséquence de l'*égalité des conditions*. V. termes en italique.

Individualisme méthodologique. Méthode des sciences sociales qui consiste à considérer que les phénomènes économiques et sociaux doivent s'analyser à partir des comportements individuels. La théorie néoclassique part ainsi de l'*Homo oeconomicus* (v. ce terme) pour (essayer de) tout expliquer. Ce point de vue est partagé par certains sociologues pour lesquels les phénomènes collectifs sont toujours réductibles à la composition d'actions individuelles rationnelles (Raymond Boudon, né en 1934, en est un porte-drapeau). Dans cette perspective, il n'existe pas de sujet collectif doué de volonté ; on ne peut par exemple pas parler d'une classe sociale ou d'une nation comme de sujets. L'individualisme méthodologique s'oppose au *holisme* ; celui-ci met l'accent sur le fait que les individus sont socialisés : ce sont *d'abord* des héritiers produits par leur *groupe d'appartenance* (apprentissage du langage, des normes, etc.). En économie également, le holisme est une démarche qui part de la totalité, de l'ensemble, pour s'intéresser seulement dans un second temps aux éléments. Individualisme méthodologique et holisme sont des catégories qui servent aussi, dans un contexte souvent polémique, à discréditer les sociologues ou les économistes du camp opposé. L'attitude élégante consiste à penser ensemble la société et les individus, le tout et les parties...

Industrie. Au sens originel du terme, désigne une activité productive, quelle qu'elle soit. Par extension, en est venu à désigner une branche particulière d'activité économique (ex. : l'industrie financière), puis les activités impliquant une transformation de la matière (ex. : industrie laitière, industrie sidérurgique), ce dernier sens étant désormais le plus fréquent. Une industrie lourde désigne en général les activités industrielles impliquant un coefficient de capital élevé, par opposition aux industries légères, qui utilisent peu de capital technique et beaucoup de travail. Les industries de base sont celles dont la production sert de support à de nombreuses autres activités industrielles (acier, matières plastiques...) :

à ce titre, elles sont censées avoir des effets d'entraînement importants. Cette analyse a donné naissance à la théorie des industries industrialisantes, mise en œuvre dans l'ex-URSS, puis en Algérie : investir dans ces industries était censé permettre un développement de toute la base industrielle, donc une forte croissance. Dans le cas algérien, l'échec a été retentissant (et coûteux). L'industrie étant caractérisée par d'importantes économies d'échelle (v. rendements d'échelle), F. List, un économiste wurtembergeois du XIXe siècle, a soutenu la thèse que les industries naissantes, dans un pays, devaient faire l'objet d'une protection temporaire vis-à-vis des pays concurrents, le temps de grandir et d'accéder aux économies d'échelle comme ces derniers.

INED. Institut national d'études démographiques.

Inégalité. Écart mesuré entre groupes sociaux ou entre individus et se traduisant, pour ceux qui sont moins bien pourvus, par une moindre qualité de vie (inégalité d'espérance de vie), de moindres niveaux de vie, de moindres possibilités d'accession à certains biens (logement par exemple) ou services (formation par exemple). Ces inégalités sont ressenties comme injustes dès lors qu'elles ne résultent pas d'efforts, de comportements ou de mérites différents.

Inégalité des chances. V. égalité.

Inélastique. V. élasticité.

Inflation. Hausse du niveau général des prix qui équivaut à une perte de pouvoir d'achat de la monnaie. Mesurée souvent par l'indice des prix à la consommation des ménages, ce qui n'est pas très rigoureux (une économie ne comprend pas que des biens de consommation, l'indice des prix du PIB serait préférable) mais permet un suivi mensuel. L'*inflation importée* est due à une hausse du prix des importations à la suite d'une dévaluation (ou d'une dépréciation) de la monnaie, d'un choc pétrolier. L'*inflation sous-jacente* est définie par l'Insee comme la hausse des prix à la consommation, hors alimentation, énergie, tabac et mesures fiscales. Il s'agit de retracer les tendances fondamentales. Depuis quelques années, le changement d'unité monétaire (l'euro à partir de 2002), puis la progression de certaines formes de consommation à engagement contractuel (abonnements téléphoniques ou à des chaînes cryptées) ainsi que la forte progression de dépenses contraintes (loyer, carburant...) ont brouillé la perception que les ménages avaient de l'évolution des prix, au point que beaucoup sont persuadés que l'indice des prix sous-estime considérablement la hausse. Ce sentiment — qui a relancé des polémiques que l'on croyait éteintes sur la fiabilité de l'indice des prix à la consommation — a sans doute été alimenté par ces deux éléments. En outre, les ménages sont sensibles aux variations des prix des achats qu'ils effectuent fréquemment, comme les produits alimentaires (qui ont augmenté plus vite que la moyenne ces dernières années) et le sont peu, voire pas du tout, aux baisses de prix des vêtements ou des produits électroménagers. L'hyperinflation désigne la situation durant laquelle la hausse des prix est très forte et tend à s'accélérer, aboutissant finalement à une forte contraction des échanges et de l'activité, les échanges monétaires cédant la place au troc ou à l'apparition de « monnaies de fortune » (comme les cigarettes par exemple) en raison de la baisse incessante du pouvoir d'achat de l'unité monétaire.

Infrastructure. V. mode de production.

Initié. V. délit.

Innovation. On laisse souvent entendre que l'innovation serait l'application d'une invention à des fins productives ; mais Joseph Aloïs Schumpeter (*Théorie de l'évolution économique*, 1911), chez lequel la notion d'innovation joue un rôle décisif, la définissait déjà de façon plus large, comme ce qui explique l'évolution économique : nouveaux produits, nouveaux procédés de production, nouvelles formes d'organisation, nouveaux marchés, nouvelles sources d'énergie.

Input. Élément entrant dans un processus de production (consommation intermédiaire, etc.). Le terme français (« intrant ») est rarement usité. V. tableau des entrées-sorties.

Insécurité de l'emploi. Rupture d'une relation d'emploi non suivie à court terme par un autre emploi. Se mesure par la proportion des travailleurs en emploi l'année précédente et qui sont soit au chômage, soit découragés. Ne pas confondre avec instabilité de l'emploi (v. ce terme).

INSEE. Institut national de la statistique et des études économiques ; l'une des directions du ministère de l'Économie.

Insertion. Habituellement, capacité d'une personne à se voir reconnaître par les autres une place dans la société. Elle passe souvent par l'occupation d'un emploi, donc par une insertion professionnelle. L'absence d'insertion conduit à l'exclusion (v. ce terme).

Insiders. Littéralement, travailleurs intérieurs (à telle entreprise) par opposition aux *outsiders* (travailleurs extérieurs à l'entreprise) (v. segmentation du marché du travail). Certains opposent ainsi les deux catégories de travailleurs, estimant que les syndicats défendent les premiers, qui sont leurs mandants, et pas les seconds, notamment s'ils sont au chômage, tandis que, à l'inverse, les employeurs préfèrent conserver les *insiders*, dont ils connaissent la productivité et qui connaissent l'entreprise, ses produits, ses méthodes et ses règles, plutôt que d'embaucher des *outsiders*, dont les coûts de recrutement sont loin d'être négligeables (sélections, entretiens...) et dont ils ne sont jamais certains qu'ils feront l'affaire. De ce fait, le chômage des *outsiders* peut se prolonger, tandis que le salaire des *insiders* peut augmenter, expliquant ainsi le « mauvais » fonctionnement du marché du travail, où le chômage des uns serait engendré par le salaire élevé des autres. V. salaire d'efficience.

Insolvabilité. Incapacité à rembourser ses dettes en raison d'un fonctionnement déficitaire. À ne pas confondre avec illiquidité, pour laquelle c'est la trésorerie (et non les pertes) qui pose problème.

Instabilité de l'emploi. Désigne les relations d'emploi de faible durée, soit par décision du salarié, soit, plus fréquemment, par licenciement ou arrivée à son terme d'un contrat temporaire non renouvelé. Se mesure par la proportion de travailleurs qui ont changé d'emploi d'une année sur l'autre. Ne pas confondre avec insécurité de l'emploi (v. ce terme).

Institut d'émission. Banque à laquelle est confié le monopole de l'émission des billets. V. banque.

Institution. Ensemble des règles (formelles ou informelles) régissant une activité sociale déterminée. Il peut s'agir d'une langue, des coutumes, d'un ensemble de règles juridiques ou comportementales, etc. Montesquieu les définissait comme les « règles qui gouvernent les hommes ». Au pluriel (« les institutions »), est souvent pris au sens de « ensemble des règles qui régissent la vie politique » (la Constitution, les lois, etc.).

Institutionnalisation des conflits. Mise en place de procédures, de règles, de normes destinées à organiser, canaliser, réguler les conflits et reconnues par les parties en conflit. Cela passe par le droit du travail, la mise en place de procédures de négociation régulière et de représentation, les conventions collectives, etc. Toutes ces institutions ont la caractéristique de s'imposer aux parties, ce qui explique que le marché du travail ne soit pas un marché comme les autres.

Institutionnalisation du marché. Le marché n'est pas un phénomène naturel ; il est le produit de la mise en place d'institutions qui le construisent, l'organisent et le régulent. Par exemple, sans monnaie stable, sans poids et mesures fiables, sans normes techniques diverses, sans règles commerciales, le marché est freiné, voire empêché de fonctionner (cas des paniques). Ces institutions ne sont pas toujours produites par l'État, mais sans ce dernier, leur émergence devient problématique. C'est pourquoi toutes les économies de marché, même les plus libérales, sont, peu ou prou, marquées par des formes diverses d'intervention publique.

Institutions sans but lucratif au service des ménages (cn). V. ISBLSM.

Intégration. Au sens microéconomique, désigne le fait qu'une société fait partie d'un groupe dont d'autres filiales achètent l'essentiel de sa production, ou recourent à ses services. Au sens monétaire, l'intégration désigne une zone caractérisée par des taux de change fixes ou une monnaie commune. Au sens macroéconomique, désigne l'existence de fortes relations commerciales entre branches. Au sens comptable, l'intégration désigne le fait que les comptes d'une société incluent ceux de ses filiales ou participations. Au sens sociologique du terme, désigne le fait que des populations d'origine étrangère adoptent peu à peu la culture et les comportements du pays d'accueil (langue, habitudes sociales, fêtes, endogamie...). Si cela va jusqu'à l'abandon de la culture d'origine, on parle alors d'assimilation.

Intensification. Augmentation du rythme de travail au sein d'une entreprise. Peut désigner aussi le fait d'augmenter la production agricole par unité de surface (grâce à des engrais, des modes d'élevage, etc.).

Intéressement. Modalité facultative de rémunération conditionnelle en sus du salaire dans une entreprise, prévoyant une indexation sur un résultat. Se concrétise par un accord d'intéressement valable trois ans.

Intérêt. V. taux.

Intérêts moratoires. Intérêts dus parce qu'un paiement a été effectué avec retard par rapport à ce qui était prévu. Ne pas confondre avec *moratoire des intérêts.*

Intérim. Contrat commercial conclu entre une entreprise et une société d'intérim sur les conditions de la mise à disposition par cette dernière d'un travailleur ayant une qualification déterminée pour une mission et une durée déterminées (qui peut éventuellement être prolongée ou abrégée, selon des conditions fixées par le contrat). Le contrat de travail n'est donc pas passé entre le salarié et l'entreprise utilisatrice, mais entre le salarié et la société d'intérim, qui est l'employeur.

Intermédiation (taux d'). Au sens étroit, c'est la part des crédits bancaires dans le total des financements. Comme les intermédiaires financiers (banques, entreprises d'assurance, OPCVM) financent de plus en plus l'économie en achetant des titres (mobiliérisation des financements), on définit aussi un taux d'intermédiation large : part des financements intermédiés (crédits et achats de titres par des intermédiaires financiers) dans le total des financements. Alors que le taux étroit (indicateur de l'intermédiation bancaire) a reculé avec la croissance de la finance directe, le taux large est resté relativement stable. V. désintermédiation.

Intraconsommation (cn). Consommation intermédiaire de son propre produit par un producteur. La consommation intermédiaire d'électricité par EDF est une intraconsommation. Ne pas confondre avec autoconsommation.

Invention. Les découvertes scientifiques qui accroissent les connaissances (recherche fondamentale) permettent des inventions (nouveau produit, nouveau processus de production) qui relèvent plutôt de la recherche appliquée (v. R-D) et sont susceptibles d'être brevetées (v. brevet) ; l'*innovation* (v. ce terme) est, notamment, l'application d'une ou plusieurs inventions à des fins productives.

Investissement (définitions). En comptabilité privée, désigne toute acquisition qui augmente le stock des *immobilisations* brutes d'une entreprise (avant amortissements ou dépréciations), qu'il s'agisse de biens d'équipement, de bâtiments ou de terrains (immobilisations corporelles), de titres financiers (immobilisations financières) ou de brevets, marques, licences d'exploitation, etc. (immobilisations incorporelles). En comptabilité nationale, seules les immobilisations corporelles ainsi que les logiciels informatiques sont retenus et comptabilisés dans la *FBCF*. Est nommée investissement net (ou formation nette de capital fixe) la partie des investissements qui excède le montant des amortissements (en comptabilité privée) ou de la consommation de capital fixe (en comptabilité nationale). On distingue parfois les investissements de productivité (dont la finalité est d'augmenter l'efficacité du travail) et les investissements de capacité (qui visent à augmenter les quantités produites). Mais, dans la réalité, ces deux finalités vont souvent de pair. On appelle investissement de portefeuille les acquisitions de titres, par opposition aux investissements directs qui consistent en dépenses d'acquisition d'actifs matériels ou immatériels. En finance, on parle d'investissement socialement responsable (parfois abrégé en ISR) lorsque les décisions d'investissement matériel ou financier prennent en compte, outre la rentabilité espérée, également certains critères sociétaux (nature des productions effectuées), sociaux (façon dont est traité le personnel), environnementaux (par exemple, rejets de gaz à effet de serre) ou moraux (par exemple, caractère démocratique du pays dans lequel l'entreprise est implantée). Les banques d'investissement sont des organismes financiers spécialisés dans la gestion de fonds immobilisés pour une période fixée par contrat que des particuliers ou des organismes leur confient afin d'en obtenir le revenu le plus élevé possible.

Investissement (théories de l'). On investit pour produire davantage, ou moins cher, ou autre chose. La décision d'investir dépend de l'évolution anticipée de la demande de biens et de services (v. demande effective, accélération), de l'évolution du taux d'intérêt (v. productivité marginale d'un facteur), de l'évolution des salaires (par effet de substitution : une hausse des salaires peut inciter l'entrepreneur à remplacer des travailleurs par des machines), de l'évolution du profit (une hausse des profits rend l'investissement plus attractif et réduit les difficultés qu'une entreprise peut rencontrer auprès des banques pour financer ses projets d'investissement). Le débat entre économistes concerne l'ordre d'importance de ces différents facteurs, les keynésiens mettant en avant la demande effective, les néoclassiques le taux de profit ou le taux d'intérêt. Toutefois, il semble bien que les variations du taux de profit ont pour effet premier de modifier le partage de la valeur ajoutée davantage que d'influer sur le montant de l'investissement (sauf lorsque le taux de profit tombe si bas que les entreprises se contentent au mieux de renouveler leurs équipements usés ou obsolètes).

Investissement direct à l'étranger (IDE). Son objectif est le contrôle ou la création d'une entreprise à l'étranger. Il revêt plusieurs formes : opérations de création de succursales, achats de biens immobiliers, prêts à une filiale, achats d'actions d'une société lorsqu'il permet une participation d'au moins 10 % à son capital (seuil de contrôle retenu par la balance des paiements). Les bénéfices non rapatriés et réinvestis dans les filiales sont comptabilisés au titre des IDE (v. TRIM). Les autres opérations (dépôts bancaires, achats de titres...) relèvent de l'*investissement de portefeuille* dont l'objectif n'est pas le contrôle ou l'influence mais la rentabilité.

Investisseurs institutionnels. Terme impropre utilisé pour désigner des organismes chargés de gérer le flux d'épargne de certains acteurs et disposant de ce fait d'un portefeuille d'actions important : mais il s'agit alors de placement et non d'investissement financier puisque le but n'est pas de contrôler la société dont les actions sont achetées. Exemples : Caisse des dépôts, sociétés d'assurance vie, fonds de pension... On parle familièrement des « zinzins ».

Invisibles. Terme utilisé dans l'ancienne méthodologie d'établissement de la balance des paiements et désignant certains services (assurances, transport, redevances...), les paiements d'intérêts de prêts et les transferts unilatéraux (aide publique, rapatriement de salaires...).

ISBLSM (cn). Institutions sans but lucratif au service des ménages. Qualifiées autrefois d'administrations privées, il s'agit des organismes privés non marchands (associations, syndicats, organismes confessionnels...) qui rendent des services aux ménages et se financent par le paiement de cotisations, par des dons volontaires, des revenus de la propriété (fondations par exemple) et des transferts des administrations publiques.

Isolat. Unité socioculturelle restreinte à l'intérieur de laquelle s'effectue le choix du conjoint. V. homogamie.

J

Jachère. État d'une terre temporairement non cultivée.

Jeton de présence. Rémunération accordée aux administrateurs d'une société. Contrairement à ce que le terme pourrait laisser croire, les jetons de présence ne sont pas liés à la présence effective des administrateurs, mais à leur fonction. Leur montant est fixé par l'assemblée générale des actionnaires.

Jeu à somme nulle, positive. Un jeu à somme nulle est une situation dans laquelle la somme des gains obtenus est égale à la somme des pertes subies (exemple : *hold-up*) ; il est à somme positive si les gains l'emportent sur les pertes (commerce international) ; il peut être à somme négative.

Job search. Littéralement, « recherche d'emploi ». Théorie qui s'inscrit dans la problématique du chômage volontaire. Toute recherche d'emploi a un coût : le temps passé, les dépenses directes (démarches, lettres, téléphone, déplacements...), mais aussi le fait de refuser des emplois existants (donc de renoncer au revenu qu'ils assureraient) parce que l'on estime que l'on peut trouver mieux. Au fur et à mesure que le temps de recherche se prolonge, le demandeur d'emploi est amené à comparer ce coût à l'avantage de continuer à rechercher plutôt que d'accepter ce qu'il trouve : le coût croissant l'amène donc peu à peu à réviser à la baisse ses exigences et, à un moment donné, il finit par renoncer à poursuivre sa recherche d'emploi et par prendre un poste qu'il aurait initialement refusé. Le chômage ne résulte pas d'une insuffisance de postes, mais des exigences des chômeurs, supérieures aux rémunérations offertes pour les postes disponibles. Augmenter le coût de la recherche d'emploi est une bonne façon de faire disparaître ce chômage volontaire, c'est-à-dire d'inciter les demandeurs d'emploi à réviser rapidement à la baisse leurs prétentions excessives. Au contraire, lorsque les demandeurs d'emploi sont indemnisés, lorsque le coût de leurs démarches est pris en charge par la collectivité, ils vont continuer plus longtemps à chercher de meilleurs postes, dans l'espoir que ces postes existent mais qu'ils n'ont pas encore eu l'occasion de les rencontrer. La théorie du *job search* est donc à la frontière des approches néoclassiques (le chômage est volontaire) et de la concurrence imparfaite (l'information pertinente n'est pas connue de tout le monde, et il faut consacrer du temps et de l'argent pour la trouver, sans être certain d'y parvenir).

Joint-venture. Entreprise conjointe ; par exemple, constitution d'une filiale commune entre deux sociétés de nationalités différentes.

Juglar. V. cycles.

Junk bonds. Littéralement, « obligations pourries ». Titres d'emprunt émis par une société dont la probabilité de défaillance est relativement élevée, ce qui implique qu'elle le fasse à des taux d'intérêt nettement supérieurs à ceux pratiqués sur le marché si elle veut parvenir à les placer. Les obligations anciennes émises par une société peuvent devenir des *junk bonds* si celle-ci connaît des difficultés. La valeur marchande de revente de ces titres baisse alors fortement, ce qui en augmente la rentabilité puisque l'intérêt servi ne change pas tant que la société respecte ses obligations, et des organismes financiers spécialisés prennent alors le risque de les acheter.

Juste-à-temps (JAT). Principe d'organisation de la production (d'origine japonaise), selon lequel les produits ne doivent être livrés ni trop tôt ni trop tard à leur destinataire (méthode des *flux tendus*). Le *kanban* (fiche cartonnée en japonais) est l'élément qui, en circulant, informe l'amont qu'une unité de production située en aval a ponctionné un stock, ce qui déclenche un ordre de production. Cela suppose une grande flexibilité dans la production et la livraison, mais aussi une exigence de qualité totale (les produits livrés doivent l'être à l'instant prévu et selon les spécifications fixées), pour éviter tout arrêt dans la chaîne de production aval.

Justice. V. théorie de la...

Kaizen, kanban. V. juste-à-temps.

Keiretsu. Signifie « lignage » en japonais. Les *keiretsu* sont des conglomérats puissants et durables d'entreprises industrielles, commerciales et financières. On peut parler de groupes implicites dans la mesure où ils ne correspondent pas nécessairement à un cadre formel (de type *holding*) mais à un *réseau* dans lequel les liens financiers (participations croisées) sont secondaires. L'instance informelle principale est un club des P-DG des entreprises du *keiretsu*. Trois entreprises jouent un rôle fondamental dans le réseau : une banque commerciale (*city bank*), une maison de commerce (*sogoshosha*) et, généralement, un groupe de l'industrie lourde. Les contours des *keiretsu* recoupent largement ceux des anciens conglomérats industriels nommés *zaibatsu* et interdits en 1945 parce que soupçonnées d'avoir encouragé l'impérialisme nippon.

Kennedy Round. V. GATT.

Keynésianisme. Ensemble des analyses économiques (et des politiques économiques qui en sont issues) puisant leurs racines dans l'œuvre de Keynes. Le keynésianisme repose principalement sur deux piliers : l'existence d'un chômage involontaire non lié à la rigidité des salaires et le rôle actif joué par la monnaie, deux éléments qui empêchent le marché d'être autorégulateur. L'État joue donc un rôle important dans le keynésianisme, même si certains keynésiens estiment que ce rôle ne devrait jouer que pour régulariser l'activité économique, et non de façon permanente.

Kolkhoze. Coopérative agricole soviétique mais dont la terre appartenait à la collectivité.

Kondratieff. V. cycles.

Konzern. Terme allemand désignant après la Première Guerre mondiale un groupe d'entreprises participant ou non à un même processus de production et à l'intérieur duquel les participations croisées sont nombreuses.

Krach. Effondrement brutal d'un ou de plusieurs marchés financiers. La liquidité fait alors défaut, c'est-à-dire que personne ne veut plus acheter de peur de ne plus pouvoir revendre. Tout le monde préfère alors détenir de la monnaie, seul actif liquide. Ceux qui en détiennent ne veulent plus s'en séparer, ceux qui ont des titres cherchent à tout prix à les céder contre de la monnaie avant qu'il ne soit trop tard. La demande de titres devient nulle, tandis que l'offre devient infinie. La seule façon d'en sortir est que la banque centrale, faisant office de prêteur en dernier ressort (v. banque), accepte d'approvisionner en monnaie (liquidité), sans conditions et à coût faible ou nul, les organismes chargés de veiller au bon fonctionnement des marchés, de sorte que ces derniers rachètent tous les titres à vendre jusqu'à ce que la confiance revienne. Cela n'empêche pas la baisse des prix, mais en limite l'ampleur et permet de sortir du *krach*, puisque les détenteurs de titres sont assurés qu'ils ne resteront pas « collés », c'est-à-dire dans l'incapacité de vendre leurs titres s'ils désirent s'en séparer. Le *krach* de septembre 1929 est évidemment le plus connu : il s'est développé justement à cause du refus des banques centrales concernées (la Fed — v. ce terme —, banque centrale des États-Unis, au premier chef) de jouer les prêteurs en dernier ressort. La leçon n'a pas été perdue : en août 2008, quand la crise des *subprime* a provoqué un *krach* boursier, les autorités publiques ont approvisionné largement les marchés en liquidités.

L

Laffer. V. courbe de...

Laisser-faire. Terme symbolisant le libéralisme économique, tiré d'une expression de Vincent de Gournay (1712-1759) : « Laissez faire les hommes, laissez passer les marchandises », reprise par Turgot (1727-1781). Le laisser-faire repose sur l'hypothèse que l'action de chacun en vue de son propre intérêt finit par concourir à l'intérêt de tous. Cette hypothèse est résumée par l'expression d'Adam Smith (1723-1790), la « main invisible », tirée de *La Richesse des nations* (1776) à propos des chefs d'entreprise (essentiellement commerçants et artisans à l'époque) : « En dirigeant [son entreprise] de manière à ce que son produit ait le plus de valeur possible, il ne pense qu'à son propre gain ; en cela, comme en beaucoup d'autres cas, il est conduit par une main invisible à remplir une fin qui n'entre nullement dans ses intentions. » Cette « harmonie des intérêts », pour reprendre l'expression de Frédéric Bastiat (1801-1850), est à la base du libéralisme économique (v. ce terme).

LBO. *Leverage Buy-Out.* Littéralement, « achat par levier ». Utilisation du levier d'endettement (v. effet de levier de l'endettement) par un organisme financier ou un *raider* (v. ce terme) pour racheter à crédit une entreprise, soit pour la revendre par petits morceaux plus cher, soit pour la restructurer afin d'accroître sa rentabilité économique et ainsi lui faire payer les mensualités du crédit obtenu. Ne pas confondre avec le LMBO (v. RES).

Lean production. Littéralement « production maigre » (comprendre « allégée de tous les coûts non indispensables »). Désigne parfois aussi le recentrage sur le cœur de métier par externalisation ou sous-traitance. V. toyotisme.

Leasing. V. crédit-bail.

Légalité. Conformité au droit.

Légitimité. À distinguer de la légalité. Une situation est légitime lorsqu'elle est acceptée par ceux qui en subissent les conséquences. Max Weber (1864-1920) a étudié les fondements de la légitimité du pouvoir (v. domination). D'une façon générale, les sociologues prêtent une grande attention à la légitimation, c'est-à-dire à l'ensemble des processus par lesquels les dominants parviennent à se faire reconnaître et accepter par les dominés.

Lettre de change. Ou traite. Titre par lequel un fournisseur (le *tireur*) donne l'ordre à son client (le *tiré*, un commerçant ou une entreprise) de payer une certaine somme à une certaine date à une troisième personne, la banque du fournisseur par exemple (le *porteur* ou *bénéficiaire*). V. escompte.

Libéralisation. Fait de réduire l'intervention publique (sous forme de règles, de surveillance ou de monopole public) dans l'économie en général ou dans un secteur d'activité en particulier (exemple : la libéralisation du transport aérien) au bénéfice d'une concurrence entre plusieurs acteurs privés. Se dit aussi du commerce international, lorsque l'on se rapproche du libre-échange (v. ce terme), par la suppression ou la réduction d'obstacles douaniers, réglementaires ou fiscaux. Repose sur la conviction que le marché est un meilleur régulateur que l'intervention publique. Souvent vraie au niveau d'une entreprise, parfois au niveau d'une branche, cette assertion ne l'est pas toujours au niveau d'un pays ou d'un ensemble de pays, dans la mesure où les ajustements imposés par le marché peuvent avoir des effets inattendus, ou provoquer des déséquilibres croissants.

Libéralisme. Ensemble de doctrines qui ont en commun d'affirmer la prééminence de la liberté individuelle sur les autres valeurs sociales (solidarité, égalité, justice sociale...), même si, dans le détail, des nuances parfois essentielles séparent les différents courants qui se réclament du libéralisme, les uns allant jusqu'à contester l'existence même d'un État (v. libertarisme), d'autres acceptant certains compromis entre liberté et justice sociale par exemple. En matière politique, le libéralisme repose sur l'affirmation de droits personnels inviolables (liberté de pensée, d'association, d'expression), concrétisés par des règles et des procédures que l'État doit respecter de façon impérative (État de droit, règles de justice, etc.), ce qui explique que, aux États-Unis par exemple, « libéral » désigne plutôt la gauche démocratique. En matière morale, le libéralisme repose sur l'affirmation du droit à la différence et de la tolérance, les convictions de chacun étant affaire privée. En matière économique, le libéralisme repose sur le droit absolu de propriété et la conviction que l'échange libre est nécessaire et suffisant pour instaurer une société harmonieuse, chacun recevant une part proportionnée à ce qu'il a apporté, et tout empiètement de l'État étant générateur de troubles et d'inefficacité. Dans ses affirmations extrêmes (Hayek), le libéralisme économique récuse donc le concept de justice sociale, car toute modification du partage issu du marché est une atteinte à la liberté et un obstacle à l'efficacité.

Libération du capital. Fait, pour un actionnaire, de verser effectivement les fonds correspondant à sa participation au capital d'une société lors de la création de celle-ci ou d'une augmentation du capital.

Libertarisme. Doctrine éthique qui défend le droit de chaque personne à la propriété d'elle-même et des choses qu'elle a créées ou dont elle est devenue propriétaire légitime. Le libertarisme correspond à une conception non pas « conséquentialiste » mais « procédurale » de la justice : il n'apprécie pas la justice d'une institution ou d'une situation en fonction de leurs conséquences (comme l'utilitarisme), mais en se demandant si elles résultent du respect d'un système cohérent de droits de propriété (droit de chaque personne à la propriété d'elle-même, etc.). Les libertariens sont souvent des partisans de l'*anarcho-capitalisme* (capitalisme dans lequel la fonction de l'État est réduite à la défense des droits de propriété) et sont souvent considérés comme des ultralibéraux. V. droits de propriété, théorie de la justice, utilitarisme.

LIBOR. *London Interbank Offered Rate.* Taux d'intérêt pratiqué entre banques sur le marché monétaire de la place de Londres et souvent utilisé comme base de référence pour les taux d'intérêt variables. Le taux pratiqué à Paris est dit PIBOR (*Paris...*).

Libre-échange. Absence de tout obstacle douanier, fiscal ou réglementaire dans les échanges internationaux. Est considéré par les libéraux comme la situation optimale, permettant une « concurrence libre et non faussée ». V. avantages comparatifs.

Licence. Cession temporaire à un tiers du droit d'utiliser un *brevet* (v. ce terme) moyennant paiement d'une redevance (*royalties*).

Licenciement. Rupture du contrat de travail à l'initiative de l'employeur, soumise à de strictes conditions par le code du travail. Pour les contrats à durée déterminée (CDD), cette rupture est interdite sauf cas de faute professionnelle.

Lien de subordination. V. contrat de travail.

Lien social. Chez le sociologue allemand Ferdinand Tönnies (*Communauté et société*, 1887), cette notion exprimait ce qui différencie la société et la *communauté* (v. ce terme), le lien social étant très intense dans cette dernière. La notion, très vague, fait partie du vocabulaire élémentaire de l'homme politique qui disserte sur la « perte du lien social » ou la « rupture du lien social ».

LIFFE. *London International Financial Futures Exchange.* Grand marché financier à terme, fait partie d'Euronext (v. ce terme).

Lignage. Ensemble des individus descendant d'un ancêtre commun. Le lignage correspond souvent à cinq ou six générations. V. clan.

Liquidation judiciaire. V. dépôt de bilan.

Liquidité. La liquidité d'un *actif* est la capacité de celui-ci à être transformé en moyens de paiement sans délais, sans coûts et à valeur certaine. Seule la monnaie est parfaitement liquide (dans la zone où elle est reconnue, ce qui explique qu'elle soit parfois désignée par le terme « liquidités »). Les autres actifs sont plus ou moins liquides en fonction de leurs caractéristiques propres et de la conjoncture. La notion de valeur certaine est essentielle : un actif convertible en monnaie sans coûts, sans délais mais à un prix ridicule n'est pas liquide. Les *risques de marché, de change et de taux* menacent la liquidité y compris pour les titres émis à taux fixes. L'illiquidité désigne la difficulté — plus ou moins grande — à transformer un actif en monnaie. V. cours d'une obligation, préférence pour la liquidité, termes en italique.

Liquidités internationales. Réserves officielles des banques centrales (or, devises, DTS) et monnaies utilisées par les agents privés dans leurs transactions internationales. V. eurodevises, DTS.

Livret d'épargne. Forme d'épargne sans risque et totalement liquide (retrait possible à tout moment du montant placé majoré des intérêts), autrefois matérialisée par la remise à l'épargnant d'un livret sur lequel étaient notées les opérations de versement ou de retrait, ainsi que le montant des intérêts acquis.

LMBO. V. RES.

Lobby. Terme anglais désignant un groupe de pression économique.

Lock-out. *To lock out,* « mettre à la porte ». Fermeture d'un établissement, d'une entreprise par l'employeur pour s'opposer à des revendications, par exemple pour briser une grève. Illégal.

Loi antitrust. Type de loi ayant pour objet de limiter ou réduire la concentration économique. Mises en place aux États-Unis à la fin du XIXe siècle pour limiter la puissance des grandes entreprises parce qu'elles risquaient de nuire aux consommateurs et à la société dans son ensemble, ces lois ont été reprises sous des formes diverses dans la plupart des pays. En France, tout projet de fusion ou de prise de contrôle est soumis à autorisation préalable s'il est susceptible de conduire à une position dominante (plus de 30 % du marché national d'un produit déterminé). En outre, une *Autorité de la concurrence* est chargée de réprimer les éventuels accords occultes passés entre firmes pour réduire la concurrence entre elles (partages de marché, prix concertés, etc.).

Loi d'airain (des salaires). *D'airain* signifie implacable (l'airain est du bronze). L'expression a été inventée par le socialiste allemand Ferdinand Lassalle (1825-1864) pour caractériser le fait que le salaire se fixe en moyenne à un niveau qui ne dépasse pas ce qui est nécessaire à la subsistance et à la reproduction des travailleurs compte tenu des habitudes nationales. S'il dépasse ce niveau, la mortalité diminue ; l'augmentation de l'offre de travail qui s'ensuit fait baisser le salaire. Un mécanisme de sens contraire a lieu lorsque le salaire descend en dessous du salaire de subsistance.

Loi d'Engel. Statisticien allemand (à ne pas confondre avec Friedrich Engels, le collaborateur de Marx), Engel a établi en 1857 que plus le revenu d'un ménage augmente, moins la part de ses dépenses alimentaires dans son budget est élevée.

Loi de financement de la Sécurité sociale. Loi par laquelle le Parlement, chaque année depuis 1995, vote le montant des recettes et des dépenses des organismes publics de Sécurité sociale, et fixe l'objectif national des dépenses d'assurance maladie (ONDAM). S'il apparaît que l'évolution en cours d'année progresse plus vite que ne le prévoit l'ONDAM, l'État est tenu de présenter des mesures pour freiner le rythme.

Loi de finances. Prévoit et autorise chaque année l'ensemble des recettes et des dépenses de l'État. Peut être modifiée en cours d'année par une (ou plusieurs) *loi de finances rectificative* (souvent appelée *collectif budgétaire*). Son exécution est contrôlée à l'occasion d'une *loi de règlement.*

Loi de Gresham. Laconiquement résumée par : « La mauvaise monnaie chasse la bonne. » Lorsque deux monnaies circulent dans un pays, celle qui est considérée comme mauvaise est utilisée par les agents pour leurs paiements parce qu'ils essaient de s'en débarrasser. Du coup, la bonne ne circule plus et disparaît en tant que monnaie active. Pour un démenti, v. dollarisation.

Loi de King. Du nom de l'agronome britannique qui, au XVIIe siècle, la formula. En raison de la rigidité de la demande de produits (agricoles) de première nécessité, une variation minime de l'offre de ces derniers est susceptible d'entraîner une variation très importante de leurs prix.

Loi de la valeur. Dans l'analyse de Marx (1818-1883), désigne le fait que, dans une économie de marché, toute marchandise tend à se vendre en fonction de la quantité de travail qu'elle incorpore. En réalité, si de nombreuses polémiques ont entouré ce concept marxiste, c'est en raison de son imprécision. Une même quantité de travail (mesuré en heures) peut cacher des qualités de travail très différentes : l'heure de l'ingénieur n'a pas la même efficacité que celle du manœuvre. Marx s'en tire par une pirouette : l'heure de travail qualifié, écrit-il, est un multiple de l'heure de travail ordinaire. Mais comment mesurer ce multiple sinon à partir des grandeurs du marché ? Ce qui revient à dire que la valeur d'une marchandise ne dépend plus seulement des quantités de travail qu'elle contient, mais aussi de la valorisation que le marché attribue aux différentes qualifications de travail requises pour la production de cette marchandise. Quant à la deuxième source de polémique, elle provient du fait que toutes les marchandises ne requièrent pas la même proportion de travail direct (heures de travail) et de travail indirect (utilisation de biens intermédiaires et de biens d'équipement). Or, si le capitaliste veut obtenir le même rendement sur tous les capitaux qu'il met en œuvre, plus il utilise de travail indirect, plus il immobilise de fonds, donc plus il doit faire payer cher ce qu'il vend. Le prix de marché n'est plus simplement déterminé par la quantité de travail incorporée, mais aussi par le caractère plus ou moins capitalistique du processus de production. Ce point de vue, développé par Marx lui-même sous l'expression « prix de production », implique donc que la loi de la valeur ne détermine pas directement et automatiquement le prix du marché pour un bien ou une branche en particulier.

Loi de l'offre et de la demande. « Loi » économique sans doute la plus souvent invoquée (mise en diagramme par Alfred Marshall), qui consiste à soutenir que, en économie de marché, tout écart entre offre et demande d'un bien sur un marché engendre des mouvements de prix compensateurs jusqu'à ce que les deux grandeurs s'égalisent : les prix montent en cas d'insuffisance de l'offre (suscitant une stimulation de l'offre et une diminution de la demande) et diminuent dans le cas inverse, jusqu'à ce que soit atteint un prix d'équilibre, celui auquel les deux grandeurs sont égales. Dans la réalité, les obstacles à ce mouvement d'équilibre sont nombreux, soit parce qu'il faut du temps pour que l'offre s'ajuste, soit parce que la concurrence est imparfaite, soit parce que la publicité modifie les comportements des acheteurs, soit parce que le réajustement des prix coûte cher et ne peut avoir lieu que de loin en loin (par exemple, le prix d'un journal ne peut pas être réajusté chaque jour en fonction de ses ventes). V. marché.

Loi de population. Formulée par Thomas Robert Malthus (1766-1834) sous le nom de « principe de population », elle consiste à soutenir que l'accroissement spontané d'une population (humaine ou animale) est toujours supérieur à celui des ressources dont elle a besoin pour vivre. La population humaine, selon Malthus, tend à croître à allure géométrique (si elle double tous les vingt ans, par exemple, elle va passer de 1 à 2 en vingt ans, puis de 2 à 4 au cours des vingt années suivantes, puis de 4 à 8 au cours des vingt années suivantes, etc.), tandis que les ressources agricoles tendent à croître à allure arithmétique (au cours de chaque période, l'augmentation est toujours la même en valeur absolue : les vingt premières années, la production passera de 1 à 2, puis de 2 à 3 au cours des vingt années suivantes, etc.). L'écart entre les deux courbes ne peut donc se réduire que par une mortalité accrue des hommes ou par « restriction volontaire », c'est-à-dire mariage tardif, voire absence de mariage pour les plus pauvres, estimait Malthus.

Loi de Say, loi des débouchés. Énoncée par Jean-Baptiste Say (*Traité d'économie politique*, 1803), vulgarisateur d'Adam Smith. Elle affirme que « les produits s'échangent contre les produits » : *dès qu'il a vendu son produit*, le producteur en achète un autre ; il n'y a ainsi aucun problème de débouchés. Autrement dit : 1) les phénomènes monétaires n'interfèrent pas avec l'activité économique réelle (la monnaie n'est qu'un voile, qu'un intermédiaire neutre, il y a dichotomie entre le réel et le monétaire) ; 2) les crises de surproduction générale sont impossibles. Le problème est évidemment la phrase en italique, qui suppose le problème résolu. Loi combattue par Malthus, Marx et Keynes. V. théorie quantitative.

Loi naturelle. V. droit naturel.

Loi positive. V. droit positif.

LOLF. Loi organique relative aux lois de finances, adoptée en 2001, appliquée depuis 2006. Le budget de l'État n'est plus adopté par ministère, mais découpé en 34 missions (dont certaines sont interministérielles), chaque mission étant découpée en programmes (133 au 1er janvier 2006), chaque programme à son tour étant découpé en actions, avec définition d'indicateurs de résultats pour chacune, de manière à ce que le Parlement, qui vote le budget, puisse décider de modifier les crédits affectés à un programme. Chaque responsable de programme désigné a toute liberté pour affecter les crédits de ce programme à une action ou à l'autre. Parallèlement, l'État doit publier chaque année un bilan et un compte de résultats, certifiés par la Cour des comptes. Le but de l'opération est de permettre d'analyser le coût des différentes actions publiques engagées ou financées par l'État.

Lomé (convention de). V. convention de Cotonou.

Longitudinal. En démographie, l'analyse longitudinale suit le parcours réel d'une génération pendant sa durée de vie ; la notion de descendance finale s'inscrit dans cette logique. Elle s'oppose à l'analyse transversale qui opère en quelque sorte une coupe instantanée en s'intéressant aux phénomènes relatifs à toutes les générations pendant une année donnée ; l'indicateur conjoncturel de fécondité relève d'une perspective transversale. Cette opposition est importante pour l'analyse de certains phénomènes démographiques ou sociaux. Par exemple, l'évolution des taux d'activité féminins.

Lotka (loi de). Dès 1934, Alfred Lotka démontre que les populations fermées (c'est-à-dire sans migrations) tendent vers une composition par âge invariable si elles sont soumises à des conditions de fécondité et de mortalité identiques et constantes. On parle de population *stable* lorsque la structure par âge est invariable, mais cette caractéristique est compatible avec une croissance de la population. Une population stationnaire est une population stable dont l'accroissement naturel est nul.

Loyers imputés (cn). Anciennement : loyers fictifs. Ceux que sont censés se verser les ménages qui occupent un logement dont ils sont propriétaires. Ils augmentent leur revenu et leur consommation. Ce qui a pour inconvénient de faire progresser le revenu disponible des ménages plus vite que le seul revenu monétaire de ces derniers, en raison de l'augmentation de la proportion des ménages propriétaires occupants de leur logement et de l'augmentation relative de ce poste (indexé sur le montant des loyers effectifs) : les loyers imputés représentaient 3 % du revenu disponible des ménages en 1959, mais 12,3 % en 2009.

Lutte des classes. Karl Marx (1818-1883) y voit le moteur de l'histoire : la lutte des classes a des racines économiques (exploitation), mais c'est en luttant que les classes prennent conscience d'elles-mêmes ; il faut distinguer le fondement de la lutte des classes (la structure économique) et les formes particulières qui se situent aux niveaux juridique, politique, culturel, idéologique ; l'issue de la lutte des classes entre la bourgeoisie (propriétaire des moyens de production) et le prolétariat (classe de ceux qui ne peuvent survivre qu'en vendant leur force de travail) est une société sans classes (le communisme). V. classes sociales, domination, idéologie, mode de production.

M1, M2, M3. V. agrégat monétaire.

Maastricht (traité de). V. Union européenne, critères de convergence.

Macroéconomie. Approche qui consiste à analyser les relations entre quantités globales (agrégats).

Main invisible. Expression due à Adam Smith, souvent interprétée comme symbolisant l'idée que le marché, à l'insu de chacun des participants, contribue à orienter les décisions des uns et des autres au profit de l'intérêt d'ensemble. Il n'existerait donc aucune opposition entre intérêt individuel et intérêt collectif, ce qui est l'une des affirmations centrales du libéralisme économique. V. libéralisme.

Maison mère. V. filiale.

Malthusianisme. Dans sa « loi de population » (v. ce terme), Malthus faisait de la pauvreté et de la faim le résultat inévitable d'une croissance plus forte du nombre des hommes que de leurs ressources : il préconisait donc de lutter contre ces fléaux par l'abstinence sexuelle, seule façon, selon lui, de réduire les naissances. Le malthusianisme désigne aujourd'hui plus largement les politiques qui voient dans la croissance (du nombre des hommes, du nombre des travailleurs, de la concurrence ou des quantités produites) la source des difficultés économiques ou sociales et qui cherchent donc à freiner ces évolutions en restreignant l'offre. Longtemps brocardées, ces politiques « malthusiennes » retrouvent une certaine crédibilité en raison des effets destructeurs de certaines formes de croissance économique.

Management. Anglicisme désignant un mode de direction qui cherche à atteindre un objectif stratégique tout en prenant en compte l'ensemble des contraintes existantes (financières, humaines, organisationnelles...).

Mandant-mandataire. V. agence.

Marché. Originellement, endroit où se confrontent l'offre et la demande pour un produit donné. Cette signification est encore usitée, par exemple dans l'expression « faire son marché » ou lorsqu'on parle d'« aller au marché » (sous-entendu des fruits et légumes, et des produits vendus sur les étals). Par extension, le terme en est venu à désigner l'offre et la demande pour un produit déterminé, sans considération de lieu (on parle ainsi du marché de l'automobile, ce marché étant en réalité composé d'une multitude d'intervenants séparés géographiquement : concessionnaires, petites annonces, garagistes...). Par extension toujours, le terme désigne, de façon encore plus générale, un mode de fixation des prix par confrontation d'une offre et d'une demande séparées (v. économie de marché). Il y a marché lorsque la confrontation de l'offre et de la demande engendre des fluctuations de prix, lesquelles, à leur tour, peuvent provoquer des changements dans le montant de l'offre et/ou dans celui de la demande. C'est ce mécanisme d'ajustement qui, aux yeux des libéraux, a des vertus équilibrantes et fournit à chaque intervenant une information précise qui détermine son comportement. V. loi de l'offre et de la demande.

Marché à terme. Marché sur lequel se négocient des *contrats à terme* (en anglais *futures*) qui permettent de se prémunir contre les *risques de change, de marché et de taux* (v. ces termes). Exemple : j'achète aujourd'hui (à un prix convenu aujourd'hui) un produit (devises, instruments financiers, valeurs mobilières, commodités diverses : café, soja, carcasse de porc, sucre...) livrable et payable dans six mois. Trois types d'acteurs interviennent sur un tel marché : celui qui veut se protéger contre un risque (le paysan qui vend à terme dès maintenant son blé pour être certain du prix), on dit qu'*il est en couverture de risque* ; celui qui affronte le risque (il achète dès maintenant parce qu'il prévoit une hausse du prix du blé dans le futur), on l'appelle le *spéculateur* ; celui qui profite des *imperfections temporaires* du marché et décide en quelques secondes d'opérations qui lui font réaliser un profit *sans aucun risque* (par exemple, il vend à terme du blé qu'il livrera grâce à du blé qu'il achète simultanément au comptant avec de l'argent qu'il emprunte aujourd'hui), on l'appelle l'*arbitragiste* (son intervention fait disparaître provisoirement les imperfections). Les marchés à terme organisés fonctionnent avec des chambres de compensation qui veillent à la bonne exécution des contrats passés et des règles. Mais des marchés spontanés, sans règles précises, dits OTC (*over the counter*), se sont beaucoup développés depuis une vingtaine d'années et sont devenus de hauts lieux d'une spéculation débridée, au point qu'ils portent une part de responsabilité non négligeable dans la crise financière de 2008.

Marché commun. Nom donné à la Communauté économique européenne.

Marché de capitaux. Ensemble des marchés financiers à long terme sur lesquels peuvent être levées des sommes d'argent en échange de titres (actions ou obligations) cessibles à des tiers.

Marché des changes. Les offres et les demandes de devises se rencontrent sur ce marché (au comptant ou à terme). D'après la BRI, les transactions quotidiennes (2004) dépassent 1 900 milliards de dollars (soixante fois la valeur quotidienne du commerce international).

Marché du travail. Selon les néoclassiques, mécanisme qui permet l'équilibre entre l'*offre de travail* (ou demande d'emploi) et la *demande de travail* (ou offre d'emploi), moyennant des fluctuations du prix du travail (ou salaire). V. chômage involontaire, demande effective, équilibre de sous-emploi, termes en italique.

Marché financier. V. marché de capitaux, marché primaire, marché secondaire.

Marché hypothécaire. Marché sur lequel se négocient les hypothèques, permettant ainsi aux organismes finançant le logement de se refinancer. C'est à partir de ce marché qu'est née la titrisation (v. ce terme).

Marché interbancaire. Appelé en France marché monétaire avant 1985. Marché réservé à la Banque de France, au Trésor, aux établissements de crédit et assimilés qui s'accordent mutuellement des crédits pour assurer l'équilibre de leur trésorerie. Les crédits en question sont accordés contre des garanties (« mises en pension »), consistant en remise provisoire de titres à échéance courte ou moyenne (de quelques jours à moins de deux ans) d'un montant unitaire élevé (plus de 200 000 euros) : *bons du Trésor négociables* dans le cas de l'État, *certificats de dépôts négociables* dans celui d'une banque, *billets de trésorerie* dans le cas de titres émis par une entreprise. La crise de 2008 s'est traduite par une paralysie du marché interbancaire, les banques détenant de la liquidité refusant de prêter à celles qui en demandaient, de crainte que les titres mis en pension soient en réalité sans valeur ou illiquides (difficilement négociables sans forte baisse de prix). C'est donc la Banque centrale européenne qui, assumant son rôle de prêteur en dernier ressort (v. banque), a refinancé les banques en panne de liquidités, évitant ainsi une panique bancaire.

Marché interne. En économie du travail, désigne le fait qu'une entreprise ou un ensemble d'entreprises appartenant au même groupe font appel prioritairement aux salariés en place pour pourvoir les postes inoccupés ou reclassent en interne les salariés dont le poste est supprimé. Pour les salariés concernés (appelés *insiders*, v. ce terme), l'insécurité de l'emploi est moindre ; pour les entreprises, les risques d'appariement incorrect entre poste et salarié sont moindres. Mais, en privilégiant ainsi la mobilité interne, l'entreprise tend à écarter les *outsiders* qui cherchent un emploi.

Marché monétaire. V. marché interbancaire, taux du marché monétaire.

Marché noir. Marché inorganisé et, en général, clandestin, sur lequel s'effectuent des transactions de gré à gré sur des produits pour lesquels le marché organisé et officiel n'existe pas.

Marché primaire. Émissions de titres nouveaux (actions, obligations...) avec le concours de banques qui placent les titres moyennant des commissions.

Marché public. Procédure d'appel d'offres obligatoire lorsque l'État, une collectivité territoriale ou un établissement public procèdent à un achat supérieur à 125 000 euros.

Marché secondaire. Lieu où s'effectue la négociation des titres déjà émis ; la Bourse est un marché secondaire. On parle aussi de marché secondaire à propos des créances sur certaines entreprises ou sur certains pays surendettés que les banques revendent à bas prix pour « nettoyer » leurs bilans.

Marché unique. Instauré en vertu de l'Acte unique européen (v. ce terme), est réalisé depuis 1993. *Union douanière* dans laquelle sont supprimés toutes les disparités réglementaires (normes techniques, sanitaires...) et tous les obstacles à la libre circulation des produits. Permet la *libre prestation de service* (possibilité pour un Français de s'assurer en Belgique, de faire appel aux services d'une banque anglaise non installée en France...) et la mobilité du capital et du travail. V. politique de la concurrence.

Marchéisation (du financement). Désigne à la fois le fait qu'une part croissante des financements d'entreprise ne s'effectue plus avec des crédits bancaires, mais par des émissions de titres (v. intermédiation), et le fait que le taux auquel s'effectuent les financements bancaires est de plus en plus indexé sur ceux du marché des titres, en raison de la concurrence que les emprunteurs font jouer.

Marchés contestables (théorie des). Proposée en 1982, notamment par William J. Baumol. Essaie de montrer que, sous certaines conditions, des situations comportant peu d'entreprises peuvent être concurrentielles en raison des menaces d'entrée d'entreprises supplémentaires que risqueraient d'entraîner des comportements non concurrentiels.

Marge. Écart entre un prix et un coût (en comptabilité, le coût est dénommé « charge », v. ce terme). V. taux de marge.

Marge (comportement de). Celui adopté par l'entrepreneur pour fixer son prix de vente. On parle de *mark-up* lorsque les prix de vente sont fixés pour être la somme des coûts de production et d'une marge (EBE, bénéfice) proportionnelle à ceux-ci. La modification du comportement de marge influe sur les effets des changements de parité monétaire. V. dévaluation.

Marge arrière. Nom habituel donné aux rétrocommissions, c'est-à-dire à l'ensemble des ristournes, remises et contributions diverses (aux opérations de promotion par exemple) dont une enseigne qui distribue des produits bénéficie de la part de leur producteur. Elle tire son nom du fait qu'elle est calculée après coup : de ce fait, le coût d'approvisionnement pour le distributeur est moindre que le coût d'achat. La position de quasi-monopole de certaines centrales d'achat et l'importance de ces marges (qui peuvent atteindre jusqu'à 30 % du coût d'achat) ont amené l'État à légiférer dans ce domaine (loi Chatel), notamment en permettant, lors des opérations de promotion ou les soldes, de fixer les prix de vente au coût d'achat minoré des marges arrière, alors que précédemment ils ne pouvaient être inférieurs au coût d'achat sous peine d'être considérés comme des ventes à perte, interdites.

Marge commerciale. Écart entre le prix de vente et le prix d'achat des marchandises revendues en l'état. Ne pas confondre avec le bénéfice, le résultat ou le profit, car la marge commerciale doit permettre au commerçant de couvrir les coûts autres que ceux des marchandises (fonctionnement du magasin, impôts, masse salariale des éventuels salariés...), alors que le résultat, ou bénéfice, est ce qui reste une fois tous ces coûts couverts.

Marge de fluctuation. Dans un système de changes fixes, ampleur maximale autorisée des écarts qui peuvent exister entre le cours d'une devise sur le marché des changes et l'étalon auquel se rattache cette devise : le pays qui gère la devise en question a l'obligation d'en maintenir le taux de change vis-à-vis de cet étalon à l'intérieur de cette marge maximale autorisée.

Marginalisation. Fait d'être mis en marge en raison d'un comportement déviant. V. déviance, exclusion.

Marginalisme. Approche économique postulant que l'offre d'un bien est, en régime de concurrence parfaite, déterminé par son coût marginal, c'est-à-dire le coût de la dernière unité produite, tandis que la demande est déterminée par l'utilité marginale, c'est-à-dire le prix issu de l'utilité tirée de la dernière unité achetée. Il s'agit d'une approche de type microéconomique, puisqu'on ne s'intéresse qu'aux acheteurs et producteurs marginaux, ceux qui permettent d'atteindre l'équilibre et qui, finalement, déterminent le prix. V. vente au coût marginal.

Marginalité. Situation *choisie* par certains groupes ou individus pour vivre en fonction de valeurs rejetées par la société.

Marketing. En français, « mercatique ». Ensemble des études et des actions visant à faire en sorte qu'un ensemble d'acheteurs visés (la « cible ») devienne acheteurs effectifs d'un produit. Les principales composantes du marketing sont les études de marché (quelle est la cible visée, quelle est son importance, quels sont les concurrents, quelle est leur politique commerciale), le choix d'un canal de distribution, la politique de prix et l'accompagnement publicitaire. V. productivité marginale.

Mark-up. V. marge (comportement de).

Marque de distributeur. Produit fabriqué par un sous-traitant pour un distributeur qui le vend soit sous son nom (Carrefour, Décathlon, Monoprix, etc.), soit sous une marque qui lui est propre (Repère, Reflets de France, Tex...), ce qui permet de faire l'économie d'une grande partie des coûts de marketing, donc de pouvoir le vendre moins cher dans les rayons du distributeur alors même que la marge dégagée est égale, voire supérieure à celle des autres produits de marque.

Marshall-Lerner. V. élasticités critiques.

Masculinité. Il naît toujours à peu près 105 garçons pour 100 filles. Le taux de masculinité des naissances est donc de 51 %.

Masse monétaire. Ensemble des moyens monétaires utilisables à un instant donné dans une économie. Se mesure par M1 (masse monétaire au sens strict), M2 (incluant aussi la quasi-monnaie) ou par M3 (masse monétaire au sens large). V. agrégat monétaire.

Masse salariale. Total des salaires versés (y compris les cotisations sociales).

Matérialisme historique. Courant philosophique refusant de voir dans l'homme ou dans la société une origine divine et expliquant le déroulement de l'histoire par les rapports de force et l'évolution des techniques. Particulièrement illustrée par Marx, cette hypothèse de travail est en réalité très ancienne, puisqu'elle est déjà présente chez Épicure ou Démocrite (philosophes grecs, respectivement IIIe et IVe siècle av. J.-C.). L'apport de Marx a consisté à croiser cette hypothèse avec la démarche dialectique de Hegel, pour montrer que les ressorts de l'histoire ne doivent rien au hasard, mais tout à l'action des masses humaines et à l'évolution des techniques.

MATIF. V. LIFFE.

Matrilinéaire. V. filiation.

Maxidiscompte. Terme (rarement utilisé) visant à remplacer *hard-discount* qui désigne les magasins en libre service vendant à des prix nettement moins élevés des produits standard (rarement des produits de marque) avec un minimum de coûts *marketing* ou de présentation.

MEDEF. Mouvement des entreprises de France ; succède en 1998 au Conseil national du patronat français (CNPF) créé en 1946.

Médiane. Sépare l'effectif d'une population, préalablement classée dans l'ordre croissant de la grandeur étudiée (âge, revenu, salaire, taille...), en deux parties égales : le salaire médian (médiane des salaires) est le niveau de salaire tel que 50 % des salariés reçoivent moins et 50 % reçoivent plus.

Médiation. Procédure dans laquelle un médiateur (nommé par un tiers) formule des propositions de solution à un conflit ; celles-ci ne s'imposent pas aux parties en conflit. V. arbitrage.

Ménage. Ensemble des personnes qui partagent un même logement (2,3 personnes par ménage en moyenne en 2009 ; 3,1 en 1968 ; 3,8 en 1861). En comptabilité nationale, le secteur institutionnel « ménages » regroupe les ménages ainsi définis et les entrepreneurs individuels (entreprises n'ayant pas de personnalité juridique propre en dehors de leur détenteur, même lorsqu'elles emploient un ou plusieurs salariés) : agriculteurs, artisans, professions libérales, petits commerçants à leur compte. On distingue parfois les ménages « ordinaires » des ménages « collectifs », ces derniers étant constitués des personnes vivant ensemble pour des raisons institutionnelles (couvent, pensionnat, prison...).

Mensualisation. Paiement au mois (salaires, impôts...).

Mercantilisme. Dénoncé par Adam Smith (inventeur du terme) et les classiques, le mercantilisme est moins une doctrine économique qu'un ensemble cohérent de pratiques protectionnistes actives destinées à promouvoir l'offre nationale pour renforcer la puissance de l'État monarchique (XIVe-XVIIe siècle). Illustré en France par l'action de Jean-Baptiste Colbert en faveur des manufactures (dernier tiers du XVIIe siècle) et en Angleterre par les *Actes de navigation* d'Oliver Cromwell (1651). Le mercantilisme est hostile à la spécialisation des pays ; il promeut les exportations de produits manufacturés et limite les importations (politique commerciale agressive qui s'accompagne de guerres) ; l'objectif est un excédent de la balance commerciale afin d'accroître le stock d'or et d'argent ; l'accumulation des métaux précieux n'est pas un objectif en soi mais le moyen de financer la guerre et l'économie à une époque où le système de crédit est encore peu développé. V. société anonyme.

Mercosur. *Mercado Común de America del Sur.* Marché commun de l'Amérique du Sud (depuis 1995) entre l'Argentine, le Brésil, le Paraguay et l'Uruguay. La Bolivie, le Chili, la Colombie et le Pérou sont associés, ainsi que le Venezuela, en cours d'adhésion. Une clause prévoit l'exclusion de « tout pays sujet à une atteinte à l'ordre démocratique », ce qui n'est pas anodin compte tenu du passé récent de la région.

Méritocratie. Sélection des plus aptes : arrivent au sommet de la pyramide sociale ceux qui le méritent le plus, notamment grâce au rôle de l'école. Idéal républicain rarement concrétisé dans les faits.

Mésoéconomie. Niveau d'analyse ou d'observation privilégiant la branche (ou le secteur) et intermédiaire entre la microéconomie et la macroéconomie.

Métayage. V. faire-valoir direct.

Méthode ouverte de coordination. V. stratégie de Lisbonne.

Microcrédit. Crédit d'ampleur limitée accordé à des personnes (ou des groupes) en situation de pauvreté ou proches de la pauvreté, qui n'ont pas accès au crédit bancaire classique, afin de leur permettre de financer un projet d'activité économique visant à améliorer leur situation sociale, ou un projet personnel (autoconstruction d'une maison, frais de scolarité des enfants, etc.) de développement humain. Né dans les pays du Sud, notamment au Bengladesh sous l'impulsion de Mohamed Yunus (prix Nobel de la paix en 2006), pour éviter le recours aux usuriers, le microcrédit est souvent critiqué pour son coût, qui demeure élevé, et en raison des risques de surendettement qu'il peut engendrer.

Microéconomie. Approche théorique qui consiste à chercher à expliquer les phénomènes économiques en partant des choix individuels des agents. V. individualisme méthodologique, *Homo oeconomicus*.

Minima sociaux. Aide sociale versée sous condition de ressources à toutes les personnes dont le revenu est inférieur à un niveau déterminé par la loi. Son montant est différentiel : il est égal à la différence entre le niveau légal et le revenu effectif. Les principaux minima sociaux sont l'allocation adulte handicapé (AAH), versée aux personnes reconnues handicapées, l'allocation spécifique des personnes âgées (ASPA, souvent appelée « minimum vieillesse »), pour les personnes âgées de 65 ans ou plus, l'allocation de solidarité spécifique (ASS), versée aux demandeurs d'emploi ayant épuisé leurs droits à l'assurance chômage et ayant travaillé au moins cinq ans au cours des dix dernières années, le revenu de solidarité active (RSA) versé aux personnes de 25 ans révolus et, avant 26 ans, aux jeunes ayant des charges de famille (le RSA s'est substituée depuis 2009 au revenu minimum d'insertion — RMI — et à l'allocation parent isolé — API). Les minima sociaux destinés aux personnes valides d'âge actif (ASS, RSA) sont d'un montant nettement moins élevés que les autres (en 2010, de l'ordre de 450 euros mensuels pour une personne seule contre 700 euros environ), de manière à ne pas dissuader les personnes concernées de se porter sur le marché du travail.

Mobilité. Capacité d'un travailleur à passer d'un emploi à un autre. Selon les cas, on parlera de mobilité sectorielle (changement de secteur d'activité), géographique (changement de lieu de travail) ou professionnelle (changement de métier), etc.

Mobilité sociale. Circulation des individus entre les positions sociales (en pratique les CSP, puis les PCS). La *mobilité intragénérationnelle* (appelée *mobilité professionnelle* par l'INSEE) a trait à celle d'un individu pendant sa vie active. La *mobilité intergénérationnelle* (appelée *mobilité sociale* par l'INSEE) correspond aux changements de position sociale d'une génération à l'autre. On distingue la *mobilité verticale* entre des positions considérées comme de niveaux différents (*mobilité ascendante, descendante*), la *mobilité horizontale* entre des positions différentes mais socialement équivalentes. V. tables de mobilité.

Mobilité structurelle. Mobilité sociale issue des changements de la structure sociale (part des différentes catégories dans la population) entre la génération des pères et celle des fils. La *mobilité nette* est un indicateur de la *fluidité sociale* ; c'est la différence entre la *mobilité brute* (mobilité effectivement constatée) et la *mobilité structurelle*.

MOC. Méthode ouverte de coordination. V. stratégie de Lisbonne.

Mode. Le mode d'une série statistique est la valeur du caractère pour laquelle la fréquence est la plus élevée (par exemple, la note la plus fréquemment attribuée par le professeur).

Mode de production (Marx). Le vieux barbu a fait de la *manière sociale de produire* la clé de l'analyse des sociétés. Le mode de production est un modèle abstrait (on n'en rencontre pas à l'état pur dans la réalité historique) qui articule des *forces productives* (moyens matériels de production, travailleurs, savoir-faire, techniques, sciences) et des *rapports de production* (relations, généralement asymétriques, nouées entre les individus pour produire, par exemple entre salariés et détenteurs des moyens de production). Lorsque le développement des premières atteint un certain niveau, il entre en contradiction avec les seconds, ce qui conduit à un autre mode de production. Forces productives et rapports de production constituent la structure économique, la base économique (appelée quelquefois l'infrastructure), en résonance avec laquelle s'édifie la superstructure (rapports juridiques de propriétés, formes de l'État, institutions, idéologies...). V. classes sociales.

Mode de régulation (théorie de la régulation). Ensemble de procédures et de comportements individuels et collectifs qui a la propriété : 1) de reproduire les rapports sociaux fondamentaux grâce à des formes institutionnelles historiquement déterminées ; 2) de soutenir le régime d'accumulation en vigueur ; 3) d'assurer la compatibilité d'un ensemble de décisions décentralisées. V. régulation.

Mode de vie. Ensemble des pratiques sociales et culturelles, repérables au niveau de l'individu, du groupe, de la société, qui déterminent une façon particulière de vivre (consommation, loisirs, goûts...). Il semble bien qu'au fur et à mesure de l'élévation du *niveau de vie* les modes de vie se diversifient. Le *genre de vie* est une appellation synonyme de mode de vie utilisée surtout par les géographes.

Modèle économique. Représentation simplifiée (maquette) de l'économie à l'aide d'un ensemble de fonctions qui relient des variables *endogènes* à des variables *exogènes*. V. termes en italique.

Modulation (du temps de travail). Variations du temps de travail effectif journalier ou hebdomadaire des salariés en poste, fixées par l'employeur et autorisées sous condition que le temps de travail quotidien ou hebdomadaire moyen reste égal à la grandeur indiquée dans le contrat. Dans la pratique, souvent synonyme d'annualisation, car elle revient en fait à supprimer le paiement des heures supplémentaires, dès lors que ces dernières sont compensées par des horaires ultérieurs moindres. C'est pourquoi elle est encadrée et conditionnée à un accord avec les représentants des salariés.

Moins-value. Perte enregistrée sur un actif. La perte en question peut être effective (lorsque l'actif est revendu moins cher qu'il n'avait été acheté ou qu'il ne valait dans les comptes), elle peut être anticipée, lorsqu'il existe une évaluation extérieure (exemple : l'évaluation d'une action en Bourse).

Mondialisation. Passage d'une économie internationale (mise en relations — par les échanges et l'IDE — de nations relativement autonomes dans un ensemble non intégré, respect relatif des souverainetés des États responsables de la régulation d'un espace économique national) à une économie mondiale : la concurrence se généralise ; les nations sont intégrées (sur une base privée et non politique) dans un espace économique mondial qui échappe aux régulations étatiques nationales ; les nouvelles techniques accélèrent la dissolution des frontières ; cette revanche des marchés sur les États pose avec une acuité nouvelle la question d'une régulation régionale (UE...) puis mondiale. V. globalisation...

MONEP. Marché des options négociables de Paris. Fait partie d'Euronext. V. option.

Monétarisme. Courant de pensée né dans les années 1960 sous l'impulsion de Milton Friedman, lauréat 1976 du prix de sciences économiques de la Banque de Suède en mémoire d'Alfred Nobel, et qui tire son nom de la réhabilitation de la vieille théorie quantitative de la monnaie : toute émission de monnaie plus importante que la croissance de l'activité économique engendre inévitablement de l'inflation. Hostiles à l'intervention de l'État, les monétaristes estiment qu'une exception doit être faite dans le domaine monétaire, de sorte que la masse monétaire (v. ce terme) ne progresse pas plus vite que l'activité économique. L'absence d'inflation qui en résultera permettra alors aux mécanismes du marché de jouer parfaitement leur rôle, *via* les mouvements de prix.

Monnaie (fonctions de la). Traditionnellement trois : étalon de valeur (unité de compte) dans lequel s'exprime la valeur des biens ; instrument de paiement, intermédiaire des échanges (les produits ne s'échangent pas contre des produits mais contre de la monnaie) ; réserve de valeur (réserve de pouvoir d'achat). La monnaie est considérée comme un bien collectif lorsqu'elle remplit correctement ces trois fonctions. V. bien collectif, loi de Say.

Monnaie bancaire, ou **de crédit.** V. création monétaire.

Monnaie centrale. Tous les établissements de crédit et le Trésor ont un compte courant à la Banque de France (avec lequel ils règlent les soldes apparus en *compensation*, v. ce terme). La monnaie centrale (ou base monétaire) est la somme de ces comptes et des billets en circulation (qui constituent l'essentiel du passif du bilan de la banque centrale). Ne pas confondre avec la masse monétaire M1, qui comprend en outre la monnaie scripturale et qui ne comprend pas la monnaie centrale détenue par les banques sur leurs comptes à la banque centrale.

Monnaie de réserve. Monnaie utilisée dans la composition des avoirs de change détenus par les banques centrales des pays pour assurer la convertibilité de leur propre monnaie, soit parce que les autorités émettrices de cette monnaie ont pris des engagements contraignants quant à sa convertibilité, soit parce que la monnaie est, de fait, considérée comme suffisamment sûre en matière de stabilité du change.

Monnaie divisionnaire. Les pièces.

Monnaie endogène, exogène. On parle de monnaie exogène si l'on soutient l'idée que la banque centrale décide librement de (et contrôle parfaitement) la quantité de monnaie en circulation. C'est l'orthodoxie monétaire (théorie dominante). La monnaie endogène correspond à l'idée inverse : la monnaie est créée par les banques commerciales en réponse à une demande de crédit ; la quantité ne peut donc pas en être maîtrisée par la banque centrale. V. prêteur en dernier ressort, théorie quantitative.

Monnaie fiduciaire, manuelle. Billets et pièces.

Monnaie fondante. Monnaie dont le pouvoir d'achat diminue avec le temps, soit du fait de l'inflation, soit, comme le proposait au début des années 1930 Silvio Gesell (un homme d'affaires argentin d'origine autrichienne), par décision des autorités émettrices, de façon à inciter les détenteurs à ne pas la thésauriser ou la conserver inactive.

Monnaie métallique. Pièces d'or ou d'argent.

Monnaie parallèle. Monnaie de fait, n'ayant pas cours légal ni pouvoir libératoire (v. ces termes), mais néanmoins acceptée en règlement de certaines transactions. Exemple : titres restaurant, unités monétaires ayant cours au sein d'un SEL.

Monnaie-refuge. Se dit d'une monnaie dont on anticipe la stabilité, voire l'appréciation (ou la réévaluation) et en laquelle on convertit tout ou partie de ses actifs monétaires et financiers pour se mettre à l'abri d'un risque de change redouté par rapport à sa propre monnaie. Ce type d'anticipation est souvent autoréalisateur, ce qui pousse le cours de la monnaie-refuge à la hausse. V. bulle.

Monnaie scripturale. Dépôts monétaires, c'est-à-dire à vue (non rémunérés), dans les banques, transférables par chèque, virement, carte... (du latin *scriptura*, « écriture »).

Monnaie unique. Son adoption définit une *union monétaire* : les taux de change entre les pays de l'union deviennent *irrévocables*. Les unités monétaires, les masses monétaires, les politiques monétaires nationales disparaissent au profit d'une unité, d'une masse et d'une politique monétaires de l'union. Exemples de monnaie unique (c'est-à-dire d'unification monétaire) : États-Unis au XIXe siècle, Allemagne au XIXe siècle, puis après l'Union économique et monétaire de juillet 1990 entre la RFA et la RDA (Allemagne de l'Est). V. UEM.

Monopole. Situation dans laquelle un seul offreur (vendeur) est face à de nombreux demandeurs (acheteurs). Le monopoleur est donc libre de fixer le prix qui lui convient, au lieu d'être contraint par la concurrence de pratiquer la vente au coût marginal (v. ce terme), ce qui lui permet d'encaisser un profit plus élevé, appelé rente de monopole. Les partisans de la théorie des marchés contestables (v. ce terme) estiment que cette situation ne légitime pas une intervention publique de type réglementaire, car la menace d'entrée de nouveaux concurrents amènera le monopoleur à ne pas exagérer et donc à limiter sa rente.

Monopole bilatéral. Situation dans laquelle un seul acheteur est face à un seul vendeur (par exemple, un syndicat unique de salariés face à une association unique d'employeurs).

Monopole discriminant. Expression qui s'emploie pour désigner l'entreprise qui peut pratiquer des prix différenciés selon les « segments » de la clientèle. Ne pas confondre avec concurrence monopolistique.

Monopole naturel. Situation dans laquelle la vente au coût marginal (v. ce terme) conduirait à la faillite parce que les rendements sont croissants (le coût marginal est donc toujours inférieur au coût moyen). Même dans une perspective libérale, on montre que l'efficacité est alors mieux garantie si la production est confiée à un monopole contrôlé par l'État. Pour vendre au coût marginal, ce monopole doit être subventionné ; situation préférable du point de vue de l'optimum de Pareto (v. ce terme) à celle où le monopole a des comptes équilibrés.

Monopsone. Un seul acheteur face à de nombreux vendeurs.

Moratoire. Délai, suspension provisoire, accordé à un débiteur pour le paiement des intérêts (moratoire des intérêts) et/ou le remboursement des dettes. Ne pas confondre avec les *intérêts moratoires*.

Morbidité. En démographie, nombre ou proportion des malades dans une population donnée.

Mortalité infantile, néonatale. Des enfants de moins d'un an (infantile) ; au cours des quatre premières semaines (néonatale).

Mouvement naturel (accroissement naturel, solde naturel). Différence entre les naissances et les décès au cours d'une période. Naturel s'oppose à migratoire.

Mouvement social. Entreprise collective cherchant à modifier l'ordre social. Ne se réduit pas à une organisation politique ou sociale (parti, syndicat...). Pour Marx, celui qui joue le rôle central dans le capitalisme est le mouvement ouvrier. Avec l'avènement de la « société postindustrielle » émergent, selon Alain Touraine (*Production de la société*, 1973), de « nouveaux mouvements sociaux » (mouvements écologiste, féministe...).

Moyenne mobile. Pour une variable mensuellement calculée (solde commercial), la *moyenne mobile sur trois mois* (abrégée *mm3*) du mois de mars est la somme de janvier, février et mars divisée par 3 (février, mars et avril si elle est *centrée*) ; elle permet de lisser les données (enlever les effets des aléas ou des accidents). On peut calculer des moyennes mobiles sur d'autres durées.

Moyennisation. Terme introduit par Henri Mendras pour désigner le fait qu'une proportion très majoritaire de personnes estiment faire partie des groupes sociaux « moyens » ou aspirent à s'y intégrer.

Multilatéralisme. V. bilatéralisme.

Multinationale. V. firme multinationale, TRIM.

Multiplicateur de crédit. Un crédit bancaire est accordé initialement en monnaie scripturale, et son utilisation n'occasionne que des conversions limitées en monnaie fiduciaire, ce qui donne à la banque un pouvoir de création de monnaie scripturale supérieur à la monnaie centrale détenue. Le système des *réserves obligatoires* (v. ce terme) vise à limiter ce pouvoir multiplicateur des banques.

Multiplicateur d'investissement. Dans l'analyse keynésienne (d'où l'appellation fréquente de « multiplicateur keynésien »), désigne le fait que la réalisation d'un investissement engendre un flux de dépenses donnant naissance à des revenus qui, en étant eux-mêmes dépensés, engendreront un flux successif de demandes additionnelles. Ce flux va inévitablement en se réduisant, au fur et à mesure qu'une fraction de ces revenus successifs fait l'objet d'une épargne ou d'importations accrues. Dans une économie fermée, l'effet multiplicateur prend fin lorsque le montant cumulé de l'épargne réalisée à partir des revenus additionnels successifs devient égal au montant de l'investissement initial. L'effet multiplicateur a été étendu à l'accroissement de la dépense publique, mais si celle-ci suscite une demande supplémentaire, elle ne provoque pas d'offre supplémentaire. Elle est donc adaptée pour une relance conjoncturelle, pas comme un accélérateur durable de croissance. L'analyse libérale met en avant le coût de son financement (impôts immédiats ou emprunts qu'il faudra rembourser par des impôts à venir) pour dénoncer son inefficacité.

Mutualisation. Fait de partager un risque, un investissement, un service, etc. à plusieurs, de manière à répartir la charge sur un plus grand nombre.

Mutuelle. Organisation coopérative d'assurance ou de crédit, dans laquelle les sociétaires mettent en commun les moyens dont ils disposent afin de se couvrir contre certains risques (mutuelles de santé ou mutuelles d'assurances) ou de disposer de fonds à emprunter en cas de besoin (mutuelles de crédit).

NAFTA. V. ALENA.

NAIRU. *Non Accelerating Inflation Rate of Unemployment.* V. chômage d'équilibre.

Nasdaq. *National Association of Securities* (c'est-à-dire titres) *Dealers Automated Quotation.* V. indice boursier.

Naissance hors mariage, légitime. Une naissance légitime concerne tout enfant né au sein d'un couple marié et reconnu par ses deux parents. Une naissance hors mariage concerne une naissance au sein d'un couple non marié ou survenant chez une femme ne vivant pas en couple (on parle parfois, dans ce dernier cas, de naissance « naturelle »). En 2009, 53 % des naissances étaient hors mariage, contre 6 % en 1960.

Nation la plus favorisée. V. clause de la...

Nationalisation. Prise de contrôle d'une entreprise privée par l'État (d'après l'article 34 de la Constitution, elle dépend d'une loi).

NAWRU (*Non Accelerating Wage Rate of Unemployment*). Taux de chômage qui n'accélère pas les salaires. V. chômage d'équilibre.

NCM. Négociations commerciales multilatérales. V. GATT.

Néocapitalisme. Capitalisme des grands groupes, avec systèmes de protection sociale et intervention régulatrice de l'État, par opposition au capitalisme du XIXe siècle, caractérisé par de plus petites entreprises, l'absence de protection sociale et un rôle régulateur bien moins accentué pour l'État. La remise en cause de certaines formes de protection sociale et de l'intervention publique, ainsi que la montée d'un secteur de services où prédominent en général les petites entreprises, ont amené certains à estimer que le néocapitalisme était à son tour en déclin au profit d'un capitalisme davantage marqué par le rôle du marché et le rendement financier, parfois qualifié de « néolibéral ».

Néoclassique. Qualificatif initialement utilisé pour désigner le courant de pensée qui, rompant avec l'analyse classique reposant sur la valeur travail et la macroéconomie, s'appuie sur une approche marginaliste de type microéconomique. A désigné ensuite la synthèse initiée par John Hicks et Franco Modigliani entre l'analyse keynésienne (pour la macroéconomie) et l'approche marginaliste (pour les comportements microéconomiques d'acteurs rationnels cherchant à maximiser leur utilité), ce qui a amené le courant libéral « autrichien », dans la foulée de Hayek, à récuser ce qualificatif. Actuellement, à quelques exceptions près, les apports keynésiens ont disparu, et l'approche néoclassique est caractérisée par une formalisation assez poussée, reposant sur l'idée que le calcul utilitaire est le ressort essentiel, voire unique du comportement humain. Il existe en fait une assez grande diversité dans les approches néoclassiques, certains s'appuyant sur l'hypothèse de marchés autorégulateurs, d'autres la récusant, etc. Mais tous accordent une grande place au calcul et à la modélisation, se ralliant à la thèse de l'*homo oeconomicus*, dont le comportement vise à maximiser son bien-être.

NEP. Acronyme (russe) signifiant « Nouvelle politique économique » et désignant le changement de cap opéré en 1922 par les autorités soviétiques, en vue de réhabiliter l'initiative privée dans la production agricole et le commerce.

Népotisme. Utilisation de l'influence ou du pouvoir que l'on détient de par ses fonctions pour procurer emplois et/ou avantages à ses parents et amis.

Neutralité de la monnaie. V. illusion monétaire.

New Deal. Littéralement, « nouvelle donne » (dans un jeu de cartes). Terme forgé par les conseillers de Franklin D. Roosevelt en 1932, pour symboliser le fait que le candidat démocrate à la présidence des États-Unis voulait redonner à chacun une chance pour échapper à la crise. Le terme en est venu à désigner la politique anti-crise elle-même, menée entre 1933 et 1935 par le candidat élu : soutien des prix agricoles, lancement de grands travaux et instauration des prémices d'un État-providence (assurance chômage, allocations vieillesse et aides en nature pour les plus démunis).

Niche. Domaine de production très spécialisé dans lequel une entreprise a développé un savoir-faire particulier qui lui confère un quasi-monopole, la petitesse du marché en question et l'investissement à consentir (formation, recherche, commercialisation) décourageant les autres entreprises d'entrer sur ce marché, parce que jugé trop lourd au regard du bénéfice à espérer.

Niche fiscale. Disposition fiscale permettant à certaines catégories de contribuables de réduire l'impôt sur le revenu normalement dû. La multiplication de ces niches concourt à l'affaiblissement, voire à la disparition, dans certains cas, de la progressivité de l'impôt.

Niveau de vie. Bien qu'il se mesure habituellement par la consommation finale individuelle par *unité de consommation* (v. ce terme), dépend largement des services (de santé, d'éducation et de logement) financés par la collectivité, de la qualité de ces services (qui peut être variable selon les lieux de vie), des biens durables possédés (voiture, logement...) et des formes de capital non économique dont chacun peut disposer (capital social, culturel, symbolique).

Nobel d'économie. À la particularité de ne pas exister. Alfred Nobel a créé une fondation chargée d'organiser la sélection des « prix Nobel » (et de les doter) dans quelques disciplines (physique, chimie, médecine...), mais pas en économie. Le « prix de sciences économiques en mémoire d'Alfred Nobel » (*sic*) a été inventé en 1969 par la Banque royale de Suède. L'usurpation de réputation a parfaitement réussi, puisque le « Nobel d'économie » est considéré par la presse à l'égal des « vrais » prix Nobel. L'idée des créateurs était évidemment de renforcer la réputation et le statut scientifiques de l'économie ; les économistes se sont laissé faire...

Nominal. V. valeur, prix...

Normative (théorie économique). Lorsqu'elle cherche à démontrer *ce qui doit être*. V. optimum de Pareto, positive.

Normes. Règles ou usages reconnus comme légitimes dans un groupe ou une société (ils ne sont pas nécessairement juridiques). V. conformité, déviance.

Normes sociales fondamentales. Ensemble de normes sociales adoptées par l'Assemblée générale de l'Organisation internationale du travail (OIT) : interdiction du travail des prisonniers et des enfants, existence d'un salaire minimum décent, égalité des salaires entre hommes et femmes, liberté d'adhésion et d'action syndicale. Les pays membres se sont engagés à les faire respecter, mais aucune sanction n'est prévue en cas de non-respect de ces engagements.

Notation (*rating*). Effectuée par des sociétés spécialisées, elle consiste à évaluer la qualité (risque...) d'une opération financière ou la capacité d'une entreprise à faire face à ses engagements. Ce système d'évaluation par des organismes indépendants s'est désormais étendu aux dimensions environnementales et/ou sociales des grandes entreprises. V. agence de notation.

Notionnel. V. emprunt.

Nouveaux classiques. Économistes « ultralibéraux » qui soutiennent que les politiques monétaire et budgétaire sont totalement inefficaces. V. équivalence ricardienne.

Nouvel ordre économique et monétaire international (NOEMI ou NOEI). Ensemble de décisions adoptées par l'Assemblée générale des Nations unies en 1974 sous la pression du « Groupe des 77 » (v. ce terme) en vue de modifier de fond en comble les relations Nord-Sud, mais restées inappliquées (notamment celles concernant la stabilisation du prix des matières premières et le montant minimal de 0,7 % du PIB des pays donateurs pour l'aide au développement).

Nouvelle économie. A désigné (à la fin des années 1990) l'économie des nouvelles technologies de l'information et de la communication (NTIC), génératrices de gains potentiels de productivité élevés, dont certains attendaient à la fois croissance économique forte, faible inflation et renouvellement en profondeur du tissu productif dans toutes les branches. La ruée vers les firmes porteuses de ces promesses s'est alors traduite par une bulle dont l'éclatement (*e-krach* de 2001) a sonné le glas de l'espoir d'une « nouvelle économie » miracle.

NPI. Nouveaux pays industriels. Dénomination utilisée dans les années 1980-1990 pour désigner les premiers pays du Sud engagés dans une forte croissance industrielle, et remplacée désormais par « économies émergentes » (v. ce terme).

NYSE. *New York Stock Exchange*. Principale Bourse américaine à Wall Street.

Obligation. Titre d'emprunt d'une durée d'au moins cinq ans (les titres d'emprunt d'une durée inférieure sont généralement appelés « bons ») dont les conditions (taux d'intérêt, modalités de versement, existence éventuelle de primes tirées au sort, échéance, modalités de remboursement...) sont fixées lors de l'émission par l'organisme qui emprunte (entreprise ou État). Leur cotation en Bourse facilite leur revente éventuelle avant l'échéance. Le prix de revente (et le montant de la cotation) dépend des fluctuations du taux d'intérêt (v. cours d'une obligation, risque de taux). Les obligations à bon de souscription d'actions (OBSA) comportent le droit d'acquérir dans des conditions prédéterminées une ou plusieurs actions nouvelles que la société émettrice de l'emprunt obligataire se propose de créer ultérieurement, de façon à transformer une dette en apport de capitaux propres. Une obligation à coupon zéro est une obligation dont les intérêts sont payables en bloc lors de l'échéance.

Obsolescence. Usure d'un moyen de production lorsqu'elle est liée à l'évolution technique ; se différencie de l'usure matérielle consécutive à l'utilisation (un ordinateur, par exemple, peut devenir obsolète même s'il ne sert pas). Marx parlait d'*usure morale* pour désigner le phénomène d'obsolescence. V. amortissement.

Obstacle non tarifaire. Tout obstacle, autre qu'un droit de douane, au commerce international : contingentement (quota), norme industrielle ou sanitaire abusive, formalité administrative arbitraire... Pas toujours facile à mettre en évidence. V. union douanière.

OCDE. L'Organisation de coopération et de développement économiques est un lieu d'étude et de concertation des pays industrialisés qui a succédé en 1960 à l'OECE (Organisation européenne de coopération économique), créée en 1948 pour favoriser la reconstruction de l'Europe au moyen de l'aide américaine. Très influencés par les approches néoclassiques, les économistes de l'OCDE ont joué un rôle important pour accréditer auprès des responsables, en s'appuyant sur une solide information chiffrée, l'idée (contestable) que le chômage résultait de l'insuffisante flexibilité du marché du travail, de trop faibles incitations à travailler et d'un niveau jugé excessif du coût salarial.

OFCE. Observatoire français des conjonctures économiques.

Offre. Ensemble des productions d'un même bien ou service proposé à la vente. La fonction (ou courbe) d'offre désigne la relation entre prix et offre pour un produit déterminé : plus les producteurs peuvent vendre à un prix élevé, plus ils ont normalement tendance à augmenter leur offre. V. élasticité, vente au coût marginal.

Offre d'emploi. Proposition d'emploi émanant des employeurs. Elle correspond à une demande de travail. Est considérée comme offre raisonnable d'emploi toute offre d'emploi compatible avec les qualifications et compétences du demandeur d'emploi, située à moins d'une heure de trajet du domicile de ce dernier et rémunérée à au moins 95 % du salaire antérieur (85 % au bout de six mois de recherche d'emploi) : le demandeur d'emploi refusant deux offres de ce type sans raison valable est passible de sanction.

Offre de travail. Elle est exprimée par les travailleurs ; c'est une demande d'emploi.

Offre publique d'achat, d'échange, de vente. V. OPA, OPE, OPV.

Offshore. Littéralement, « zone extraterritoriale ». Désignait initialement les extractions pétrolières maritimes situées en dehors des zones territoriales, donc n'appartenant à aucun État. Par extension, désigne désormais les organismes financiers installés dans des pays où aucun contrôle sérieux de l'activité des sociétés qui s'y installent n'est effectué et où les impôts prélevés sur l'activité sont nuls ou dérisoires. Certains micro-États (les îles Vierges, les îles Caïman, les îles Vanuatu...) en tirent une partie importante de leurs ressources.

OIT. L'Organisation internationale du travail, créée en 1919, réunit des représentants des gouvernements, des employeurs et des travailleurs, pour recommander des normes internationales minimales et rédiger des conventions internationales. Le Bureau international du travail (BIT) assure le secrétariat de la Conférence et du Conseil de l'OIT.

Oligarchie. Situation dans laquelle un groupe restreint désigne en son sein les responsables qui exercent le pouvoir. Le groupe restreint est souvent composé des personnes les plus riches de la communauté : il s'agit alors d'une oligarchie financière. Mais il n'en est pas forcément ainsi : il peut s'agir d'une oligarchie tribale, clanique, idéologique, religieuse, etc. L'oligarchie s'oppose à la démocratie non seulement parce que le pouvoir émane du groupe restreint au lieu d'émaner de l'ensemble du peuple, mais aussi parce que la transmission du pouvoir s'effectue au sein du groupe au lieu d'être déterminée par la majorité ou les représentants de cette dernière.

Oligopole. Situation dans laquelle n'existent que quelques offreurs en face de nombreux demandeurs. L'*oligopsone* correspond à quelques demandeurs face à de nombreux offreurs.

OMC. Organisation mondiale du commerce. A succédé au GATT (v. ce terme) en 1995. Vise à instaurer le libre-échange et organise des négociations commerciales multilatérales pour parvenir à des réductions concertées des droits de douane existants et à une plus grande ouverture des pays membres à la concurrence internationale, sans tenir compte des différences de législations sociales, sanitaires ou environnementales entre nations (par exemple, l'OMC ne se sent pas tenue par les normes sociales fondamentales votées par l'OIT). Un pays ou une entreprise qui estime que les règles de l'OMC ne sont pas appliquées par un autre pays peut porter ce différend devant l'organe de règlement des différends (ORD), qui réunit alors un *panel* (v. ce terme) d'experts chargés de trancher et, s'il conclut au non-respect des règles, de fixer un dédommagement par le contrevenant.

OMS. Organisation mondiale de la santé.

ONDAM. V. loi de financement de la Sécurité sociale.

ONG. Organisations non gouvernementales : organismes privés à but non lucratif qui agissent dans le domaine du développement et de l'action humanitaire (exemple : Amnesty International, Médecins sans frontières...).

OPA, OPE. Une société s'engage publiquement à acquérir tout ou partie des actions d'une autre société (la « cible ») à un prix donné et pendant une période déterminée. Si le paiement a lieu en espèces, il s'agit d'une OPA (offre publique d'achat) ; s'il est prévu avec des actions de l'offreur (selon une parité d'échange annoncée), c'est une OPE (offre publique d'échange). OPA ou OPE sont dites *amicales* lorsqu'elles sont lancées avec l'accord de ceux qui contrôlent la « cible » ; elles sont *hostiles, sauvages* ou *inamicales* dans le cas contraire. L'offreur est alors souvent qualifié de *prédateur*, de *chevalier noir* ou de *raider*. La société qui propose de s'allier à la « cible » contre le *raider* est qualifié de *chevalier blanc*.

OPCVM. Organismes de placement collectif en valeurs mobilières, dont les plus connus sont les FCP et les SICAV. V. ces termes.

Open market. En anglais, marché ouvert. En français, désigne une technique d'intervention de la banque centrale qui consiste à acheter ou à vendre des titres sur le marché interbancaire. La vente de titres diminue la masse monétaire et le taux du marché monétaire augmente (la hausse de l'offre de titres fait baisser leur cours, ce qui équivaut à une hausse du taux d'intérêt ; v. cours d'une obligation).

OPEP. Organisation des pays exportateurs de pétrole, créée en 1960 par le Venezuela, l'Iran, l'Irak, l'Arabie Saoudite et le Koweït. Compte désormais (2011) douze pays membres (Abou Dhabi — les autres émirats qui composent les Émirats arabes unis n'en font pas partie —, Algérie, Angola, Arabie Saoudite, Équateur, Irak, Iran, Koweït, Qatar, Libye, Nigeria, Venezuela). Cartel intergouvernemental, qui fixe des quotas de production de pétrole brut aux sociétés exploitantes, de manière à atteindre un prix de vente jugé souhaitable par les membres. Cette politique a, dans un premier temps, contribué à la réduction de la part de marché des pays de l'OPEP (suscitant le départ de deux pays membres, Équateur et Gabon, respectivement en 1992 et 1994) au profit des pays non membres (appelés familièrement les « NOPEP »). Mais comme près de 70 % des réserves mondiales de pétrole sont détenues par les pays membres, l'OPEP, à la faveur de la forte progression de la consommation mondiale, a retrouvé un rôle important dans la stabilisation des cours.

Opportunisme. Comportement privilégiant la recherche de son intérêt, fût-ce au détriment de celui des autres. V. passager clandestin.

Optimum de Pareto. Situation dans laquelle on ne peut pas améliorer le bien-être d'un individu sans détériorer celui d'un autre individu. L'équilibre général en concurrence parfaite est un optimum de Pareto (c'est la référence à atteindre pour les néoclassiques). Cette définition correspond au refus de comparer l'utilité de deux individus, la notion d'utilité étant subjective. Si je distribue au hasard dans une classe les parts inégales d'un gâteau, c'est un optimum de Pareto. Si je fais de même aussi avec des parts de confiture, il n'y a plus d'optimum de Pareto. En fonction de leurs goûts et des parts reçues, certains élèves vont avoir intérêt à procéder à des échanges gâteau contre confiture. Lorsque les échanges mutuellement avantageux auront cessé, un nouvel optimum de Pareto sera atteint (même si un élève, desservi par le hasard, considère que celui qui a reçu le plus des deux produits au départ devrait lui en donner). V. théorie de la justice.

Option. Acheter une option d'achat sur un produit, c'est acheter aujourd'hui (à un prix convenu aujourd'hui) le droit d'acheter à une échéance convenue ce produit. À l'échéance, on peut exercer l'option (c'est-à-dire acheter réellement) ou renoncer. On peut acheter aussi des options de vente. Celui qui vend l'option s'engage à exécuter la décision de l'acheteur. Permet de s'assurer contre les *risques de marché*. V. emprunt notionnel, *stock options*, *warrant*.

ORD. V. OMC.

Organisation mondiale du commerce. V. OMC

Organisation scientifique du travail. V. taylorisme.

OS. Ouvrier spécialisé. Nom donné à un ouvrier dont la fonction est d'alimenter ou d'écouler la production d'une machine spécialisée. Ce n'est pas l'ouvrier qui est spécialisé : au contraire, l'OS est un ouvrier sans qualification, dont la formation se réduit à un coup de main appris sur le tas en peu de temps et dont on exige seulement qu'il suive le rythme de la machine qu'il sert. L'OS a été, durant les trente glorieuses, le symbole d'un système productif qui sacrifiait les hommes à la production de richesse.

Output. Produit, c'est-à-dire bien ou service résultant d'un processus de production. V. tableau des entrées-sorties.

Outsiders. V. *insiders*, segmentation du marché du travail.

Ouverture (taux d'). Rapporte la demi-somme des exportations et des importations au PIB.

P - Q

PAC. Politique agricole commune. La plus ancienne des politiques communes (v. ce terme) de la CEE et, désormais, de l'Union européenne, mise en place en 1962, à l'époque pour permettre à la CEE de devenir globalement autosuffisante dans le domaine agricole. Elle reposait pour l'essentiel sur des prix garantis d'un niveau plus élevé que les prix mondiaux pour les grandes cultures (céréales, oléo-protéagineux), le lait et ses dérivés, ainsi que pour la viande, mais à un moindre niveau. Ce qui nécessitait un système très protectionniste, dit « de préférence communautaire » : prélèvements à l'importation, « restitutions » (nom poli pour ne pas dire subventions) à l'exportation, au grand dam des autres pays exportateurs en matière agricole. Face aux protestations de ces derniers et au coût croissant d'une politique qui a engendré une forte hausse des productions agricoles concernées, la PAC a été réformée en 1992 puis 2006 : désormais, les exploitants perçoivent des aides dites « découplées », c'est-à-dire non liées ou peu liées à la production, en contrepartie d'engagements environnementaux, de superficies mises en jachère ou de pratiques culturales contrôlées. À partir de 2013, les derniers soutiens aux prix devraient disparaître et les aides ne devraient plus être liées qu'aux pratiques agro-environnementales des exploitants.

PACS. Pacte civil de solidarité. Instauré en 1999, il s'agit d'un contrat passé entre deux personnes majeures (quel que soit leur sexe) pour organiser leur vie commune. Explique en partie la baisse du taux de nuptialité en France. En 2009, 165 000 PACS entre personnes de sexe opposé ont été enregistrés en France, contre 256 000 mariages.

Pacte d'associés. Accord entre actionnaires limitant la liberté de vote, de cession ou d'acquisition de titres, conclu pour une durée déterminée.

Pacte de stabilité et de croissance. Signé à Amsterdam en juin 1997. Complète le traité d'Union européenne (Maastricht) en précisant notamment la procédure de contrôle de la situation budgétaire des pays de l'UE déjà prévue. Les États s'engagent à présenter des *programmes budgétaires* pluriannuels, appelés aussi *programmes de stabilité* précisant comment ils pensent atteindre, à terme, l'objectif d'équilibre (voire d'excédent) budgétaire. Une procédure est prévue contre ceux dont le déficit public dépasserait 3 % du PIB (sauf circonstances exceptionnelles ou récession annuelle de 2 %). La sanction contre un pays récalcitrant peut aller jusqu'à une amende de 0,5 %. La crise financière de 2008 ayant engendré un très fort endettement de la plupart des États de l'UE, il apparaît clairement que ce pacte est inadapté aux situations de crise et devrait être complété par une politique budgétaire commune, aujourd'hui inexistante. V. GOPE.

Panel. 1) Échantillon stable (toujours les mêmes individus) soumis à des enquêtes effectuées à intervalles de temps plus ou moins réguliers. Favorise l'analyse longitudinale et permet une meilleure précision dans l'appréciation des évolutions. 2) Réunion d'experts : v. OMC.

Papy boom. Arrivée à l'âge de la retraite des générations nombreuses (850 000 naissances par an en France) nées durant le *baby boom* (1945-1960 environ). Se traduit par un accroissement de la part des personnes de plus de 60 ans dans la pyramide des âges.

Paradis fiscal. Territoire sur lequel l'impôt sur les bénéfices ou les revenus supporté par les non-résidents est insignifiant. Exemple : le Liechtenstein, les îles Caïman, les îles Anglo-Normandes, la Suisse (à un moindre degré). Il existe une différence entre paradis fiscal et place *offshore* (v. ce terme) : le premier est caractérisé par une faible imposition des revenus ou des bénéfices, voire une imposition nulle, mais pas forcément par une absence de contrôle ou le refus de communiquer des informations bancaires à la justice, alors que c'est le cas des places *offshore*.

Paradoxe de Solow. Ou paradoxe de la productivité, souvent résumé ainsi : « Les ordinateurs sont partout sauf dans les statistiques. » Robert Solow désignait ainsi le fait que l'informatisation ne se traduisait pas clairement dans les performances économiques, notamment dans le domaine de la productivité du travail. La nouvelle économie a provisoirement mis fin à ce paradoxe.

Parcellisation des tâches. V. taylorisme.

Parenté. Ensemble des relations de filiation (parents-enfants), de germanité (frères et sœurs) et d'alliance (mari-femme). V. filiation.

Parentèle. Ensemble des parents d'un individu.

Parité. Dans un système de taux de change fixe (avec étalon), taux de change déterminé par la comparaison des quantités de l'étalon dans lequel chacune d'elles est définie. Dans le domaine social, désigne le fait qu'il n'existe pas d'inégalités entre deux groupes sociaux différents (selon le sexe, notamment, mais aussi l'origine ethnique, le lieu de travail, etc.), par exemple en termes de niveaux de salaires ou de candidature à des fonctions électives.

Parité du pouvoir d'achat (théorie de la). Soutient que les *taux de change* seraient déterminés en fonction des PPA (v. entrée suivante) : ils égaliseraient les pouvoirs d'achat intérieur et extérieur des monnaies. Infirmée par l'observation.

Parités de pouvoir d'achat, PPA (méthode des). Méthode destinée à permettre les comparaisons internationales en évitant les problèmes posés par les taux de change (v. ce terme) et par le fait que la structure des prix relatifs n'est pas la même partout (dans un pays développé, par exemple, le *prix relatif* des services est plus élevé que dans un PED). L'utilisation des PPA permet de faire comme si on utilisait un seul système mondial de prix pour mesurer les différents PIB. Le calcul consiste à définir un panier de biens et de services représentatifs du PIB du pays étudié, puis à remplacer les prix unitaires de ces biens ou services par ceux en vigueur aux États-Unis pour les mêmes biens ou services (si le calcul s'effectue en dollars des États-Unis, ce qui est généralement le cas, mais on pourrait également prendre comme comparaison l'euro, ou le yen, et effectuer le calcul à partir des prix unitaires des biens ou services dans la zone euro ou au Japon). V. termes en italique.

Part de marché. Proportion du marché d'un produit (ou d'un groupe de produits) détenue par une entreprise. Mesurée à partir du chiffre d'affaires ou du nombres d'unités vendues (nombres d'automobiles...). Lorsqu'on parle des parts de marché de la France, il s'agit de la part des exportations françaises dans les exportations des neuf principaux pays de l'OCDE.

Part sociale. Élément de base dont l'ensemble constitue le capital social d'une société (action, dans le cas d'une société anonyme).

Partage du travail. Réduction de la durée du travail salarié en vue d'augmenter le nombre d'emplois (ex. : les 35 heures) ou de réduire les suppressions d'emplois (ex. : le recours au chômage partiel, v. ce terme). Les économistes néoclassiques critiquent ces politiques, en mettant en avant deux arguments. D'abord en raison de l'hétérogénéité et de l'interdépendance du travail salarié (réduire le nombre d'heures de travail d'un ingénieur ou d'un commercial peut avoir des conséquences négatives sur l'activité des salariés dont le travail dépend d'eux), ensuite en raison de l'augmentation du coût salarial que cela induit si la rémunération des salariés concernés n'est pas réduite d'autant (un coût salarial plus élevé peut inciter l'employeur à supprimer des emplois au lieu d'embaucher). Toutefois, ni les 35 heures (créditées par l'Insee d'avoir été à l'origine de 350 000 emplois), ni le recours massif au chômage partiel en Allemagne en 2008-2009 n'ont eu ces effets négatifs. Il est vrai que, dans les deux cas, l'État a pris en charge une partie du surcoût salarial pour les entreprises concernées.

Participation. 1) Obligation faite aux entreprises françaises employant au moins 50 salariés et réalisant un bénéfice dépassant un certain seuil (plus de 6 % des capitaux propres) d'affecter aux salariés une part déterminée de ce bénéfice excédentaire, part qui, jusqu'en 2009, était bloquée pendant cinq ans (sauf cas exceptionnels : mariage, etc.) et ne l'est plus désormais (mais elle n'est pas imposable si le bénéficiaire choisit de la laisser bloquée durant cinq ans) Ne pas confondre avec intéressement (v. ce terme), qui est un dispositif facultatif. 2) Détention, par une société, d'un paquet d'actions d'une autre société représentant entre 10 % et 50 % du capital social de cette dernière (en droit européen, entre 10 et 20 %, les participations au-delà de ce dernier chiffre sont considérées comme des filiales). Ce paquet d'actions ne lui en donne pas forcément le contrôle (il peut y avoir un autre actionnaire plus important), mais lui procure un pouvoir non négligeable, qui interdit de considérer la détention de ce paquet d'actions comme un simple mode de placement de fonds.

PAS. V. ajustement structurel.

Passager clandestin. En anglais, *free rider*. Se dit du bénéficiaire d'un service collectif qui trouve le moyen d'éviter d'acquitter la contribution normalement requise : resquilleur dans les transports en commun (le coût marginal du passager clandestin est nul, mais si tout le monde resquille, il n'y a plus de transport collectif) ; salarié qui refuse de faire grève ou d'adhérer à un syndicat (donc ne perd pas de salaire, ou ne participe pas à la vie syndicale), mais bénéficie des résultats de la grève, ou de l'action du syndicat ; personne pratiquant la fraude ou l'évasion fiscale, mais bénéficiant des services publics. Les externalités sont souvent à l'origine de ce type de comportement. V. action collective, externalité.

Passif (du bilan). V. bilan.

Patrilinéaire. V. filiation.

Patrimoine (cn). État des avoirs (actifs financiers et non financiers) et des dettes (passifs financiers) détenus par un agent à un moment donné. Ils sont récapitulés dans un compte de patrimoine dont le solde est la *valeur nette du patrimoine*.

Paupérisation. Dynamique de réduction du pouvoir d'achat d'une personne ou d'un groupe social, soit de façon absolue (le pouvoir d'achat diminue), soit de façon relative (progression moindre que la moyenne).

Paupérisme. Analyse critique développée au XIXe siècle, dénonçant l'absence d'intervention publique pour empêcher que l'enrichissement d'une partie de la société repose sur la paupérisation d'une autre partie.

Pauvreté. Cumul de manques : d'avoirs, de pouvoir, de savoir, de santé, de considération, etc. L'accent est le plus souvent mis sur la pauvreté monétaire, définie comme étant le fait de disposer d'un niveau de vie (v. ce terme) inférieur au seuil de pauvreté. Ce dernier peut être fixé de façon relative, comme dans les pays de l'Union européenne (60 % du niveau de vie médian du pays concerné), ou de façon absolue, comme le fait la Banque mondiale (2 dollars par jour et par personne). Les États-Unis ont choisi un seuil « semi-absolu » : le seuil de pauvreté est défini par le triple du prix total d'un panier de biens alimentaires déterminés censé permettre à un ménage d'une certaine taille de se nourrir correctement.

Pauvreté laborieuse. Situation des travailleurs vivant dans un ménage dont le niveau de vie (v. ce terme) est inférieur au seuil de pauvreté. Est considérée comme travailleur toute personne en emploi ou demandeuse d'emploi ayant travaillé au moins un mois au cours des six derniers mois. La pauvreté laborieuse dépend donc à la fois du revenu d'activité du travailleur et des revenus des autres personnes éventuelles qui composent le ménage. En 2007, la France comptait 6,5 % de travailleurs pauvres.

Pays ACP. Pays d'Afrique, des Caraïbes et du Pacifique bénéficiaires d'un traitement préférentiel de la part de l'UE. V. convention de Cotonou.

Pays émergents. V. économies émergentes.

Pays en développement. V. PED.

PCS (nomenclature des). La nomenclature des professions et catégories socioprofessionnelles a remplacé celle des CSP à partir du recensement de 1982. Six PCS au niveau le plus rudimentaire (en italique sont données les anciennes CSP correspondantes) : agriculteurs exploitants, artisans, commerçants et chefs d'entreprise (anciens *patrons de l'industrie et du commerce*), cadres et professions intellectuelles supérieures (anciens *cadres supérieurs et professions libérales* + *professions de l'information, des arts et des spectacles*, dont les journalistes, anciennement classés avec les cadres moyens), professions intermédiaires (anciens *cadres moyens* + *contremaîtres* + *clergé*), employés (anciens *employés* + *personnels de service*), ouvriers (anciens *ouvriers* + *ouvriers agricoles*). V. CSP.

PECO. Acronyme de pays d'Europe centrale et orientale (anciens « pays de l'Europe de l'Est »).

PED. Pays en développement. Intitulé officiel utilisé par les institutions internationales pour désigner ceux dont le revenu est inférieur à un certain niveau ; cette appellation succède à celle de PVD (*pays en voie de développement*), qui avait remplacé celle de *pays sous-développés* après la première CNUCED de 1964. Les PED sont subdivisés en pays à faible revenu (RNB [v. ce terme] par habitant inférieur à 975 dollars, chiffre 2009) et en pays à revenu moyen inférieur (976 à 3 855 dollars), revenu moyen supérieur (3 856 à 11 905 dollars). Les pays à revenu élevé (plus de 11 905 dollars) sont les *pays développés* (cette classification sert à déterminer certaines conditions de financement par la Banque mondiale). V. PMA, économies émergentes.

Peel (*Act* de). V. *currency principle*.

Pension. 1) Revenu de substitution : pension de retraite, pension d'invalidité, pension alimentaire. 2) Garantie (concrétisée par l'acquisition provisoire d'un effet de commerce) exigée par une banque pour accorder un crédit commercial. On parle alors de « mise en pension » ou de « réméré » lorsqu'il s'agit d'un prêt interbancaire.

PER. *Price Earning Ratio*. Coefficient de capitalisation des résultats : cours boursier divisé par le bénéfice par action. Un PER élevé signifie que la Bourse anticipe avec optimisme les résultats futurs de la société.

PERCO. V. plan d'épargne-retraite.

Périphérie. Dans certaines analyses, désigne les économies dominées, c'est-à-dire dont l'activité et le financement dépendent d'économies dominantes qui peuvent ainsi prélever une rente de situation aux dépens des économies dominées.

Permis d'émissions polluantes. Dispositif destiné à borner les émissions de certains polluants (rejets de CO_2 par exemple) par attribution aux firmes émettrices d'une quantité préétablie de droits (permis) à rejeter le produit en question chaque année, sous peine d'amendes proportionnées aux dépassements. Le but du dispositif est d'inciter les entreprises concernées à effectuer des investissements ou à acheter à d'autres entreprises, qui ne les utiliseraient pas complètement, une part de leurs permis. S'établit ainsi un « marché des permis d'émission » jugé plus efficace que la réglementation, parce que ce sont les entreprises les plus polluantes qui ont le plus intérêt à effectuer des investissements limitant leurs rejets. On parle parfois, d'une manière inexacte, de « droits à polluer » : les rejets, jusqu'alors gratuits, sont désormais payants à partir d'un certain seuil.

PERP. V. plan d'épargne-retraite.

Personne de référence. Dans un ménage, désigne la personne disposant du revenu principal et qui, de ce fait, détermine la catégorie socioprofessionnelle à laquelle le ménage doit être rattaché.

Pétrodollars. Eurodollars (v. ce terme) résultant du recyclage des excédents des pays pétroliers après les chocs pétroliers.

Phillips (courbe ou relation). V. courbe de Phillips.

Physiocratie. De *phusis*, « nature » et *kratos*, « puissance ». École économique libérale fondée par François Quesnay (1694-1774), dont Turgot était un disciple, et qui a fortement influencé Adam Smith ; milite pour le remplacement de l'interventionnisme mercantiliste (v. ce terme) par les lois naturelles auxquelles obéissent (ou doivent obéir) d'après elle les phénomènes économiques (par opposition à Dieu ou à la monarchie absolue d'alors) ; pense que seule l'agriculture est productive.

PIB au coût des facteurs, aux prix du marché (cn). Le produit intérieur brut mesure l'ensemble des activités économiques génératrices de revenu, qu'il s'agisse d'un revenu monétaire ou d'un revenu en nature (jardins familiaux, logements occupés par leur propriétaire). En additionnant les valeurs ajoutées de tous les secteurs institutionnels (v. ce terme), on obtient le PIB au coût des facteurs. En ajoutant à ce dernier le montant de la TVA, des impôts sur la production nets de subventions et des droits de douane, on obtient le PIB aux prix du marché. Le PIB mondial était de 48 000 milliards de dollars (PPA) en 2004, pour 6,3 milliards d'habitants : les États-Unis en réalisaient 22 %, l'Union européenne 20 %, la France 3,2 %, pour, respectivement, 4,8 %, 6 % et 1 % de la population mondiale.

PIB marchand, non marchand (cn). Jusqu'en 1998, on décomposait le PIB en un PIB marchand (à peu près la valeur ajoutée des branches marchandes) et un PIB non marchand (à peu près la valeur ajoutée des branches non marchandes). Cette distinction n'existe plus depuis 1999.

Pilule empoisonnée. Ensemble des dispositifs mis en œuvre par une société pour décourager d'éventuelles OPA (v. ce terme) hostiles. Exemple : indemnités très élevées à la charge de la société et au bénéfice des dirigeants si ces derniers venaient à être remerciés par une nouvelle majorité d'actionnaires.

Placement. Affectation de l'épargne à d'autres fins que l'investissement productif, pour en obtenir un revenu.

Plafond de la Sécurité sociale. Niveau de salaire au-delà duquel changent (diminuent en général) certains taux de cotisations sociales ; il est périodiquement réajusté (2 885 euros mensuels en 2010). V. régime général de retraite.

Plan. V. Commissariat général du Plan.

Plan comptable. Ensemble de normes que les pouvoirs publics recommandent ou imposent en matière de comptabilité.

Plan d'épargne-retraite. Dispositif d'épargne bloquée en franchise d'impôts ouvert soit à titre personnel (PERP, plan d'épargne-retraite personnel : dans ce cas, les sommes versées sont déductibles du revenu imposable jusqu'à un certain plafond), soit à titre collectif pour les salariés d'une entreprise (PERCO, plan d'épargne-retraite collectif : l'entreprise peut alors abonder la partie du salaire net qui est virée sur le plan). Constitue en fait un fonds de pension facultatif. V. fonds de pension.

Plan de sauvegarde de l'emploi. Ensemble de mesures de reclassement ou d'accompagnement social (préretraites, conventions de conversion...) que toute entreprise qui licencie pour raison économique plus de 50 salariés doit présenter en même temps que la décision de licenciement. Le licenciement collectif ne devient effectif que si le plan est accepté par la Direction départementale du travail où se trouve le siège social de l'entreprise. Avant 2002, s'appelait « plan social ».

Plan Marshall. Aide américaine importante à la reconstruction de l'Europe après la dernière guerre mondiale. Sert encore : lorsqu'un ministre veut faire un effet d'annonce, il parle d'un « véritable *plan Marshall* pour la banlieue », ou pour d'autres objectifs.

Plan social. V. plan de sauvegarde de l'emploi.

Planification. Activité très générale qui consiste à déterminer des objectifs et les moyens de les atteindre. Les grandes entreprises ont toutes des procédures précises, voire sophistiquées, de planification. Comme mode de régulation globale de l'économie, la planification (théoriquement *impérative*) caractérisait les « pays socialistes ». La planification *indicative* (processus de concertation entre acteurs majeurs, y compris les syndicats, organisation d'incitations) a joué un rôle important en France pendant les « trente glorieuses », plus comme « réducteur d'incertitude » (Pierre Massé) que comme « ardente obligation » (Charles de Gaulle).

Planification des naissances, planning familial. Utilisation de méthodes contraceptives pour maîtriser la fécondité. Facteur essentiel de la *transition démographique*.

Plus-value. 1) Au sens de Marx (*Mehrwert*), valeur créée par la force de travail mais appropriée par celui qui l'a louée, c'est-à-dire l'employeur du ou des salariés. Appelée aussi survaleur. On distingue la *plus-value absolue* obtenue en augmentant la durée de la journée de travail et/ou l'intensité du travail, et la *plus-value relative* obtenue en réduisant la proportion de la journée de travail qui correspond à la valeur de la force de travail, grâce au progrès de la productivité du travail qui permet de diminuer le coût de production des biens consommés par les ouvriers. La *plus-value extra* est le surprofit temporaire que peut capter le capitaliste qui utilise des techniques de production plus efficaces que la moyenne. Sa recherche est un des moteurs du progrès de la productivité. V. exploitation. 2) Au sens financier, valorisation d'un titre, dont le prix de vente devient supérieur à son prix d'acquisition. La plus-value n'est que potentielle tant que la vente du titre en question n'a pas permis de la concrétiser.

PMA. Catégorie de pays définie par l'ONU sur la base de trois types d'indicateurs : bas revenu national (produit intérieur brut par habitant inférieur à 900 dollars PPA), faible niveau de développement humain (indice composite incorporant des indicateurs de santé, de nutrition et d'éducation) et vulnérabilité économique (indice composite incorporant des indicateurs sur l'instabilité, la production et les exportations agricoles, le manque de diversification, et le handicap d'être un petit pays). En outre, pour être admissible dans la catégorie des PMA, le nombre d'habitants ne doit pas dépasser 75 millions. Comprend (2010) quarante-huit pays. Depuis 1971, trois pays (le Botswana, le Cap-Vert et les Samoa) ont pu en sortir. V. PED.

PME. Petites (moins de cinquante salariés) et moyennes (moins de cinq cents salariés) entreprises.

PNB (cn). Produit national brut ; remplacé aujourd'hui par le RNB, il est égal au PIB plus les revenus du travail et de la propriété reçus du reste du monde, moins les revenus analogues versés au reste du monde. Pour la France, le PNB est pratiquement égal au PIB. Le PNB de certains pays est nettement plus faible (de 15 % pour le Brésil ou l'Irlande) que leur PIB parce qu'ils versent beaucoup d'intérêts ou de dividendes à d'autres pays. Symétriquement, les pays qui disposent d'avoirs importants à l'étranger ont un PNB supérieur au PIB (émirats pétroliers, Suisse, etc.). V. revenu national brut.

PNUD. Programme des Nations unies pour le développement ; organisme d'assistance technique créé en 1965 ; il publie annuellement le *Rapport sur le développement humain*. V. IDH.

Point de base. Dans le domaine financier ou monétaire, les variations de taux d'intérêt s'expriment en « points de base ». Un point de base correspond à un centième de 1 %. Si un taux d'intérêt de 7 % augmente de 50 points de base, il atteint donc 7,5 %.

Point mort. V. seuil de rentabilité.

Points. V. pourcentage.

Pôle de compétitivité. Accords de coopération entre entreprises et organismes de recherche situés sur un territoire commun, avec l'aide financière de l'État, pour mobiliser des moyens importants dans des projets précis de recherche appliquée ou recherche-développement. Lorsque ces moyens se traduisent par des « grappes » d'ordinateurs mis en réseau, on parle de *cluster*.

Pôle emploi. Nom du principal pilier du service public de l'emploi (l'autre étant l'AFPA : Association pour la formation professionnelle des adultes), issu en 2008 de la fusion entre l'ancienne ANPE (Agence nationale pour l'emploi, précédemment chargée du placement des demandeurs d'emploi) et les trente anciennes ASSEDIC (Association pour l'emploi dans l'industrie et le commerce), précédemment chargées de leur indemnisation.

Policy mix. Toute politique (macro)-économique peut être considérée comme un dosage, un mélange (*mix*), de politique budgétaire (plus ou moins expansive ou restrictive), de politique monétaire (plus ou moins « accommodante »), etc. Il y a changement du *policy mix* lorsque le dosage entre ces éléments évolue.

Politique agricole commune. V. PAC.

Politique budgétaire. Utilisation (d'inspiration keynésienne) du budget de l'État pour réguler l'activité économique. Une augmentation des dépenses publiques accroît l'activité et le revenu national en raison de l'effet *multiplicateur*. Une diminution des impôts a des effets analogues. Des mesures de contraction des dépenses et d'augmentation des impôts ont des effets contraires. Attention ! Ce n'est pas l'existence d'un déficit budgétaire qui influence l'évolution de l'économie, mais la variation de ce déficit : si le déficit s'accroît, la politique budgétaire soutient l'activité ; s'il diminue, l'économie est freinée. V. équivalence ricardienne, stabilisateur automatique.

Politique commune. Dans le cadre de l'UE existent des politiques financées par l'Union (c'est-à-dire à Bruxelles) et décidées par le Conseil des ministres dans le domaine de l'agriculture, du commerce (c'est la Commission qui négocie à l'OMC), de la concurrence, etc. V. subsidiarité.

Politique conjoncturelle, structurelle. Alors que la politique conjoncturelle vise à régulariser la croissance et manie à cette fin essentiellement la monnaie et le budget, la politique structurelle vise à augmenter le rythme potentiel de croissance en modifiant les structures et les règles du jeu dans certains secteurs (agriculture, infrastructures, formation...) ou dans l'ensemble de l'économie (droit du travail, fiscalité, aménagement du territoire...). La première est à horizon court, la seconde à horizon long. V. *policy mix*.

Politique contracyclique. Politique économique visant à atténuer l'ampleur des fluctuations économiques, en stimulant la demande globale lorsqu'elle tend à se réduire ou en la réduisant lorsqu'elle tend au contraire à s'accélérer de manière jugée excessive. À l'inverse, est appelé procyclique ce qui tend à amplifier l'ampleur du cycle économique.

Politique d'austérité, de rigueur. Limitation de la demande par des politiques monétaires et budgétaires restrictives, en général pour réduire l'inflation ou un déficit extérieur (ce qui explique le terme « politique déflationniste » souvent utilisé par ceux qui la contestent pour désigner cette politique). Les déficits publics importants, gonflés par les politiques de relance pratiquées par la plupart des pays de l'UE pour lutter contre la crise de 2008-2009, ont provoqué un affaiblissement de l'euro, à l'origine d'une politique de rigueur, au risque de casser le début de reprise qui se dessinait alors.

Politique de l'emploi. Ensemble des interventions publiques visant explicitement soit à réduire, soit à rendre socialement plus tolérable le chômage. On distingue habituellement les politiques actives, qui cherchent à faciliter le retour à l'emploi, et les politiques passives, qui cherchent à compenser les effets du chômage. V. activation des dépenses publiques.

Politique de la concurrence. Au niveau national, ensemble des règles visant à empêcher les abus de position dominante ou les ententes entre firmes. Au niveau européen, la politique de la concurrence a d'abord cherché à instaurer des règles permettant au marché unique (v. ce terme) de fonctionner correctement et à veiller à ce que les fusions entre firmes n'aboutissent pas à des monopoles de fait sur certains marchés. Sous l'influence des idées libérales, vise désormais plutôt à démanteler les monopoles publics, accusés d'être à l'origine de rentes de situation préjudiciables aux consommateurs, et à empêcher les aides publiques accusées d'être à l'origine de distorsions de concurrence.

Politique de l'offre (ou d'offre). Deux sens très différents. Dans une optique ultralibérale, elle désigne une politique qui déréglemente, réduit l'intervention publique et les prélèvements obligatoires accusés d'entraver l'initiative individuelle et d'être un frein à l'exubérance spontanée de l'offre que le fonctionnement « naturel » du marché est censé garantir (v. économie de l'offre, courbe de Laffer). Dans une seconde acception (on parle alors plutôt, au pluriel, de politiques d'offre), il s'agit des interventions (nécessairement) publiques qui visent à favoriser la production des externalités (v. ce terme) nécessaires au développement de technologies nouvelles, à l'amélioration de la qualité des produits, à la croissance de la productivité, etc. qui sont indispensables pour que l'offre nationale reste compétitive malgré l'élévation des salaires et/ou du taux de change. Les externalités sont ici liées à la qualité de l'éducation, des infrastructures, de la R-D, à la mise en place de financements adaptés à l'innovation, etc.

Politique de relance. Politique économique conjoncturelle qui s'efforce de lutter contre le sous-emploi en utilisant les politiques budgétaire, monétaire, voire de change. V. dévaluation compétitive.

Politique de stabilisation. Dénomination souvent utilisée à la place de politique d'austérité ou de politique de rigueur. Politique économique luttant contre les déséquilibres (inflation, déficit budgétaire, déficit extérieur, mais pas chômage). Dans un sens plus général, on parle quelquefois de politique de stabilisation à propos des mesures de politique économique destinées à atténuer l'ampleur du cycle économique.

Politique des revenus. Ensemble des dispositifs publics visant à influencer le rythme de progression et la répartition des revenus des agents économiques. Son rôle est à la fois conjoncturel (empêcher une évolution de l'ensemble des revenus ou de certains d'entre eux qui pourrait créer une pression inflationniste ou déflationniste) et structurel (instaurer une répartition jugée équitable ou, au moins, acceptable entre acteurs sociaux). S'appuie soit sur une intervention directe de l'État (évolution des salaires des fonctionnaires, du salaire minimum, des revenus des professions de santé et des agriculteurs, et des revenus sociaux), soit sur des accords entre représentants des groupes sociaux concernés.

Politique industrielle. Ensemble des interventions publiques ayant pour objet, ou pour conséquence, d'encourager certaines branches d'activité (par exemple au moyen de commandes publiques ou d'aides à la recherche-développement) ou d'inciter à la constitution de groupes, aux fusions ou aux mariages d'entreprises, etc. La politique industrielle peut prendre la forme extrême des nationalisations (transfert à l'État de la propriété de certaines entreprises), mais elle est généralement plutôt incitative.

Politique monétaire. Ensemble des moyens mis en œuvre pour agir sur l'évolution de la masse monétaire, soit afin d'assurer la stabilité de la valeur de la monnaie (politique restrictive), soit afin de stimuler l'activité économique (politique expansive). La politique monétaire est dite « non conventionnelle » lorsque, au lieu d'agir sur la liquidité des banques (politique dite « quantitative »), elle passe par le financement d'agents non bancaires emprunteurs (grandes entreprises par exemple). Avec la création de l'Union économique et monétaire, la définition des objectifs et des moyens de la politique monétaire est entièrement du ressort de la BCE (au sein de la zone euro), qui, pour ce faire, bénéficie d'un statut d'indépendance à l'égard du pouvoir politique. Cette indépendance est considérée par ses partisans comme la condition de la crédibilité de la détermination de la politique monétaire à défendre la stabilité de la monnaie, elle-même jugée comme un bien collectif ou une externalité (v. ces termes) indispensable au bon fonctionnement de l'économie.

Polygamie. Union impliquant plus de deux conjoints. *Polyandrie* lorsqu'une femme épouse plusieurs hommes et *polygynie* lorsque c'est un homme qui épouse plusieurs femmes.

Ponzi. V. pyramide de Ponzi.

Population active. Ensemble des personnes qui occupent un emploi, salarié ou indépendant (population active occupée, soit 25,5 millions de personnes en 2010 pour l'ensemble de la France métropolitaine et des DOM) ou qui en cherchent un (2,8 millions). Ne sont pas considérées comme actives les personnes qui ne cherchent pas d'emploi (chômeurs découragés, demandeurs d'emploi dispensés de recherche...) ou qui ne sont pas disponibles rapidement pour en occuper un (formation, congé maladie, congé maternité...). V. flexion des taux d'activité.

Population inactive. Ensemble des personnes qui n'occupent pas un emploi et n'en cherchent pas. En réalité, une partie de la population dite inactive est désireuse d'occuper un emploi, mais soit ne parvient pas à en trouver, soit n'est pas disponible immédiatement pour l'occuper. V. halo du chômage.

Population stable, stationnaire. V. Lotka.

Portage. Sans précision particulière, désigne généralement le fait, pour un organisme financier, d'acquérir des actions d'une société pour le compte d'un tiers, lequel s'engage à les racheter à une date et des conditions prévues dans le contrat. Le portage salarial consiste, pour une société, à salarier une personne (en général un cadre) qui a trouvé une mission à effectuer chez un tiers : l'entreprise facture alors le travail effectué, retient pour ses frais et le service rendu une fraction déterminée de la facture, et utilise le solde pour rémunérer le « salarié » sous forme de salaire et de cotisations sociales. Cela permet à ce dernier, salarié intermittent, de continuer à bénéficier des droits sociaux des salariés (assurance chômage et retraite par exemple). La seule différence avec l'intérim est que, dans le cas du portage salarial, c'est le salarié qui apporte la mission alors que, dans le cas de l'intérim, c'est la société d'intérim.

Position monétaire extérieure. Sa variation compense le solde de tous les autres postes de la balance des paiements. Il s'agit de mouvements de capitaux à court terme des secteurs bancaire et public (réserves de change comprises). V. balance des paiements.

Positive (théorie). Cherche à analyser *ce qui est* (exemple, théorie de l'emploi chez Keynes). V. normative.

Poste de travail. Ensemble d'équipements correspondant à un emploi. Un même poste de travail peut accueillir plusieurs salariés successivement : on parle alors de travail posté (v. ce terme).

Post-taylorisme. V. néotaylorisme.

Potlatch. En indien nootka, « donner ». Les ethnologues désignent ainsi les dons et contre-dons cérémoniels qui expriment le défi, la rivalité, et notamment remplacent la guerre par des manifestations de prestige.

Pourcentage. Sert à exprimer une *proportion* (c'est la proportion pour cent). Exemple : les chômeurs représentent 12 % de la population active (sur 100 actifs, il y a 12 chômeurs). Une proportion est souvent appelée un *taux* (ici le taux de chômage). Un pourcentage peut également représenter une *variation relative* (c'est la variation pour cent), appelée aussi taux de variation ou taux de croissance. Exemple : le taux de croissance du chômage en un an a été de 20 %. Il vaut mieux ne pas confondre les deux, c'est-à-dire ici le taux de chômage et le taux de croissance du chômage. Attention ! Les choses ne sont pas forcément simples à dire. Le taux de chômage a augmenté de 10 % signifie-t-il que le taux est passé de 12 % à 13,2 % (1,2 % représente effectivement 10 % de 12 %) ou bien que le taux atteint 22 % (c'est-à-dire 12 % plus 10 %) ? Pour éviter l'ambiguïté, on a tendance à dire dans le second cas de figure que le taux de chômage a augmenté de 10 *points* ; 10 % peut s'écrire 0,1 et 0,1 se lire 10 %. Dans les calculs, on obtient directement des nombres et non des %. Attention donc à ne pas oublier que 0,01 peut se lire 1 %, 0,001 se lire 0,1 % et 1 se lire 100 %, 3 se lire 300 %, 2,345 se lire 234,5 % !

Pouvoir. « Chance de faire triompher, au sein d'une relation sociale, sa propre volonté, même contre la résistance d'autrui » (Max Weber, *Économie et société*, 1922). Le pouvoir n'est ni une substance que l'on pourrait posséder et transmettre, ni une institution, c'est une relation. Relation d'*autorité* ou de *domination* (v. ces termes). Légitimité et contrainte sont les deux ressources du pouvoir.

Pouvoir d'achat. Le pouvoir d'achat d'un revenu est la quantité de produits qu'il permet d'acheter. V. valeur, prix...

Pouvoir libératoire (d'une monnaie). Capacité qu'a cette monnaie d'éteindre les dettes (de *libérer* des dettes), ce qui suppose que les créanciers soient obligés de l'accepter (cours légal). Celui des billets de banque est total, celui de la monnaie divisionnaire est limité par des textes.

PPA. V. parité de pouvoir d'achat.

Précarité. Situation d'une personne qui est dans l'incertitude du lendemain, soit en raison de la faiblesse ou de la variabilité de ses revenus, soit en raison d'un emploi instable, et qui, de ce fait, éprouve des difficultés pour vivre décemment (accès à un logement convenable par exemple) et pour effectuer des prévisions à long terme. D'où l'importance d'une sécurisation des parcours professionnels (v. ce terme).

Prédateur. V. OPA.

Préférence communautaire. A longtemps été la clé de voûte de la PAC, mais est en voie de disparition. Vise à décourager les importations de produits agricoles comme les céréales ou le sucre en provenance de pays non membres et à encourager les achats de produits en provenance de pays membres grâce à un système de taxes à l'importation.

Préférence pour la liquidité. Notion keynésienne. Le taux d'intérêt n'apparaît pas à Keynes comme le prix de la renonciation à la consommation (conception néo-classique de l'épargne), mais comme la « récompense de la renonciation à la liquidité, [il] mesure la répugnance des détenteurs de monnaie à aliéner leur droit d'en disposer à tout moment » (*Théorie générale...*, v. ce terme). Le fait de prêter ses liquidités risque de poser des problèmes à l'agent économique lorsque, pour des raisons imprévisibles (v. incertitude), il en a tout d'un coup un urgent besoin. Même si l'agent a prêté en achetant des obligations à taux fixe, négociables à la Bourse, il s'expose à un risque de taux (v. ce terme) qui peut lui faire essuyer de sévères pertes (v. cours d'une obligation). Celui qui reste liquide (qui ne prête pas) ne reçoit évidemment pas le taux d'intérêt. Sa *préférence pour la liquidité* a donc un coût : la renonciation au taux d'intérêt. V. coût d'opportunité, taux d'intérêt.

Prélèvement à la source. Cas où un impôt ou une cotisation sociale est déduit du revenu avant que ce dernier ne soit versé à son bénéficiaire. Tout prélèvement à la source réduit donc d'autant le montant du revenu net, mais, évitant une imposition après coup, il est souvent plus facilement accepté.

Prélèvement libératoire. Prélèvement par le fisc sur les revenus des obligations, des SICAV, etc., d'un pourcentage indépendant de la situation fiscale du détenteur du revenu. Ce prélèvement forfaitaire va à l'encontre de la progressivité de l'impôt ; il *libère* en effet de l'impôt sur le revenu, ce qui favorise ceux dont le taux d'imposition dépasse le taux du prélèvement libératoire.

Prélèvements obligatoires. Impôts et cotisations sociales obligatoires. En les rapportant au PIB, on obtient le taux de prélèvements obligatoires, aujourd'hui (2009) égal à 42,7 % en France. Les comparaisons internationales sur cet indicateur n'ont pas grand sens, puisque, dans certains pays, les cotisations aux organismes sociaux ne sont pas obligatoires et dépendent de décisions de branches (l'assurance maladie aux États-Unis par exemple) ou d'entreprises (l'assurance vieillesse au Royaume-Uni) tandis que, dans d'autres pays (la France, par exemple), certaines prestations sont versées par les employeurs eux-mêmes, ce qui, en comptabilité nationale, se traduit par des « cotisations sociales imputées » du montant des prestations versées mais qui ne sont pas incluses dans les prélèvements obligatoires. En outre, au niveau national, cet indicateur n'est pas consolidé (il inclut des prélèvements que les administrations se versent à elles-mêmes, comme la TVA acquittée par les collectivités territoriales). Cela ne l'a cependant pas empêché de prendre une place symbolique très forte (et contestable) dans le débat public, comme mesure de la place de l'« État » (alors que ses prélèvements obligatoires ne représentent que 16,2 % du PIB). Ainsi, à partir du taux de prélèvements obligatoires, une association de contribuables calcule le nombre de jours durant lesquels un résident moyen travaille « pour l'État », alors qu'une partie des prélèvements finance des prestations sociales dont chacun est susceptible de bénéficier (assurance maladie, assurance vieillesse).

Preneurs de prix. V. concurrence.

Prénotion. Terme d'abord utilisé par Durkheim pour désigner un énoncé du sens commun, une notion spontanée utilisée avant toute démarche scientifique.

Pression fiscale. Recettes fiscales rapportées au PIB.

Prestataire. Entreprise qui vend une prestation de service. Dans le cas des services à la personne, on parle d'emploi « prestataire » pour indiquer que l'entreprise qui vend la prestation de service est également l'employeur du salarié qui effectue le travail, par opposition à l'emploi « de gré à gré », où l'employeur est le particulier qui bénéficie du service.

Prestations sociales (cn). Ce sont des revenus (en espèces ou en nature) attribués personnellement à des ménages, principalement par les administrations publiques, pour prendre en charge les dépenses correspondant à des « risques » déterminés dans les domaines de la santé (remboursement partiel ou total de soins médicaux...), de la vieillesse (minimum vieillesse, retraites), de l'aide sociale (RSA), de la maternité, de la famille (allocations familiales), du chômage (indemnités), etc. V. transferts sociaux en nature.

Prêt bonifié. Un prêt est bonifié lorsqu'il est accordé à un taux préférentiel, la différence entre le taux préférentiel et le taux normal étant par exemple prise en charge par le budget de l'État. La politique de bonification (le prêt à taux zéro pour l'acquisition d'un logement, par exemple) permet de favoriser certains investissements (modernisation de l'agriculture, économies d'énergie, etc.) ou certaines catégories sociales.

Prêteur en dernier ressort. V. banque.

Prévenance (délai de). Délai que doit respecter l'employeur lorsqu'il informe le salarié d'une modification des horaires de travail.

Price takers. V. concurrence.

Prime de risque. Majoration d'un intérêt perçu à l'occasion d'un prêt pour tenir compte de l'incertitude pesant sur la rentabilité des opérations financées à l'aide de ce prêt. Il peut exister aussi une prime de risque sur certaines devises, lorsqu'il existe une probabilité supérieure à la moyenne (aux yeux des opérateurs) pour que le taux de change de cette devise se déprécie dans un avenir proche.

Prime pour l'emploi. Créée par une loi de mai 2001, la PPE est un crédit d'impôt (v. ce terme). La PPE est versée aux contribuables dont les revenus d'activité sont compris entre 0,3 et 1,4 SMIC (croissante jusqu'à 1 SMIC, elle s'annule à 1,4). Elle dépend du temps de travail et de la situation familiale. Elle se traduit par une réduction de l'impôt sur le revenu dû par les contribuables ou par un chèque qui leur est envoyé par le Trésor public si la PPE est supérieure à ce montant. V. impôt négatif, trappes à inactivité.

Principal-agent. V. agence.

Privatisation. Vente par l'État d'une entreprise qu'il possède. L'objectif est de financer le déficit budgétaire et/ou de réduire le périmètre de l'intervention publique.

Prix courants, constants. V. valeur, prix...

Prix d'appel. Prix attractif pratiqué sur certains produits en promotion afin d'attirer les clients en espérant qu'ils achèteront également d'autres produits.

Prix de base (cn). C'est la recette effective du producteur par unité produite : montant reçu de l'acheteur, diminué des impôts sur les produits (TVA...) et augmenté des subventions sur les produits. Les comptabilités nationales mesurent désormais la production (donc la valeur ajoutée) au prix de base.

Prix d'équilibre. Celui qui correspond à l'égalité de la quantité offerte et de la quantité demandée.

Prix de production. V. loi de la valeur.

Prix de transfert. Prix pratiqués entre filiales d'un même groupe situées dans des pays différents, et permettant de faire apparaître les bénéfices dans la filiale située dans le pays où l'impôt est le plus faible. Forme de surfacturation (v. ce terme).

Prix Nobel. V. Nobel.

Prix réel. Prix exprimé non en monnaie mais en quantité d'un autre produit (souvent, le prix de l'heure de travail au salaire minimum, parfois le quintal de blé, etc.), de manière à faire ressortir les changements de prix relatifs entre deux périodes.

Prix relatif. Rapport du prix d'un bien au prix d'un autre bien. En pratique, on s'intéresse surtout à l'*évolution du prix relatif* d'un bien (ou d'un groupe de biens) par rapport aux prix de l'ensemble des biens. On calcule alors souvent un *indice du prix relatif.* Par exemple, l'indice des prix des « appareils de réception, d'enregistrement du son et de l'image » est à 34,3 en 2009 (base 100 en 2000), alors que l'indice des prix de la consommation des ménages est à 115,6 (même base). L'indice du prix relatif des appareils de réception, d'enregistrement du son et de l'image est donc de 29,7 (34,3 divisé par 115,6 et multiplié par 100). Le prix relatif de ces appareils a donc diminué de 70,3 % en neuf ans, soit – 11,1 % par an en moyenne. V. coefficient budgétaire, prix réel.

Procyclique. V. politique contracyclique.

Production au plus juste (*lean production*). V. toyotisme.

Production domestique. Non mesurée par les comptables nationaux ; c'est celle résultant d'un travail accompli dans le cadre de la famille et nécessaire au bon déroulement de la vie quotidienne dans les normes sociales actuelles. Selon une enquête de l'INSEE de 2002, cette production domestique absorberait, selon les ménages, de 5 h 20 par jour (couples bi-actifs à temps plein) à 8 h 11 (couple mono-actif), l'essentiel étant effectué par les femmes, même lorsqu'elles ont un emploi. S'il fallait comptabiliser cette production au SMIC, cela correspondrait à 36 % du PIB. Attention ! l'emploi de « production domestique » pour désigner le PIB est un anglicisme coupable. V. consommation domestique, production pour emploi final propre des ménages.

Production pour emploi final propre (cn). Production destinée à la consommation ou à l'investissement du producteur. Elle est surtout importante pour les ménages puisqu'elle recouvre alors notamment les loyers imputés (v. ce terme) et la production correspondant à l'emploi de personnel domestique salarié.

Production vivrière. V. cultures vivrières.

Productivisme. Choix des techniques de production aussi économes en travail que possible économiquement, sans se soucier de leurs conséquences sociales (sur les travailleurs, mais aussi sur la collectivité) et écologiques (sur l'environnement). Revient à transférer sur la collectivité des externalités négatives afin de réduire les prix de vente ou d'augmenter la marge des producteurs.

Productivité. La productivité est une mesure de l'*efficacité* du processus productif, c'est-à-dire de la relation entre le niveau de la production et la quantité des facteurs qui l'ont permis. Elle est mesurée par un rapport. Le numérateur peut être la production ou la valeur ajoutée d'une entreprise ou d'une branche ou de l'économie nationale. Le dénominateur représente les facteurs de production. Le plus simple est évidemment de ne s'intéresser qu'à un seul de ceux-ci (productivité du travail ou du capital) ; on parle alors de *productivité apparente* pour souligner que la production ne peut pas être entièrement imputée à un seul facteur. La productivité globale des facteurs désigne un gain de productivité non imputable aux facteurs de production utilisés : on ne peut l'observer, mais on peut la calculer à partir d'une hypothèse faite sur la part de chacun des facteurs de production dans la production finale. Par exemple, si l'on estime que le travail est à l'origine de 65 % de la production et le capital à l'origine de 35 % (valeurs fréquemment retenues), une augmentation de 1 % de la quantité de travail devra permettre d'augmenter la production de 0,65 % et une augmentation de 1 % de la quantité de capital devra permettre d'augmenter la production de 0,35 %. Si, pour une augmentation de 1 % de chacun des deux facteurs de production, le résultat observé est une augmentation de 1,5 % de la production, on dira que la productivité globale des facteurs s'est accrue de 0,5 %. *Pour calculer les évolutions de la productivité, il est essentiel de raisonner en volume, c'est-à-dire à prix constants.* La productivité est spécialement difficile à mesurer lorsque le produit est difficile à identifier précisément, ce qui est souvent le cas dans les services : comment définir celui d'un consultant en gestion, d'un enseignant, d'un médecin, d'un militaire, d'un policier, etc. ? Pour ces raisons, le débat sur une éventuelle baisse du taux de croissance de la productivité est d'une grande complexité.

Productivité du capital. Rapport de la valeur ajoutée au capital fixe productif. Il s'agit d'une productivité apparente. Pour calculer son évolution, il faut évidemment raisonner à prix constants (autrement dit, en volume). Cette évolution ne dépend pas seulement de l'efficacité intrinsèque du capital mais aussi de la durée d'utilisation des équipements (le travail posté augmente la productivité du capital) et de leur degré d'utilisation. L'inverse de la productivité du capital est le coefficient de capital.

Productivité du travail. Rapport entre le volume de la production (ou de la valeur ajoutée) et le volume du travail. Si c'est le nombre d'heures qui est pris en compte au dénominateur, on parle de *productivité horaire du travail* ; si c'est l'effectif occupé, on parle de *productivité par tête* (par exemple, pour l'ensemble de l'économie, on peut s'intéresser à l'évolution du PIB par actif occupé, mesuré à prix constants). La productivité du travail est souvent appelée *productivité apparente du travail* pour bien montrer qu'elle dépend aussi d'autres facteurs. Son évolution (à mesurer à prix constants, c'est-à-dire en volume) peut dépendre d'un renforcement de l'*intensité* du travail, du respect ou non des consignes de sécurité, de modifications de l'organisation du travail ou des équipements, d'une amélioration de la qualification, de l'effet d'apprentissage, etc. V. cycle de productivité.

Productivité globale des facteurs. V. productivité.

Productivité marginale (d'un facteur). Accroissement de la production dû à l'utilisation d'une unité supplémentaire de ce facteur lorsque le volume des autres facteurs est inchangé. Dans la théorie néoclassique (appelée « marginaliste » pour cette raison), si la productivité marginale du travail est supérieure au prix d'une unité de travail (salaire), l'employeur peut élever son profit en augmentant la quantité de travail utilisée. Si elle lui est inférieure, il peut élever son profit en réduisant cette quantité. En conséquence, son profit est maximal lorsque la productivité marginale du travail est égale au salaire. La relation entre la productivité marginale du travail et la quantité de travail définit donc la courbe de demande de travail. Le raisonnement (néoclassique) est le même pour la relation entre la demande de capital (c'est-à-dire l'investissement) et le taux d'intérêt.

Produit. Au sens courant, bien ou service déterminé vendu sur le marché. Au sens comptable, opérations aboutissant à une recette (actuelle ou future) pour l'entreprise.

Produit de base. V. commodité.

Produit intérieur brut. V. PIB.

Produit manufacturé. Issu de la transformation industrielle des matières premières. V. branches (pour la nomenclature).

Produit national brut. V. PNB.

Produit dérivé. Titre financier dont la valeur de marché est déterminée par l'évolution des cours d'une marchandise, d'un autre titre ou d'un ensemble d'autres titres. Permet de se couvrir contre les risques de prix, de taux ou de change.

Produit structuré. Titre financier composite de la famille des *produits dérivés*, analogue à un gâteau composé de plusieurs éléments (« tranches »), chacun d'eux étant indexé sur la valeur d'un produit déterminé (obligation d'un certain type, action d'une société donnée, etc.) auquel les *agences de notation* ont attribué des notes différentes, car chacun de ces produits est supposé être plus ou moins risqué. La multiplication de ces produits financiers complexes est à l'origine de la crise des *subprime*, car la plupart des acheteurs n'étaient pas en mesure de déterminer à quel risque ils s'exposaient.

Professions et catégories socioprofessionnelles. V. PCS.

Profit. Part du produit appropriée par les apporteurs de capital, soit sous forme de revenu, soit sous forme d'autofinancement net, en contrepartie de leur apport. Le profit est souvent considéré comme identique au terme bénéfice. Ce n'est pas tout à fait vrai : le bénéfice est une notion comptable, alors que le profit est une catégorie économique visant à déterminer ce que l'entreprise rapporterait si elle avait dû salarier ses dirigeants, louer ses locaux et emprunter les fonds apportés par les propriétaires du capital ou les bénéfices antérieurs non distribués. Il s'agit donc d'une grandeur théorique qui permet de connaître ce que l'entreprise gagne une fois déduits tous ses coûts, y compris ceux qu'elle aurait dû assumer en l'absence de fonds propres. Au niveau macroéconomique, en revanche, le profit désigne la rémunération du capital, que ce dernier soit apporté par les propriétaires ou qu'il soit emprunté. Il est donc calculé avant paiement des charges financières. En comptabilité nationale, la notion d'excédent brut d'exploitation est celle qui correspond le mieux à cette dimension macroéconomique du profit.

Profitabilité. Aucune définition universellement admise. Différence entre la rentabilité financière (ou la rentabilité économique, dans certains textes) et le taux d'intérêt réel. Un des facteurs qui influencent la décision d'investissement. V. effet de levier.

Programme alimentaire mondial (PAM). Créé en 1963, écoule des surplus céréaliers pour aider les pays déficitaires en produits vivriers et faire face à des situations d'urgence (catastrophes naturelles).

Progrès technique. Pour l'économiste, c'est ce qui accroît la production sans que varie la quantité de facteurs de production utilisée.

Projet personnalisé d'accès à l'emploi. Document élaboré conjointement par un demandeur d'emploi et Pôle emploi — ou tout autre organisme participant au service public de l'emploi vers lequel le demandeur d'emploi aurait été orienté — lors de son inscription. Ce document précise la nature et les caractéristiques de l'emploi recherché, la zone géographique et le niveau de salaire souhaités, ainsi que les engagements de Pôle emploi (formation, aide à la mobilité, bilan de compétences...). Il est actualisé tous les trois mois et c'est sur cette base que les offres d'emplois proposées au demandeur sont jugées raisonnables (v. offre d'emploi). Le refus d'élaborer ou d'actualiser un tel projet est susceptible de sanctions.

Prolétariat. V. lutte des classes.

Propension à consommer. Proportion de la consommation des ménages dans leur revenu disponible (en France, de 82 à 85 % selon les années, mais proche de 0 aux États-Unis et de 30 % en Chine). Pour Keynes, cette propension influence la valeur du multiplicateur. Par définition, la somme des propensions à épargner et à consommer égale 100 %.

Propension à épargner. Taux d'épargne des ménages, mesuré par le poids de l'épargne brute dans le revenu disponible brut.

Protection sociale (systèmes de). On oppose classiquement en Europe les systèmes bismarckien et béveridgien. Le premier repose sur l'assurance professionnelle financée par des cotisations (à l'image de la sécurité sociale allemande créée par le chancelier prussien Bismarck). Le second est fondé sur l'idée de solidarité nationale et est financé par l'impôt (à l'image du système britannique mis en place après la Seconde Guerre mondiale conformément au rapport rédigé par lord Beveridge en 1942). Les travaux du Danois Gøsta Esping-Andersen (en 1990, *The Three Worlds of Welfare Capitalism*) ont renouvelé cette typologie en classant les États-providence en trois « régimes » (social-démocrate comme en Suède, corporatiste comme en Allemagne ou en France, libéral comme au Royaume-Uni ou aux États-Unis) selon leur aptitude à permettre aux individus de s'émanciper des contraintes du marché du travail (*démarchandisation* de la force de travail) pour atteindre des conditions de vie acceptables. V. CSG.

Protectionnisme. L'économiste wurtembergeois Friedrich List (1789-1846) a introduit la notion de « protectionnisme éducateur », y voyant le seul moyen de développer l'industrie dans un pays qui amorce son industrialisation alors que d'autres l'ont déjà précédé. Il s'agit d'un protectionnisme temporaire (et limité aux produits industriels) dont l'objectif est de permettre aux industries naissantes (ou industries dans l'enfance) de disposer d'un marché intérieur grâce auquel elles pourront grandir et se préparer au choc du libre-échange. Même si cette doctrine a inspiré la plupart des pays industrialisés et certaines théories du développement, la grande majorité des économistes préconisent plutôt le *libre-échange*, en s'appuyant sur la théorie des *avantages comparatifs*. V. termes en italique.

Provision. En comptabilité, désigne une charge prévisionnelle, qui permet d'anticiper un risque ou une certitude (de non-règlement d'une facture client, de dépréciation d'un stock, de paiement d'une amende ou d'une indemnité, etc.) dont on ne connaît pas exactement le montant.

Prudentielle (règle). Règle imposée par la législation et/ou des organismes de contrôle (par exemple à propos du niveau que doivent atteindre certains ratios) à des institutions financières pour limiter les risques liés à la défaillance de leurs clients. V. ratio Cooke.

Prud'hommes. Tribunaux professionnels paritaires (employeurs/salariés) chargés de régler les conflits du travail à l'amiable. Leurs décisions ne sont jamais contraignantes et les plaignants peuvent toujours décider de porter leur litige devant un tribunal civil.

Put. V. *call*.

Pyramide de Ponzi. Une des multiples formes d'escroquerie financière, consistant à appâter les épargnants en versant de hauts niveaux de rendement financier (sous forme de dividendes ou d'intérêts), dont tout ou partie est en réalité prélevé sur les apports des nouveaux souscripteurs. Comme le système finit inévitablement par s'écrouler, l'escroc doit s'enfuir avant avec les fonds rassemblés, sous peine de tout perdre et d'être condamné. La dénomination vient d'un financier américain qui avait monté ce type d'arnaque à une échelle particulièrement importante en 1921.

Pyramide des âges. Représentation graphique (histogramme) des effectifs par génération d'une population à une date donnée. La pyramide la plus connue juxtapose cette représentation pour la population des femmes et celle correspondant aux hommes, mais d'autres sont possibles (pyramide des âges des salariés d'une grande entreprise, de l'ensemble des enseignants...). La pyramide est une photographie dont les caractéristiques dépendent de l'histoire de la population.

Q de Tobin. Rapport (proposé par James Tobin, prix de la Banque de Suède en sciences économiques en mémoire d'Alfred Nobel en 1981) entre la capitalisation boursière d'une société (c'est-à-dire le cours unitaire de l'action cotée multiplié par le nombre d'actions) et la valeur comptable des fonds propres. Si la Bourse fournissait une évaluation arithmétique des sociétés cotées, les deux grandeurs devraient être proches ou égales, donc Q devrait être de l'ordre de 1. En revanche, s'il est inférieur à 1, cela signifie que la Bourse sous-évalue les fonds propres de la société, donc que cette dernière n'a pas intérêt à émettre des actions puisque les capitaux qu'elle se procure ainsi sont estimés à une valeur moindre par les détenteurs d'actions. Au contraire, lorsque

Q est supérieur à 1, la société a intérêt à émettre de nouvelles actions.

Qualification. Ensemble des savoir-faire et connaissances requis pour occuper un emploi donné. Quand le travailleur détient un niveau de connaissances supérieur à celui requis pour le poste qu'il occupe, il est surqualifié (ou son emploi est désigné comme sous-qualifié). Le changement technique, lorsqu'il rend obsolètes certaines connaissances (par exemple, la disparition de l'ancienne linotype au profit de la composition par ordinateur), contribue à déqualifier les travailleurs qui disposaient des anciennes compétences. D'où l'importance de la formation professionnelle continue. Dans les entreprises, la qualification est parfois confondue avec les compétences, qui sont une caractéristique personnelle évaluée par l'entreprise — par exemple la façon dont les connaissances sont utilisées — alors que la qualification est fonction des acquis professionnels. V. capital humain, division du travail, taylorisme.

Quantitativisme. V. monétarisme, théorie quantitative de la monnaie.

Quartile. Un quart d'une distribution donnée, classée par ordre croissant (le premier quartile désignant le quart de la distribution ayant les valeurs les moins élevées).

Quart-monde. Les individus en situation de détresse matérielle dans les pays développés.

Quasi-monnaie. Actifs financiers facilement transformables et sans risque en moyens de paiement (comptes sur livrets...). V. agrégats monétaires.

Quintiles. Un cinquième d'une distribution donnée, classée par ordre croissant (le premier quintile désignant le cinquième de la distribution ayant les valeurs les moins élevées).

Quota. Limitation quantitative fixée par la puissance publique soit à la production (quotas laitiers), soit à l'exportation (blé russe en 2010 suite aux incendies de récoltes) ou aux importations, soit à l'émission de polluants (quotas de CO_2). Lorsqu'il s'agit de commerce extérieur, on parle plutôt de contingent et l'on dit que telle marchandise est contingentée. Les dépassements de quotas sont, selon les cas, pénalisés ou illégaux.

Quotient familial. Dispositif fiscal français unique dans l'Union européenne, consistant à attribuer, dans un foyer fiscal, une part par adulte et une demi-part par enfant à charge (plus une demi-part supplémentaire à partir de trois enfants à charge). Le revenu imposable est divisé par le nombre de parts. Comme l'impôt est progressif, le montant d'impôt dû sur un revenu imposable de — par exemple — 10 000 euros par part, même multiplié ensuite par le nombre de parts (par exemple 3), est moindre que l'impôt qui serait dû sur un revenu de 30 000 euros. Ce système permet donc non seulement de réduire le montant d'impôt lorsque le nombre de personnes à charge s'accroît, mais surtout de favoriser davantage les foyers fiscaux dont les revenus sont situés dans les tranches d'imposition les plus élevées que ceux dont les revenus sont plus modestes. Dans les autres pays de l'UE (Luxembourg excepté), c'est un système d'abattement forfaitaire par personne à charge qui prévaut.

Quotité. Nombre minimum de titres d'une société donnée qu'un ordre d'achat ou de vente en Bourse doit comporter. En droit notarial, la quotité disponible désigne la part de l'héritage qu'une personne peut attribuer par testament à qui elle souhaite, une fois les attributions obligatoires prévues par la loi (au conjoint, aux enfants) effectuées.

R

Raider. Terme anglais désignant l'acteur d'une OPA ayant pour mobile non de réaliser une fusion ou une prise de contrôle, mais de réaliser une plus-value sur la société visée, en la revendant peu après, en général par morceaux.

Rapport de production. V. mode de production, classes sociales.

Rapport interdécile. Rapport du neuvième décile au premier décile. V. décile.

Rapport salarial. Dans la théorie de la régulation, désigne l'ensemble des conditions qui régissent l'emploi des salariés. Elles sont relatives au type de moyens de production utilisés, à la forme de la division (sociale et technique) du travail, aux modalités de mobilisation et d'attachement des salariés à l'entreprise, aux déterminants du revenu salarial (direct et indirect) et au mode de vie salarié (poids respectifs de l'acquisition de marchandises et de l'utilisation de services collectifs non marchands). V. rapport social.

Rapport social. L'unité d'analyse de la sociologie est la relation sociale entre les individus ou les groupes ; lorsque cette relation dérive de la position qu'occupent ces individus ou ces groupes au sein de la structure sociale, on peut parler de rapport social ; le rapport salarial est un bon exemple de rapport social : il relie tout en les opposant ceux qui possèdent les moyens de production et ceux qui ne possèdent que leur force de travail ; il est inscrit dans la structure du mode de production capitaliste et ne dépend pas de la volonté des individus.

Rating. V. notation.

Ratio Cooke. Norme de prudence que les banques commerciales ayant une activité internationale doivent respecter depuis 1993, et qui est définie par un rapport (d'où le terme ratio) entre le montant des fonds propres et celui des engagements figurant au bilan ou hors bilan (exemple : les cautions données). Ce rapport doit être au moins de 8 %. Il a été remplacé depuis 2007 par ce que l'on appelle les « règles de Bâle 2 » (Bâle étant le siège de la Banque des règlements internationaux, au sein de laquelle ces règles dites « prudentielles » ont été négociées, « Bâle 1 » ayant instauré le ratio Cooke), lesquelles comprennent notamment le ratio Mac Donough, qui contraint désormais les banques à disposer de fonds propres prenant en compte la qualité des créances détenues (ce qui pose le problème de la notation de ces créances) et les risques dits « opérationnels » (nature des opérations sur lesquelles reposent les actifs). Ces exigences de fonds propres ont été renforcées en 2010 par des décisions dites « Bâle 3 » pour renforcer la solidité des banques au cas où de nouvelles crises financières analogues à celle de 2008-2009 se produiraient.

Rationalisation. Habituellement, action de rendre rationnel, ou plus rationnel. Désigne aussi la façon dont des individus ou des groupes justifient leurs actions après coup (rationalisent). Pour Max Weber, un type spécifique de rationalisation marque les sociétés occidentales, caractérisé par l'extension de la rationalité en finalité (v. ce terme) à tous les aspects de la vie sociale ; elle s'accompagne d'une impersonnalité croissante des rapports sociaux et d'un « désenchantement » du monde (v. ce terme).

Rationalité (Max Weber). Max Weber (1864-1920) oppose la rationalité en valeur et la rationalité en finalité. La première, quelquefois appelée rationalité axiologique (axiologique = relatif aux valeurs), correspond au capitaine qui se laisse couler avec son navire pour sauver son honneur : il n'agit pas pour atteindre un objectif extrinsèque, mais pour rester fidèle à une valeur. La rationalité de l'action réside dans la cohérence interne entre l'acte et la conviction de l'acteur, indépendamment de la conséquence prévisible. C'est une logique de la conviction. La rationalité par rapport à un but (défini et extérieur), ou rationalité en finalité, est celle de l'ingénieur, du spéculateur, du général ; l'action est définie à partir des connaissances de l'acteur et non de celles de l'observateur (l'acteur rationnel peut se tromper parce que ses connaissances sont inexactes). C'est une logique de l'optimisation, de l'adéquation des moyens et des fins. V. domination.

Rationalité économique. Au niveau individuel, elle s'incarne dans l'*Homo oeconomicus* ; au plan collectif, elle est définie par la recherche de l'*optimum de Pareto*. Elle correspond à un principe de maximisation de l'utilité (pour la firme, c'est le profit) sous contrainte des ressources disponibles (comme les besoins sont illimités, les ressources sont rares). Elle fonde l'approche néoclassique. V. termes en italique.

Rationalité limitée. L'Américain Herbert Simon (1916-2001) a mis en avant l'hypothèse d'une rationalité limitée des agents : ceux-ci ne cherchent pas à maximiser une grandeur (utilité, profit), comme le postulent les néoclassiques, mais à trouver une solution « satisfaisante » dans un contexte où existent plusieurs objectifs et où *leur information est nécessairement limitée*. Simon l'appelle aussi *rationalité procédurale* (les agents se contentent d'adopter la meilleure procédure compte tenu de leur expérience dans ce contexte d'incertitude et d'information limitée) et l'oppose à l'irréaliste *rationalité substantielle* (*substantive* en anglais) de l'agent optimisateur néoclassique traditionnel omniscient.

Recapitalisation. Augmentation ou reconstitution du capital social d'une société par appel aux actionnaires, en général à la suite de pertes importantes.

Recensement. Dénombrement d'une population (d'individus, d'entreprises...). Les derniers recensements exhaustifs de la population en France datent de 1975, 1982, 1990. Depuis 2004, l'INSEE procède à des recensements annuels par enquête détaillée visant à effectuer un cycle de recensement tous les cinq ans : dans les 900 villes de plus de 10 000 habitants, l'opération consiste à opérer un sondage sur 40 % de la population et, chaque année, un cinquième de ces 40 % (8 % de la population totale) est visité, tandis qu'un cinquième des communes de moins de 10 000 habitants est recensé chaque année.

Récession. Ralentissement du rythme de croissance de l'activité économique dans un pays ou une branche pendant une durée d'au moins deux trimestres. Ne pas confondre avec dépression, qui implique une baisse durable de l'activité, et pas seulement un ralentissement.

Recette marginale. Accroissement de la recette totale de l'entreprise lorsqu'une unité supplémentaire du produit est vendue. En concurrence parfaite (v. ce terme), elle est strictement égale au prix du marché. Dans les autres situations, l'augmentation des ventes n'est possible que si le prix de vente diminue ; la recette marginale est donc inférieure au prix du marché.

Recherche-développement. La définition et la mesure de la R-D ont été précisément codifiées par l'OCDE dans le *Manuel de Frascati* : « Travaux de création entrepris de façon systématique en vue d'accroître la somme des connaissances, y compris la connaissance de l'homme, de la culture et de la société, ainsi que l'utilisation de cette somme de connaissances pour de nouvelles applications. » La R-D comprend la recherche fondamentale, la recherche appliquée et le développement expérimental (utilisation des résultats de la recherche pour de nouveaux produits ou procédés). La R-D est un investissement immatériel.

Redistribution. Modifie la répartition primaire des revenus : une partie de ceux-ci est prélevée (impôts, cotisations sociales...) puis reversée (prestations sociales...). Le revenu disponible est défini après ces opérations de redistribution. La redistribution est dite horizontale si elle vise à améliorer la situation de catégories sociales spécifiques, afin qu'elles puissent mieux satisfaire leurs besoins spécifiques — par exemple en faveur des familles, des handicapés... —, elle est dite verticale si son objet est de réduire les inégalités indépendamment des situations spécifiques particulières. En France, la redistribution verticale est de relativement faible ampleur, en raison principalement de la faible part qu'occupe l'impôt progressif sur le revenu dans la redistribution. V. quotient familial.

Redressement judiciaire. V. dépôt de bilan.

Rééchelonnement. Opération consistant à repousser dans le temps les échéances d'un emprunt, de façon à en rendre les annuités (ou les mensualités) moins lourdes.

Rééchelonnement des dettes (accord de). Accord entre un débiteur et ses créanciers pour modifier les échéances de remboursement et/ou organiser un moratoire des remboursements. V. ajustement..., Club...

Réel. Une grandeur réelle se déduit d'une grandeur nominale (celle qui est exprimée en monnaie) en retirant de cette dernière la hausse des prix. Il arrive qu'une grandeur réelle soit exprimée avec une autre unité que l'unité monétaire (par exemple en nombre de SMIC horaire).

Reengineering. Mode de compression des coûts dans une entreprise, consistant à analyser toutes les procédures mises en œuvre dans chacune de ses fonctions (production, gestion, commercial, comptabilité, etc.) afin de supprimer les opérations inutiles ou non indispensables.

Réescompte. Lorsqu'une banque a besoin de se refinancer, elle peut escompter des effets de commerce (qu'elle a déjà escomptés) auprès d'une autre banque ou de la banque centrale. On parle alors de réescompte.

Réévaluation. Augmentation de la valeur d'une monnaie (par rapport à d'autres monnaies) dans un régime de changes fixes. Le mécanisme est le contraire de celui décrit dans l'entrée « dévaluation ».

Refinancement. À propos des banques, désigne les opérations qui leur permettent de se procurer des liquidités en cédant des créances ou en s'endettant (v. création de monnaie, taux directeurs, pension, marché interbancaire). À propos des entreprises, désigne le remboursement, grâce à de nouveaux crédits, de dettes arrivées à échéance. V. restructuration...

Régime complémentaire de retraite. Les régimes complémentaires complètent le régime de la Sécurité sociale (on parle quelquefois de « retraite complémentaire »). L'adhésion à ces régimes est progressivement devenue obligatoire, ce qui les rend proches de la Sécurité sociale. Se développent également des régimes « surcomplémentaires » facultatifs, souvent sous la forme de fonds de pension (v. ce terme), fonctionnant sur le mode de la capitalisation. V. AGIRC, ARRCO.

Régime de change. V. change fixe, change flexible.

Régime de retraite. Ensemble des règles qui organisent un système de retraite. On distingue les régimes par *répartition* et les régimes par *capitalisation* (v. ces termes). Le débat entre partisans des deux systèmes met en jeu des intérêts matériels considérables (les assureurs et les banquiers ne sont pas hostiles à la capitalisation...) et des valeurs (la répartition suppose une solidarité collective intergénérationnelle, la capitalisation se contente de l'individualisme, puisque la retraite de chacun dépend du rendement financier de l'épargne accumulée sur son compte dans un fonds de pension). On entend souvent affirmer que la retraite par capitalisation serait préférable pour des questions de rendement. Sur le long terme, ce ne pourrait être vrai que si le revenu du travail salarié (sur lequel est indexée la retraite par répartition) progressait moins vite que le revenu du capital (sur lequel est indexée la retraite par capitalisation), ce qui signifierait une paupérisation relative des salariés : ces derniers n'y gagneraient durant leur retraite qu'à condition d'y perdre durant leur vie active. Nicholas Kaldor, économiste britannique (1918-1986), a d'ailleurs appelé « règle d'or » cet impératif de l'équilibre économique à long terme : les revenus du capital et les revenus du travail doivent progresser au même rythme, celui de la croissance économique, sous peine de graves crises. Certains préconisent la retraite par capitalisation afin d'orienter vers la Bourse une partie de l'épargne financière qui, en France, prend plutôt d'autres chemins, privant les firmes nationales d'une source potentielle de financement. Mais il suffirait d'autoriser les sociétés d'assurance vie à placer en Bourse une plus forte fraction de l'épargne qu'elles collectent. Le seul argument en faveur de la capitalisation, c'est qu'elle pourrait permettre à des gestionnaires de fonds de les placer là où ils rapportent le plus (dans une économie émergente où la croissance est plus rapide, donc la rémunération du capital plus élevée ou dans une société aux perspectives de profit plus élevées que la moyenne), en revendant au premier fléchissement de rentabilité pour les replacer ailleurs. Un habile gestionnaire pourrait alors obtenir un rendement financier supérieur au rendement moyen du capital.

Régime de retraite de la Sécurité sociale. Créé en 1945 sur le principe de la répartition ; recouvre des cotisations et verse des prestations proportionnelles aux revenus professionnels dans la limite du *plafond de la Sécurité sociale*. V. régime complémentaire.

Réglementation. V. déréglementation.

Régulation (définition). Pour les économistes de l'école de la régulation, la régulation est le processus dynamique d'adaptation de la production et de la demande sociale, conjonction d'ajustements économiques associés à une configuration donnée de rapports sociaux, de formes institutionnelles et de structure. V. mode de régulation, rapport social.

Régulation (théorie de la). Elle se définit comme une alternative globale à la théorie néo-classique (théorie de l'équilibre général) parce qu'elle refuse de réduire l'étude du capitalisme à la recherche de lois économiques abstraites ahistoriques ; inspirés plus ou moins par Keynes et Marx, les régulationnistes (Michel Aglietta, Robert Boyer, Alain Lipietz...) étudient comment la transformation des rapports sociaux crée de nouvelles formes institutionnelles qui reproduisent le mode de production (v. ce terme).

Régulation des conflits. V. institutionnalisation des conflits.

Rehausseur de crédit. Organisme financier assurant les émissions de titres contre toute défaillance de l'émetteur, présent principalement aux États-Unis (en anglais, la dénomination est *monoline*), de façon à permettre à l'émetteur d'emprunter avec le taux d'intérêt le moins élevé possible.

Relance. Politique économique d'orientation keynésienne consistant à injecter du pouvoir d'achat dans l'économie soit par le biais de baisses d'impôts, soit par gonflement de la dépense publique.

Relations humaines (école des). Animée par le psychosociologue Elton Mayo (*The Human Problems of an Industrial Civilization*, 1933) aux États-Unis en réaction aux excès du taylorisme, elle a en pratique amélioré l'efficacité de celui-ci (en aidant à le « faire passer »). À partir de recherches expérimentales, elle met notamment en évidence le rôle des motivations, des relations interpersonnelles informelles, de l'ambiance, du moral et des sentiments dans l'efficacité productive.

Relations professionnelles. En anglais, *industrial relations*, quelquefois traduit par *relations industrielles*. Relations (négociations, conflits, grèves) entre les salariés (et leurs syndicats), les employeurs (et leurs organisations) et l'État. La sociologie des relations professionnelles met en évidence la spécificité des systèmes nationaux de relations professionnelles.

Relocalisation. Rapatriement dans le pays d'origine d'une activité initialement délocalisée dans un pays à moindre coût salarial ou fiscal.

Relution. V. dilution.

Réméré. V. pension.

Remontée des filières. V. filière.

Remplacement (des générations). Est assuré lorsque l'effectif des filles nées d'une génération de femmes est égal à celui des femmes de cette génération. V. seuil de remplacement, taux de reproduction.

Rémunération des salariés. V. salaire.

Rendements (factoriels) croissants, décroissants. V. coût marginal, productivité marginale.

Rendements d'échelle. Synonymes : effet de taille, effet de dimension. Lorsque chacun des facteurs de production augmente dans la même proportion (1 % par exemple), les rendements d'échelle sont *croissants* si la production augmente plus (1,4 % par exemple) : il y a *économies d'échelle* (une baisse du coût unitaire résulte de l'augmentation de l'échelle de la production). Si la production augmente moins que les facteurs, les rendements d'échelle sont *décroissants* : il y a *déséconomies d'échelle*. V. productivité marginale.

Rentabilité. À ne pas confondre avec la productivité. La rentabilité, c'est la capacité d'un capital à obtenir un revenu. On compare le profit obtenu (un flux) au capital engagé (un stock), ce qui permet de calculer un taux de profit. Il existe de nombreuses manières de la définir et de la calculer.

Rentabilité économique. Compare le revenu obtenu par l'entreprise (EBE par exemple) aux capitaux engagés dans la production quelle que soit leur origine : fonds propres ou endettement. Elle est donc une mesure de performance de la mise en œuvre des actifs (capitaux) indépendamment de leur mode de financement.

Rentabilité financière. S'intéresse au profit conservé par le propriétaire de l'entreprise (profit après paiement des intérêts sur les emprunts) rapporté aux fonds qu'il a immobilisés dans l'entreprise. On peut en obtenir une version en retirant de l'EBE les intérêts versés et en rapportant le résultat aux fonds propres. La différence entre les rentabilités économique et financière est liée à l'effet de levier de l'endettement (v. ce terme).

Rente. Une *rente viagère* est un revenu versé régulièrement jusqu'à la mort du bénéficiaire. La *rente foncière* est le revenu reçu par le propriétaire d'un terrain. La *rente différentielle* est le revenu qui résulte des différences de fertilité des sols. Elle joue un rôle essentiel chez David Ricardo (*Principes de l'économie politique et de l'impôt*, 1817) : au fur et à mesure du développement du capitalisme, il faut mettre en culture des terres de moins en moins fertiles ; cela augmente le prix du blé (le coût marginal s'élève), donc la rente reçue par tous les propriétaires fonciers, mais aussi les salaires nominaux (dont la valeur correspond à un panier de marchandises plus ou moins intangible) ; en conséquence, le profit des capitalistes diminue, ce qui affaiblit l'accumulation du capital et conduit progressivement à l'état stationnaire. Plus généralement, on appelle rente (parfois qualifiée « de situation ») tout revenu excédant celui qui serait perçu en situation de concurrence parfaite et donc lié soit aux imperfections du marché, soit aux asymétries d'information.

Répartition (retraite par). Dans un régime par répartition, toutes les générations d'actifs versent des cotisations qui sont immédiatement utilisées par les caisses de retraite pour les pensions aux retraités. Ce système exprime une *solidarité collective intergénérationnelle* : les « jeunes » cotisent pour les « vieux », dans l'idée que, lorsque eux-mêmes seront devenus « vieux », les générations qui les suivent cotiseront pour eux. S'ils doutent de cette relève, ils auront tendance à prendre leurs précautions, en épargnant « pour le cas où... ». Si bien que, paradoxalement, les incitations (fiscales ou politiques) à épargner pour sa retraite jettent le doute sur le régime de retraite par répartition lui-même.

Répartition primaire des revenus. Répartition avant redistribution (v. ce terme). La répartition effective (ou secondaire) est celle après redistribution.

Représentants du personnel. Compte tenu des seuils, ils n'existent que dans une minorité d'entreprises. Le *délégué syndical* (dans les entreprises de plus de cinquante salariés) représente la section syndicale auprès du chef d'entreprise pour défendre l'ensemble du personnel. Le *délégué du personnel* (entreprises de plus de dix salariés) est élu par les salariés pour les défendre auprès de l'employeur. Existent aussi, dans les entreprises de plus de cinquante salariés, des représentants élus au comité d'entreprise (v. ce terme) et au CHSCT (*Comité d'hygiène, de sécurité et des conditions de travail*). Dans les entreprises de moins de deux cents salariés, le chef d'entreprise peut décider de la mise en place d'une « délégation unique du personnel » (DUP) jouant le rôle à la fois de délégués de personnel et de comité d'entreprise. En 2004-2005, 72 % des entreprises de vingt salariés ou plus disposaient d'au moins un délégué du personnel ou d'une DUP.

Reprise. V. cycles.

Reproduction sociale. Étudier la reproduction sociale revient à analyser les stratégies mises en œuvre par les groupes dominants, au sein de chaque société, de chaque champ, pour perpétuer leur domination malgré la concurrence des prétendants et la résistance des dominés.

RES. Reprise d'une entreprise par ses salariés. Adaptation à la France de la procédure américaine du LMBO (*Leverage Buy-Out, Leverage Management Buy-Out*, c'est-à-dire acquisition d'une entreprise par le personnel — ou les cadres — avec recours au levier d'endettement). Les salariés repreneurs créent une société *holding* qui prend le contrôle d'au moins 50 % de la société objet de la RES. Ce système permet d'amplifier les possibilités d'endettement des salariés repreneurs sans leur faire perdre le contrôle de la société reprise. Ne pas confondre avec LBO (v. ce terme).

Retour sur investissement. Somme actualisée (v. actualisation) des résultats bruts annuels après impôts dégagés par un investissement tout au long de sa période d'utilisation. Le temps de retour mesure le nombre d'années (ou de mois) nécessaires pour que le résultat brut actualisé équivaille à l'investissement initial.

Réserve fédérale. V. *Federal Reserve System.*

Réserves obligatoires. Avoirs que les banques doivent conserver à la banque centrale. Il s'agit donc par définition de monnaie centrale. Représentent une certaine proportion des crédits et/ou des dépôts bancaires. La banque centrale peut influencer la liquidité bancaire en modifiant les coefficients et l'assiette retenus pour leur détermination.

Réserves officielles de change. Liquidités internationales détenues par les banques centrales : or, DTS et devises. Attention ! Les réserves en devises ne sont pas des stocks de billets. V. devises.

Résident. V. économie nationale.

Reste du monde (cn). Ensemble des agents non résidents. V. économie nationale.

Restructuration. 1) Au sens économique, compression d'effectifs d'une entreprise, accompagnée d'une modification de son périmètre d'activités (abandon de certaines productions, développement éventuel d'autres, etc.). 2) Au sens financier, transformation d'une dette par rééchelonnement (v. ce terme) des échéances et conversion de tout ou partie des dettes à court terme en dettes à long terme, généralement accompagnée de l'octroi de nouveaux crédits destinés à apurer d'anciennes dettes.

Résultat. V. compte de...

Retraite complémentaire. V. régime complémentaire.

Revenu. Le revenu d'un agent économique pendant une période est égal à ce qu'il pourrait consommer pendant cette période sans s'appauvrir (John R. Hicks). « Sans s'appauvrir » signifie en laissant inchangée la valeur des stocks qu'il possède, c'est-à-dire son patrimoine. Le revenu est un flux mais il n'est pas nécessairement monétaire. V. autoconsommation et revenu disponible ajusté.

Revenu arbitrable. V. dépenses pré-engagées.

Revenu d'existence. Proposition d'allocation mensuelle uniforme versée automatiquement à toute personne (certains la limitent aux adultes) résidente, et venant se substituer à un certain nombre de prestations sociales ou d'aides sociales sous condition de revenu, dans un but de simplification : non pas pour exister, mais « parce qu'on existe », selon l'expression de James Meade (économiste britannique, prix de la Banque de Suède en sciences économiques en mémoire d'Alfred Nobel en 1977). Existe en Alaska (à hauteur d'environ 200 euros par mois), financée par les revenus pétroliers de l'État. Selon ses partisans, elle réduirait de façon drastique le contrôle social tout en assurant à chacun une liberté de choix accrue entre travailler et ne pas travailler. Toutefois, la suppression des aides sociales et de certains revenus sociaux très redistributifs dont elle devrait s'accompagner risquerait d'accentuer les inégalités plus que de les réduire.

Revenu de transfert. V. revenus sociaux.

Revenu disponible brut (cn). Le RDB est disponible pour la dépense de consommation finale et l'épargne brute. Il comprend les revenus en nature (loyers imputés et autoconsommation).

Revenu disponible brut ajusté (cn). Disponible pour la consommation finale effective et l'épargne brute. Celui des ménages est supérieur à leur revenu disponible brut.

Revenu minimum d'insertion. Le RMI, créé en 1988, a été remplacé par le RSA (revenu de solidarité active) depuis juillet 2009. Il s'agissait d'une aide sociale versée à toutes les personnes de plus de 25 ans vivant dans un ménage ne justifiant pas d'un minimum de ressources. Comme tous les minima sociaux, il était différentiel (tout accroissement de revenu se traduisait à terme, après un délai d'au plus un an, par une réduction de même grandeur de l'aide sociale, alors que le RSA, en cas d'accroissement du seul revenu d'activité, diminue dans de moindres proportions), mais il devait s'accompagner de la signature, par l'allocataire, d'un « contrat d'insertion » prévoyant des actions spécifiques de nature sociale (recherche d'un logement, soins, etc.) ou de nature économique (recherche d'emploi, formation). Dans les faits, ce contrat n'a jamais concerné plus d'un allocataire sur deux.

Revenu mixte (cn). Nom donné depuis 1999 à l'excédent brut d'exploitation des entreprises individuelles pour bien signifier qu'il est un mélange : rémunération du travail de l'entrepreneur individuel (voire, de membres de sa famille) et profit brut de l'entreprise.

Revenu national brut (aux prix du marché) (cn). Ensemble des revenus primaires reçus par les résidents. Égal au PIB moins les revenus primaires versés au reste du monde, plus les revenus primaires reçus. Le RNB est défini exactement comme l'était le PNB ; la terminologie a changé pour manifester qu'il s'agit d'un agrégat de revenus. Le RNB est à peu près égal au PIB dans le cas de la France. V. PNB.

Revenu national net (cn). Égal au RNB diminué de la consommation de capital fixe. Agrégat de revenu plus fidèle que le RNB car la consommation de capital fixe (13 à 14 % du RNB en France) n'est pas un revenu.

Revenu permanent. Concept introduit par l'économiste Milton Friedman pour désigner le revenu sur lequel une personne peut normalement compter sur longue période en fonction de sa formation, de son expérience professionnelle, etc., et sur la base duquel elle détermine son niveau de consommation.

Revenu primaire. Primaire en ce sens qu'il est défini avant tout prélèvement fiscal ou social et avant toute redistribution. Celui des ménages est la somme des revenus reçus comme rémunération du travail (y compris les cotisations sociales) et du patrimoine (après déduction des intérêts versés). Les revenus en nature (loyers imputés et produits des jardins familiaux) ne sont pas inclus.

Revenu salarial. Désigne le salaire effectif perçu en moyenne chaque mois par un salarié durant une année, compte tenu de ses éventuelles interruptions d'emploi (chômage, maladie, inactivité...) et de son temps de travail hebdomadaire effectif (temps partiel, heures supplémentaires...). Le revenu salarial médian est inférieur de 15 à 20 % au salaire médian (lequel est calculé pour un salarié à temps plein en emploi toute l'année).

Revenus sociaux. Revenus issus des mécanismes de redistribution : prestations sociales. On peut considérer que l'accès quasi gratuit à des services publics est l'équivalent de revenus sociaux.

Révolution industrielle. Ne pas confondre *la* révolution industrielle et *les* révolutions industrielles. Les secondes correspondent à des périodes de mutations techniques, économiques et sociales ; définition assez vague pour qu'il n'y ait d'accord entre les spécialistes ni sur leur datation ni sur leur nombre. *La Révolution industrielle* (singulier et majuscule) est « la plus profonde mutation qui ait jamais affecté les hommes depuis le néolithique » (Jean-Pierre Rioux, 1971). Elle commence à la fin du XVIIIe siècle en Angleterre quand l'application de la machine à vapeur de Watt donne une impulsion décisive à des processus économiques, sociaux et techniques déjà largement enclenchés. Elle est donc loin de n'être qu'industrielle et technique. Elle se développe et se propage en Europe pendant les deux premiers tiers du XIXe siècle.

Révolution verte. Dénomination faisant référence à la révolution industrielle et désignant la mise au point et la généralisation de céréales (riz) à haut rendement au début des années 1980 en Inde, puis dans l'ensemble des pays de l'Est asiatique soumis au régime des moussons.

Risque. V. incertitude.

Risque de change. Risque de marché particulier. Risque de perte couru du fait de l'évolution incertaine des changes. Exemples : une société française s'endette en dollars, une hausse ultérieure du dollar augmenterait la somme qu'elle doit rembourser en euros ; la société Airbus vend à un prix fixé en dollars à la commande un avion livrable et payable dans trois ans, une baisse du dollar se traduirait par une diminution de la somme qu'elle prévoyait de recevoir en euros ; etc. Le risque de perte s'accompagne nécessairement d'un risque de gain si des évolutions opposées se produisent. Mais les effets de ces risques ne sont pas symétriques : le risque de perte peut conduire à la faillite. Renvoie plus à l'incertitude qu'au risque. Le marché à terme (v. ce terme) peut être considéré comme une forme d'assurance contre ce risque.

Risque de marché. Risque de perte couru par le détenteur d'un actif négociable sur un marché (action, devises, immeuble, stock de marchandises...) du fait que le prix de marché n'est jamais certain. Pour certains types d'actifs, les marchés à terme ou les marchés d'options permettent de se prémunir contre ce risque. Le risque de marché est aussi un risque de gain, mais c'est moins gênant... Renvoie plus à l'incertitude qu'au risque. V. incertitude, liquidité, marché à terme.

Risque de système (risque systémique). Éventualité d'apparition de situations économiques dans lesquelles les réponses individuelles aux risques microéconomiques perçus aggravent l'insécurité générale au lieu de la réduire. Par exemple, un accident relatif à un marché (krach) ou à un agent économique (faillite) risque de se propager à l'ensemble des agents et des marchés. En 2008, c'est ce qui s'est passé avec la faillite de la grande banque d'affaires américaine *Lehman Brothers*, qui a provoqué une paralysie du marché interbancaire (v. ce terme), les banques détenant des liquidités refusant de les prêter à d'autres de peur que l'emprunteur tombe lui-même en faillite s'il détenait, comme beaucoup, des titres qualifiés d'« actifs toxiques », c'est-à-dire composés de produits dérivés (v. ce terme) dont le sous-jacent était devenu sans valeur.

Risque de taux. Risque de marché particulier. Lorsqu'un titre a été émis à un *taux d'intérêt fixe* (v. ce terme), le risque de taux est dû au fait que son prix de marché est strictement fonction de l'évolution du taux d'intérêt des titres équivalents : *lorsque le taux d'intérêt monte, le cours du titre baisse* ; et réciproquement. Celui qui détient des titres à taux fixe risque donc de subir une perte s'il doit les revendre alors que le taux d'intérêt des titres équivalents a augmenté. La sensibilité du cours aux taux d'intérêt est d'autant plus élevée que l'échéance de remboursement du titre est éloignée. Lorsqu'un titre a été émis à *taux variable*, le risque de taux est subi par le prêteur si le taux diminue (il touche des intérêts moins élevés), par l'emprunteur si c'est le contraire (le raisonnement vaut aussi pour les crédits). V. marché à terme, cours d'une obligation.

Risque moral (aléa moral, *moral hazard*). Chez les assureurs, risque lié au fait que l'assuré, *du fait même qu'il est assuré*, a un comportement moins prudent. En économie, désigne la modification opportuniste de comportement d'une des deux parties suite à un accord ou un contrat avec l'autre partie, et provoquant un coût imprévu pour cette dernière. Est favorisé lorsque le comportement en question est inobservable par l'autre partie : réduire le risque moral passe donc par un contrôle accru *ex post*. L'existence de contrats ou de situations favorables au risque moral attire les agents « immoraux » : il y a antisélection.

Ristourne. Remise accordée par un commerçant. Désigne aussi la part des bénéfices qu'une coopérative de consommation distribue à ses sociétaires.

Rite. Ensemble codifié (formellement ou non) de pratiques plus symboliques qu'utilitaires qui se répète à chaque fois que survient l'événement auquel il est lié. Par extension, les actes habituels et répétés de la vie quotidienne sont considérés comme des rites (un des objets de l'ethnométhodologie).

RMI. V. revenu minimum d'insertion.

Rôle. Comportement attendu de quelqu'un compte tenu de ses différents statuts ; façon dont il interprète (un rôle se « joue ») ces attentes plus ou moins strictes selon les domaines. V. statut.

Rotation de la main-d'œuvre (taux de). Le terme anglais est *turn-over.* Demi-somme des effectifs entrés et sortis d'une entreprise pendant une période, rapportée à l'effectif moyen pendant cette période.

Royalty (au pluriel, *royalties*). Versements effectués par l'exploitant d'une ressource au propriétaire de cette ressource (brevet, ressource naturelle, marque) proportionnellement au montant des ventes réalisées. L'exemple le plus fameux de *royalties* est celui de Calouste Gulbenkian, surnommé Monsieur 5 %, qui, sa vie durant, a perçu 5 % de la valeur commerciale des pétroles issus d'un champ pétrolifère dont il était propriétaire et dont il avait confié l'exploitation à la BP. Il avait en effet échappé (parce qu'il était arménien) à l'expropriation des pétroles turcs en 1919 au titre des dédommagements de guerre de la Turquie à la Grande-Bretagne. Calouste Gulbenkian est mort en 1955 en étant considéré alors comme l'homme le plus riche du monde.

RSA. Le revenu de solidarité active s'est substitué au RMI en juillet 2009. Il comprend deux parties : le RSA « socle » dont le montant et les règles d'attribution sont identiques à ceux du RMI, et le RSA « chapeau », complément dégressif de revenu, versé aux travailleurs pauvres.

Rupture conventionnelle. Licenciement par accord mutuel introduit par la loi sur la modernisation du marché du travail de 2008 et qui, contrairement à la démission, ouvre droit à une indemnité compensatrice ainsi qu'à l'allocation de retour à l'emploi (assurance chômage).

Rurbain. Néologisme (formé par la contraction de rural et urbain) utilisé par les sociologues pour désigner celui qui habite une commune rurale mais occupe un emploi industriel ou dans les services le plus souvent situé dans une agglomération urbaine. Le développement de ce type de situation incite certains à parler de *rurbanisation*.

S

SA. V. société anonyme.

Salaire. Rémunération du travail (de la force de travail pour Marx). Le salaire qui figure sur la fiche de paye est un salaire brut, dont l'employeur déduit les retenues obligatoires dites « salariales » (cotisations sociales, CSG et CRDS, ces deux dernières contributions étant juridiquement des impôts, et non des cotisations sociales, ce qui explique que, dans la comptabilité nationale, leur montant soit intégré dans les « impôts sur le revenu »), pour environ 22 % du brut : le solde est appelé « salaire net ». Il ne comprend pas les retenues conventionnelles comme la part salariale de la mutuelle d'entreprise ou des chèques restaurant, qui dépendent d'accords de branche ou d'entreprise, ce qui explique que le montant effectivement perçu par le salarié sur son compte bancaire soit généralement inférieur au salaire net. La distinction entre retenues salariales et retenues patronales est purement apparente : pour l'employeur, seul compte ce qu'il paye au total (salaire net + cotisations obligatoires [salariales et patronales] + cotisations conventionnelles). Ainsi, une augmentation des cotisations obligatoires patronales se traduit à terme par un ralentissement correspondant des augmentations de salaire brut. On distingue parfois le salaire direct (versé directement au salarié) et le salaire indirect (les cotisations sociales, dont certaines financent les revenus de remplacement, comme les allocations de chômage ou les pensions de retraite, etc.). Le salaire des fonctionnaires est appelé traitement. En 2008, le salaire médian net pour un emploi à temps plein dans le secteur privé ou semi-public s'élevait à 1 655 euros mensuels. Attention, le salaire est calculé pour un salarié à temps plein toute l'année : il ne faut donc pas le confondre avec le revenu salarial (v. ce terme).

Salaire d'efficience (théorie du). Théorie faisant du salaire réel un déterminant de la productivité (alors que l'approche néoclassique fait de la productivité un déterminant du salaire réel). Un salaire plus élevé incite le salarié à augmenter sa productivité (il est d'autant plus motivé qu'il pense ne pas pouvoir retrouver ailleurs un tel salaire). Dans ces conditions, l'employeur peut ne pas avoir intérêt à diminuer les salaires, même en période de chômage. Ce qui, selon les partisans de cette théorie, serait en partie à l'origine d'un chômage involontaire lié à un niveau de salaire trop élevé.

Salaire de réserve. Dans la théorie néo-classique, salaire minimal qu'un demandeur d'emploi est prêt à accepter et en dessous duquel il ne veut pas descendre. Cette notion est souvent associée implicitement à l'idée que les chômeurs le sont parce qu'ils ont un salaire de réserve trop élevé.

Salaire direct. Salaire effectivement perçu par le salarié, par opposition au « salaire indirect », constitué des revenus de remplacement financés par les cotisations sociales (assurance chômage, indemnités d'assurance maladie, retraite, etc.).

Salaire minimum. V. SMIC.

Salaire réel. Pouvoir d'achat du salaire nominal.

Salariat. Désigne soit l'ensemble des salariés, soit le régime salarial caractérisé par l'existence d'un lien de subordination, le paiement des heures travaillées et le financement de droits sociaux (assurance maladie, assurance chômage et retraite) à partir du salaire. Dans ce deuxième sens, il convient de souligner que le salariat, qui, jusqu'au XIXe siècle, était considéré comme une situation dégradante, est devenu progressivement, grâce aux luttes sociales, un statut enviable au regard des formes de travail indépendant. Mais il semble qu'un retour de balancier s'opère depuis une quinzaine d'années, avec la montée de formes d'emploi salarié marquées par l'instabilité et l'insécurité.

Salarisation. Proportion de travailleurs salariés dans l'ensemble des emplois. S'est considérablement accrue depuis deux siècles : en France, elle est passée d'environ 15 % (salariés de l'État, domestiques et salariés agricoles essentiellement) à 91 % en 2009.

Sanction positive. Les sanctions jouent un grand rôle dans la socialisation des individus, dans l'intériorisation des normes. Elles sont formalisées ou non, et ne sont pas nécessairement négatives. Les sanctions positives sont des récompenses, des gratifications plus ou moins symboliques (approbation par le groupe...).

SARL. Type de société commerciale à but lucratif dont l'abréviation signifie société à responsabilité limitée. Contrairement à la société anonyme (v. ce terme), la SARL est une société de personnes : les copropriétaires (qui, en l'occurrence, détiennent des parts sociales et non des actions, et sont appelés associés et non actionnaires) ne peuvent céder leurs parts sans en informer au préalable la gérance, et la cession doit être approuvée à la majorité absolue des voix. S'il en est ainsi, c'est que, dans ce type de société, la personne des associés joue autant que leurs apports : si un associé vend ses parts à une nouvelle personne, il convient donc que les autres associés l'acceptent. De ce fait, les parts sociales sont moins mobiles : ce qui exclut, bien évidemment, la cotation en Bourse, et réduit le nombre d'associés possibles (que la loi, d'ailleurs, limite à cent). Néanmoins, comme pour les sociétés anonymes, la responsabilité financière des associés est limitée à leurs apports (c'est le sens de la dénomination même de la société) : en cas de faillite, les associés n'ont pas à payer le passif demeurant exigible après liquidation des actifs, sauf si la faillite est due à des causes frauduleuses ou illégales, auquel cas les associés ayant couvert ou encouragé ces fraudes sont susceptibles d'être tenus pour responsables au-delà de leurs apports, sur leurs biens personnels. La loi ne fixe plus aucun minimum d'apports en capital pour constituer une SARL. On en compte environ 1,2 million en 2009, contre 65 000 SA. La SARL est dirigée par un gérant, responsable devant l'assemblée générale des associés. Si le gérant est majoritaire, il est assimilé à un travailleur indépendant par la loi (même s'il est salarié) et, en cas de chômage (suite à une faillite par exemple), il ne peut prétendre à une indemnisation par les ASSEDIC.

SAS. V. société anonyme.

SCOP. Société coopérative de production. Entreprise coopérative (v. ce terme) dont les sociétaires sont majoritairement des salariés de l'entreprise.

SEBC. V. Système européen de banques centrales.

Second marché. Depuis 1983, compartiment du marché des valeurs mobilières (Bourse) dont les conditions d'accès sont plus ouvertes aux moyennes entreprises que celles du marché officiel.

Secteur. Ensemble des entreprises qui ont la *même activité principale* (la comptabilité nationale parle de *sous-secteur d'activité* pour ne pas confondre avec le secteur institutionnel). En ce sens, la notion de secteur s'oppose à celle de *branche* (regroupements des unités élémentaires de production qui produisent le même produit). Une grande firme appartient à un seul secteur, mais a en général plusieurs branches. La distinction entre un *secteur primaire* (agriculture, pêche, sylviculture, voire mines), un *secteur secondaire* (industrie au sens large, c'est-à-dire industrie manufacturière, énergie, bâtiment et travaux publics) et un *secteur tertiaire* (le reste) a été proposée par l'Australien Colin Clark (*Les Conditions du progrès économique*, 1947). Certains ont proposé un *secteur quaternaire* pour casser un tertiaire devenu pléthorique, mais il n'y pas d'accord sur la définition (éducation et santé pour les uns, télécommunications, informatique pour d'autres, etc.). L'opposition d'un *secteur public* (ne pas confondre avec administrations publiques) et d'un *secteur privé* renvoie à la nature juridique du contrôle. Le *secteur marchand* désigne les entreprises ayant une activité de vente de biens ou de services, le *secteur non marchand* les organismes produisant des services ne faisant pas l'objet d'une vente ou vendus à un prix ne couvrant qu'une partie minoritaire de leur coût.

Secteur informel. V. économie non officielle.

Secteur institutionnel (cn). Les comptables nationaux regroupent les agents économiques résidents (qu'ils appellent unités institutionnelles) en cinq secteurs institutionnels : administrations publiques (APU), institutions sans but lucratif au service des ménages (ISBLSM), ménages (y compris entrepreneurs individuels), sociétés financières (SF), sociétés non financières (SNF). Le reste du monde n'est pas un secteur.

Sécularisation. Au sens large, synonyme de désacralisation, laïcisation.

Sécurisation des parcours professionnels. Ensemble des dispositifs permettant de protéger les travailleurs soumis à l'instabilité de l'emploi : assurance d'un revenu, d'une formation, du maintien d'un certain nombre de droits acquis dans les emplois précédents (mutuelle d'entreprise, ancienneté reconnue dans un métier...), etc. de manière à faciliter le retour à l'emploi dans de bonnes conditions. D'une manière extensive, on parle aussi parfois de « sécurité sociale professionnelle », laquelle vise également à favoriser le déroulement d'une carrière salariale (reconnaissance des acquis professionnels, progression des responsabilités et du salaire...).

Sécurité sociale. Au sens large, ensemble des organismes qui collectent les cotisations sociales obligatoires des assurés et leur distribuent des prestations sociales (on parle aussi d'*assurances sociales*). Ces régimes obligatoires comprennent les régimes de travailleurs indépendants, les régimes de retraite complémentaire ou l'assurance chômage, qui sont des organismes paritaires. Au sens strict, régimes créés en 1945 par l'État sous forme d'organisme à gestion tripartite (État, employeurs, salariés). Dans ce dernier sens, à côté du régime général (plus de 40 % des prestations versées en France) existent encore des régimes particuliers ou spéciaux, contraires à l'esprit de l'institution. Pour l'essentiel, les cotisations sont collectées par les URSSAF (Union de recouvrement des cotisations de la Sécurité sociale et des allocations familiales), centralisées par l'ACOSS (Agence centrale des organismes de sécurité sociale), qui gère la trésorerie ; et les prestations sont versées par la Caisse d'assurance maladie, la Caisse d'allocations familiales et la Caisse d'assurance vieillesse (les caisses sont organisées à plusieurs niveaux : caisse nationale, caisses primaires...).

Segmentation d'un marché. Démarche classique du marketing qui consiste à identifier au sein du marché d'un produit des sous-ensembles homogènes (segments) correspondant à la diversité des acheteurs potentiels et pour lesquels une différenciation du produit et une approche commerciale particulière sont envisageables.

Segmentation du marché du travail. Décomposition du marché du travail en compartiments relativement étanches (dualisme s'il n'y en a que deux) relevant de logiques différentes. Exemple : emplois stables, emplois précaires ; marché interne (les salariés présents dans l'entreprise, *insiders*) ; marché externe (les travailleurs extérieurs à l'entreprise, *outsiders*).

Seigneuriage. Désignait, dans le régime féodal, le fait que le seigneur disposait seul du droit de battre monnaie dans son fief. Dans le langage moderne, désigne le pouvoir d'achat que les émetteurs d'une monnaie peuvent s'approprier en émettant cette monnaie. On parle ainsi souvent du « seigneuriage » du dollar sur l'économie internationale, lié au fait que le dollar ne coûte rien au pays qui l'émet, alors qu'il sert *de facto* de monnaie internationale.

SEL. V. système d'échange local.

Sélection adverse. V. antisélection.

Serpent monétaire européen. V. SME.

Service de la dette. D'une façon générale, somme des intérêts à payer et des emprunts à rembourser pendant une période. Pour un pays, total des paiements d'intérêts et des remboursements afférents aux dettes extérieures (publiques et privées) de ce pays. Le poids du service de la dette dans le PIB est un indicateur contestable, car ce service s'effectuant en devises, mieux vaut le comparer au flux de devises dont dispose un pays. Habituellement, on mesure donc le ratio « service de la dette/montant des exportations ».

Service public. Selon la définition classique du juriste Léon Duguit, désigne toute activité dont « l'accomplissement doit être assuré, réglé et contrôlé par les gouvernants, parce que cet accomplissement est indispensable à la réalisation et au développement de l'interdépendance sociale, et qu'elle est de telle nature qu'elle ne peut être réalisée complètement que par l'intervention de la force gouvernante ». Cette approche est spécifiquement française. Elle repose en effet sur l'idée que, dès que l'intérêt général est en jeu, le marché doit être contrôlé ou éliminé. L'approche anglo-saxonne est exactement inverse : ce n'est que lorsque les mécanismes marchands ont fait la preuve de leur incapacité à satisfaire l'intérêt général que l'État doit intervenir. Au sein de l'Union européenne, une synthèse semble s'opérer autour de la notion de service universel : est ainsi appelé tout service public dont on estime que chaque citoyen doit pouvoir bénéficier, soit gratuitement, soit par identité des conditions marchandes d'accès (prix du kWh ou du timbre-poste, par exemple, quelle que soit la localisation de l'usager). Le service universel ainsi défini doit desservir tous les usagers aux mêmes conditions, à charge, pour la puissance publique, d'apporter à l'organisme chargé de rendre ce service les moyens financiers nécessaires pour assurer cette égalité d'accès. Le rôle de la puissance publique n'est donc plus de rendre le service, mais de le définir et d'en payer le surcoût, les entreprises qui souhaitent le rendre devant, quant à elles, équilibrer leurs coûts à partir de leurs ventes et de l'apport public correspondant au surcoût impliqué par l'égalité d'accès. L'État, de producteur qu'il était, devient financeur, les organismes chargés de rendre le service pouvant être des entreprises privées en concurrence percevant une subvention en contrepartie du surcoût que leur impose la mission de service public prise en charge.

Services. V. branches.

Services administrés (cn). Ensemble des secteurs « éducation, santé, action sociale » et « administration », qui ont la particularité d'être rendus par des organismes majoritairement financés par la collectivité.

Services aux entreprises (cn). Correspondent à : « postes et télécommunications », « conseils et assistance » (dont activités informatiques, publicité, études de marché, ingénierie, architecture), « services opérationnels » (location sans opérateur, sélection et fourniture de personnel, sécurité, nettoyage, assainissement, voirie, gestion des déchets, services divers), « recherche et développement » (marchand, non marchand).

Services aux particuliers (cn). Regroupement de « hôtels et restaurants », « activités récréatives, culturelles et sportives » et « services personnels et domestiques ».

Services de proximité. V. emplois de proximité.

Services non marchands (cn). Ceux qui ne sont pas vendus sur le marché ou dont le prix représente moins de 50 % des recettes du producteur.

Seuil de pauvreté. V. pauvreté.

Seuil de remplacement (démographie). Niveau de la descendance finale nécessaire pour assurer le remplacement des générations (v. remplacement). Dans les pays de l'Union européenne, ce seuil est de 2,1. Ce nombre est obtenu simplement en divisant 2,05 (nombre d'enfants nécessaire pour avoir une fille, v. masculinité) par 0,98 (probabilité de survie des femmes à l'âge moyen à la maternité). Attention ! Ce seuil n'est pas toujours et partout de 2,1 car la probabilité de survie à l'âge moyen à la maternité peut être très différente. Dans un pays africain, il peut atteindre 3 (probabilité de survie de 0,7 vers 30 ans, âge moyen à la maternité).

Seuil de rentabilité. Appelé aussi point mort ou (très rarement) taille critique. C'est le niveau d'activité (volume de production) pour lequel l'entreprise couvre exactement ses coûts par son chiffre d'affaires. Au-dessus, elle fait du profit ; en dessous, elle subit des pertes (la production est insuffisante pour faire face aux coûts fixes).

Shareholder. Actionnaire (en anglais). S'emploie en France par opposition à *stakeholder*, ensemble des parties prenantes (actionnaires, mais aussi travailleurs, fournisseurs, clients, collectivités territoriales) concernées par les décisions stratégiques de l'entreprise, alors que le droit des sociétés confie ces décisions aux seuls actionnaires.

SICAV. La société d'investissement à capital variable a pour activité exclusive le placement des liquidités que l'épargnant apporte lorsqu'il achète des *parts* de la SICAV (qui s'engage à les racheter à tout moment). En pratique, on appelle SICAV ces parts de SICAV, souvent commercialisées par les banques. Le capital est variable car il fluctue chaque jour au gré des achats et des reventes de parts. Leur valeur tient compte des performances des placements financiers (actions, obligations, titres du marché monétaire...) réalisés par la SICAV avec les fonds collectés (moins les frais de gestion, très faibles). Chaque SICAV est spécialisée ; par exemple dans les obligations (*SICAV obligataires*), dans les titres immunisés contre le *risque de taux* (*SICAV monétaires*, ou *de trésorerie*). Une SICAV est un OPCVM.

Siège social. Domicile d'une société. Son lieu est précisé dans ses statuts et il sert généralement à déterminer sa nationalité.

SME. Accord monétaire européen signé entre douze des pays de l'actuelle Union européenne (Allemagne, Belgique, Danemark, Espagne, France, Grèce, Irlande, Luxembourg, Pays-Bas, Portugal, Italie et Royaume-Uni, ces deux pays l'ayant ensuite quitté) et qui a fonctionné de 1979 à 1999, date de mise en application de l'UEM (v. ce terme). Il se caractérisait par l'engagement des pays signataires d'établir pour leur monnaie vis-à-vis de celle des autres pays une parité fixe, mais ajustable (il y eut, de fait, de nombreux réajustements), au sein d'une marge de fluctuation (d'où le nom de « serpent monétaire » utilisé pour symboliser ces ajustements à la marge) de 2,25 % de part et d'autre de la parité (ou « cours pivot ») déclarée. En 1993, l'ampleur des mouvements spéculatifs contraignit de porter cette marge à 15 %... V. ECU.

SMI. V. système monétaire international.

SMIC. Salaire minimum interprofessionnel de croissance : salaire *horaire* brut au-dessous duquel nul salarié (sauf les apprentis) ne peut être rémunéré. A succédé en 1970 au SMIG (salaire minimum interprofessionnel garanti), créé en 1950 et dont le montant avait été fixé à partir du prix des produits de base estimés nécessaires à l'époque pour toute personne travaillant à plein temps. Le SMIG était indexé sur les prix à la consommation, si bien que l'écart s'était creusé entre ce minimum et le salaire horaire ouvrier moyen. D'où la décision d'indexer son successeur sur les prix à la consommation *et* sur la moitié des gains de pouvoir d'achat du salaire horaire ouvrier moyen, le gouvernement ayant, s'il le juge bon, la liberté de donner un « coup de pouce » à la revalorisation issue de cette double indexation. Pour éviter que les 35 heures ne se traduisent par une perte de revenu mensuel pour les salariés payés au SMIC, un complément de salaire à la charge des employeurs (appelé « garantie mensuelle de rémunération », ou GMR) a été instauré en 1999 : il a été supprimé par étapes entre 2002 et 2006, par une hausse plus forte du SMIC. La multiplication des emplois à temps partiel, souvent rémunérés au SMIC (notamment les emplois aidés), et l'instabilité croissante de l'emploi ont fait que le pouvoir d'achat d'une partie des salariés rémunérés au SMIC s'est réduit sensiblement par rapport à la norme implicite qu'était le temps complet. La pauvreté laborieuse dépend donc aujourd'hui essentiellement du temps travaillé, et non du SMIC, dont le niveau, pour un temps complet, est de l'ordre de 60 % du salaire médian.

Sociabilité. Aptitude à vivre en société, qui peut être sans objectif utilitaire (« la forme ludique de la socialisation », écrit Georg Simmel en 1918 dans *Sociologie et épistémologie*). On oppose souvent des formes de sociabilité populaire (café, voisinage, sports d'équipe...) et des formes de sociabilité bourgeoise (salons, soirées mondaines, golf...).

Socialisation. Processus par lequel la société, par l'intermédiaire de groupes et d'institutions (famille, école, etc.), inculque des normes, des valeurs et des croyances à un individu. Combine des mécanismes d'apprentissage (d'habitudes, de savoir-faire), d'identification (à un héros, aux parents). Se traduit par le fait que l'individu a *intériorisé*, fait siennes ces normes, valeurs et croyances. V. groupe primaire.

Socialisme. Régime social caractérisé par la propriété collective des moyens de production, ceci afin de réduire les inégalités sociales pouvant exister entre les classes et supprimer l'exploitation de l'homme par l'homme. Par extension, le qualificatif socialiste désigne les partisans de ce système social ou même, plus largement, ceux qui souhaitent réguler et orienter les mécanismes d'une économie de marché produisant des inégalités jugées excessives (dans ce cas, on parle plutôt de social-démocratie).

Société. 1) Ensemble humain au sein duquel des institutions, des normes et des lois communes aux personnes qui y vivent engendrent normalement de la cohésion sociale (v. ce terme). 2) « Contrat par lequel deux ou plusieurs personnes conviennent de mettre quelque chose en commun en vue de se partager le bénéfice qui pourra en résulter » (article 1832 du code civil). Dans ce sens juridique, la société est définie par le contrat qui lie les propriétaires, non par la structure (entreprise par exemple) qui en résulte.

Société à responsabilité limitée. V. SARL.

Société anonyme. La SA a un capital qui est divisé en actions librement négociables. Comme les associés de la SARL, les actionnaires ne sont responsables que de leurs apports. Certaines SA ont un *conseil d'administration* élu par l'assemblée des actionnaires, d'autres un *conseil de surveillance* (élu aussi par les actionnaires) qui élit un *directoire* de un à cinq membres (sept si la société est cotée en Bourse). Depuis 1999 a été introduite la possibilité de créer une « société par actions simplifiée » (SAS), sans qu'il soit imposé un montant minimal du capital social, mais qui peut ne compter qu'un seul actionnaire et dans laquelle les contraintes réglementaires sont moindres que dans une SA. Les premières SA ont été les entreprises coloniales créées dans le contexte du mercantilisme sur le modèle de la Compagnie hollandaise des Indes orientales (1602). V. action, mercantilisme.

Société civile. En sociologie, désigne l'ensemble des groupements spontanés constitués par les membres d'une même société en vue d'atteindre des objectifs économiques (entreprise sociétaire, syndicat...), culturels, sociaux ou autres. La société civile ainsi entendue s'oppose à la société étatique, composée des organisations officielles qui structurent ladite société. Au sens juridique du terme, la société civile désigne un type d'entreprise visant un objet économique, mais dont les membres se partagent le produit et les charges : on parlera ainsi d'une société civile professionnelle d'avocats, d'une société civile immobilière, l'impôt sur le bénéfice étant payé non par la société mais par chacun des membres, soit en fonction de ses revenus, soit au prorata de son activité au sein de la société.

Société d'économie mixte. Société dont le capital est détenu à la fois par des collectivités publiques et par des apporteurs privés.

Société mère. V. filiale.

Société postindustrielle. Terme lancé par le sociologue américain Daniel Bell au début des années 1970 pour désigner l'évolution des sociétés modernes, au sein desquelles l'emploi de type industriel tend inévitablement à se réduire. Daniel Bell voyait dans ce déclin de l'emploi industriel le symbole du déclin d'une civilisation basée sur la transformation de la matière et l'avènement d'une société où l'essentiel des activités serait de nature relationnelle ou informationnelle : il s'agirait moins de transformer que d'interpréter, de communiquer et d'échanger.

Sociétés non financières. Secteur institutionnel de la comptabilité nationale regroupant l'ensemble des entreprises (autres qu'individuelles) exerçant une activité productive destinée au marché. Lorsque la comptabilité nationale regroupe les entreprises individuelles et les sociétés non financières, cet ensemble est appelé « entreprises non financières ».

Sociocentrisme. Synonyme d'ethnocentrisme (v. ce terme).

Sociologie compréhensive. Conception de la sociologie de Max Weber ainsi définie dans *Économie et société* : « Science qui se propose de comprendre par interprétation l'activité sociale et par là d'expliquer causalement son déroulement et ses effets. »

Solde (d'un compte). Différence entre les deux côtés d'un compte (ou d'une balance) : entre les ressources et les emplois (les utilisations), entre les entrées et les sorties. Lorsque les ressources l'emportent sur les emplois, le solde correspond à un excédent (solde excédentaire ou positif) ; dans le cas contraire, il correspond à un déficit (solde négatif). Dans une présentation débit-crédit, un solde créditeur signifie que les crédits sont supérieurs aux débits, un solde débiteur exprimant le contraire.

Solde budgétaire. Différence entre les recettes de l'État et ses dépenses.

Solde commercial. V. balance commerciale.

Solde extérieur. Notion de comptabilité nationale. Il est égal aux exportations moins les importations (au sens de la comptabilité nationale). V. exportations.

Solde migratoire. Différence entre l'immigration et l'émigration.

Solde naturel. V. mouvement naturel.

Solidarité mécanique, organique. Modèles théoriques d'organisation des relations entre l'individu et la société dans la sociologie de Durkheim. La solidarité mécanique est fondée sur la similitude, la ressemblance ; elle correspond à une société où la division du travail est limitée ; les individus y ont une conscience collective (v. ce terme) forte ; la place accordée à l'autonomie individuelle est faible, et le rapport de l'individu au groupe social est direct (pas de groupes intermédiaires). La solidarité organique repose sur la différence, la complémentarité ; elle correspond à une société où les tâches et les individus sont spécialisés ; la conscience collective est faible ; l'autonomie individuelle est grande et le rapport de l'individu au groupe social passe par des groupes spécialisés. V. anomie.

Solvabilisation. Fait de permettre aux membres d'un groupe social de pouvoir payer le prix d'un service ou d'un bien auquel ils ne pouvaient accéder jusqu'alors, faute de moyens financiers suffisants. Le plus souvent, cela passe par des aides publiques ciblées, parfois par des crédits d'impôt (v. ce terme).

Solvabilité (financière). Aptitude d'un agent à rembourser ses dettes à l'échéance prévue.

Somme des naissances réduite. V. indicateur conjoncturel de fécondité.

Sondage. Technique qui permet de connaître les caractéristiques d'une population en n'en étudiant qu'un échantillon représentatif (c'est-à-dire dont les individus sont censés posséder les mêmes caractéristiques que la population étudiée). La représentativité de l'échantillon est obtenue par tirage au hasard (sondage aléatoire) dans la population mère (le recensement, l'annuaire du téléphone, les fichiers fiscaux, etc.) ou par la *méthode des quotas* ; dans ce dernier cas, on constitue un échantillon raisonné dont certaines caractéristiques déjà connues avant le sondage sont les mêmes que celles de la population (mêmes proportions par âge, par sexe, par type d'habitat, etc.), l'hypothèse étant que l'échantillon ressemblera aussi à la population mère pour les caractéristiques que l'on veut étudier. La précision d'un sondage dépend de la différence entre la valeur moyenne d'un caractère de la population (son revenu, par exemple) et la valeur moyenne de ce caractère dans l'échantillon. Pour les échantillons aléatoires, *la précision ne dépend pas du taux de sondage* (rapport de la taille de l'échantillon à celle de la population), mais de la taille de l'échantillon (un échantillon de deux mille personnes apportera un résultat aussi précis sur une population de cent mille individus que sur une population de dix millions) ; elle est proportionnelle à la racine carrée de cette taille (si l'échantillon est multiplié par 4, elle l'est par 2). On appelle souvent *fourchette* la précision de l'estimation (plus ou moins 3 %, par exemple).

Sous-culture. Culture d'un groupe social particulier : classe sociale, groupe ethnique ; certains auteurs parlent de sous-culture des délinquants, des jeunes, des pauvres, des homosexuels, etc. Pour éviter de laisser entendre que la sous-culture serait une culture inférieure, le terme « subculture » lui est quelquefois préféré.

Sous-emploi. Situation caractérisée par du chômage, effectif ou caché (travail à temps partiel subi ou inactivité forcée par exemple). Si c'est le capital qui est sous-employé, on parle plutôt de *sous-utilisation* des capacités de production (qui s'oppose à pleine utilisation). V. équilibre de...

Sous-traitance. Consiste, pour une entreprise, à confier à une autre entreprise le soin de réaliser des opérations ou des composants particuliers entrant dans la composition du bien ou du service qu'elle produit. La sous-traitance repose habituellement sur un contrat spécifiant l'ensemble des normes auxquelles le sous-traitant doit se plier, ainsi que les quantités que le donneur d'ordre s'engage à acheter, les prix auxquels les transactions auront lieu et la durée pour laquelle le donneur d'ordre s'engage. Ce contrat prévoit aussi fréquemment des délais de préavis en cas de décision d'arrêt de la sous-traitance, ainsi que des indemnités compensatrices si ce préavis n'est pas respecté.

Souveraineté. Autorité suprême. La démocratie repose sur la souveraineté du peuple.

Souveraineté du consommateur. V. *Homo oeconomicus.*

Sovkhoze. Entreprise agricole soviétique appartenant à l'État.

SPA. Standard de pouvoir d'achat. V. parités de pouvoir d'achat.

Spécialisation. Recouvre de nombreuses situations puisqu'elle peut être celle d'un travailleur, d'une entreprise ou d'un pays. Elle repose fondamentalement sur la division du travail. On considère généralement que la spécialisation est un facteur de croissance de la productivité et conduit à un renforcement de l'interdépendance entre les unités spécialisées. V. avantages comparatifs, division du travail, externalité, stratégie de développement, libre-échange, protectionnisme, taylorisme.

Spéculation. Achat (vente) de titres, monnaies ou biens en espérant les revendre (racheter) rapidement à un prix plus (moins) élevé. Suppose que le cours des titres, monnaies ou biens concernés est coté sur un marché et que les coûts de transaction sur ce marché sont faibles. V. bulle, marché à terme, termaillage.

Spot. Sur les marchés de devises ou de matières premières, le prix *spot* est un prix « au coup par coup », sans engagement pour le futur.

Spread. Majoration de taux d'intérêt par rapport à un niveau de référence (souvent le LIBOR, v. ce terme), exigée par un prêteur en raison d'une exposition plus forte de l'emprunteur au risque. V. prime de risque.

Stabilisateur automatique. Désigne le fait que, en cas de récession ou de dépression, les impôts et cotisations sociales rentrent moins bien que prévu par la loi de Finances, tandis que certaines dépenses, au contraire, progressent plus vite que prévu (indemnisation du chômage ou du temps partiel, principalement). Les comptes publics se détériorent donc, mais cette détérioration est en même temps un amortisseur, puisqu'elle empêche automatiquement une baisse ou un ralentissement des revenus aussi important que la baisse ou le ralentissement de l'activité économique.

Stabilisation. V. politique de...

Stabilité d'un équilibre. Un équilibre est stable lorsqu'il se rétablit automatiquement après avoir été perturbé. Exemple : une bille au fond d'une demi-sphère.

Stagflation. Coexistence de l'inflation et de la stagnation.

Stakeholder. V. *Shareolder.*

Stand-by. V. accord de confirmation.

Start-up. « Jeune pousse » ; les *start-up* sont de jeunes sociétés à croissance rapide, particulièrement dans le secteur de la nouvelle économie. V. *stock options*.

Statut. Position occupée par un individu en fonction d'un critère socialement pertinent (âge, niveau d'instruction, profession, revenu, sexe...). Chacun de ces statuts implique des droits et des devoirs ; leur ensemble définit l'identité sociale de l'individu. Max Weber, à côté des classes (critère économique), définit des *groupes de statut* qui se distinguent par leurs styles de vie différents. Un individu a plusieurs statuts mais un seul *statut social*, qui est la résultante de ses statuts divers. V. rôle.

Stigmatisation. Processus par lequel est attribué à une personne un signe extérieur de déclassement qui l'amène à être considérée avec méfiance.

Stock options. En anglais, option sur actions. Supplément (éventuellement colossal) de rémunération des cadres dirigeants : l'entreprise leur distribue gratuitement des *options d'achat* sur ses actions. Exemple : X reçoit en 2006 le droit d'acheter un million d'actions de la société Y au prix unitaire de 100 euros ; si le cours de l'action Y atteint, par exemple, 150 euros en 2010, X aura gagné 50 millions d'euros (il pourra vendre 150 les actions que l'option lui a donné le droit d'acheter 100). Ce dispositif est un puissant moyen d'inciter X à défendre les intérêts des actionnaires de Y (*gouvernement d'entreprise*) ou d'inciter les salariés des *start-up* à s'identifier à l'entreprise. Ce mode de rémunération relève aussi souvent de l'*évasion fiscale* (les plus-values sont moins imposées que les revenus) et sociale (pas de cotisations sociales). En outre, au lieu de les inciter à œuvrer en faveur de l'intérêt des actionnaires (« créer de la valeur »), l'expérience montre qu'il a poussé certains dirigeants concernés à « maquiller » les comptes de leur société. V. termes en italique.

Stocks (cn). Biens (autres que le capital fixe) détenus par les entreprises. Par convention, les ménages (comme consommateurs) ne stockent pas. Tous les biens sont donc réputés consommés lorsqu'ils sont achetés, y compris les biens durables. Rappel : les logements achetés par les ménages sont de la FBCF. V. variation des stocks.

Stop and Go (politique de). Politique conjoncturelle caractérisée par une alternance de politiques de relance destinées à lutter contre le ralentissement de l'activité (*Go*) et de politiques restrictives visant à combattre la surchauffe et/ou les déséquilibres extérieurs (*Stop*). Cette politique a été notamment celle du Royaume-Uni pendant les années 1950 et 1960.

Stratégie de développement. S'applique en général aux PED amenés à choisir les secteurs, types d'activités ou de produits que l'État doit sélectionner, ou qu'il doit essayer de faire choisir par les épargnants et entrepreneurs comme domaines prioritaires, compte tenu de la faiblesse des capacités d'investissement du pays. On oppose habituellement la stratégie autocentrée à la stratégie extravertie : la première privilégie les productions à débouché interne, quitte à les protéger de la concurrence étrangère, la seconde est tournée vers l'extérieur et cherche à faire valoir des avantages comparatifs propres au pays. L'efficacité de cette seconde stratégie dépend généralement de la capacité à opérer une remontée des filières (v. ce terme), ce que, le plus souvent, la spécialisation dans la production de matières premières ne permet pas. D'autres auteurs ont opposé la stratégie d'industrialisation à la stratégie de priorité à l'agriculture. Albert O. Hirschman (économiste américain d'origine allemande, auteur de *Stratégie du développement économique*, 1964) a également opposé la stratégie de développement équilibrée à celle de développement déséquilibré. V. substitution d'importation.

Stratégie de Lisbonne. Ensemble d'objectifs arrêtés par le Conseil européen de Lisbonne en 2000, visant à faire de l'Union européenne l'« économie de la connaissance la plus compétitive et la plus dynamique du monde d'ici à 2010 ». Chaque pays membre est tenu de présenter tous les trois ans un « Rapport stratégique » national, avec des indicateurs chiffrés sur chacun des objectifs détaillés et détaillant les décisions mises en œuvre pour atteindre ces objectifs. La crise des *subprime* (v. ce terme) a enterré cette stratégie, déjà mise à mal par une politique tablant beaucoup trop sur les effets bénéfiques de la concurrence et de la méthode ouverte de coordination (MOC), consistant à comparer les effets des politiques nationales menées pour chacun des objectifs visés, en espérant que cette comparaison amènera les pays mal placés à adopter les « bonnes politiques » mises en œuvre par les pays mieux placés (v. *benchmarking*). Aussi le Conseil européen de mars 2010 a-t-il modifié l'objectif, visant pour 2020 une « stratégie pour une croissance intelligente, durable et inclusive » (ce dernier terme renvoyant à la lutte contre l'exclusion sociale).

Stratification sociale. Au sens large : tout système de différenciation sociale fondé sur la distribution inégale des ressources (pouvoir, richesse, prestige, savoir) ; cette inégalité s'applique à des individus, mais elle engendre aussi la formation de groupes, de droit ou de fait (castes, ordres, classes...). Au sens strict : vision de la société comme ensemble de strates hiérarchisées en fonction de critères multiples (revenu, statut professionnel, pouvoir, prestige) ; l'analyse en terme de strates s'oppose aux analyses en terme de classes (qui mettent l'accent sur l'antagonisme, les relations de domination et d'exploitation) ; la notion de strates au contraire insiste sur l'idée de continuité de la classification (il y a juxtaposition, gradation régulière, hiérarchie mais pas rupture et encore moins antagonisme), sur la multiplicité des groupes (puisqu'il y a une multiplicité des critères de classification possibles), sur l'absence de conflits majeurs entre ces groupes (voire sur leur intégration fonctionnelle dans le système social).

Stress test. Tests de résistance (en français). Simulation de différentes situations de crise financière permettant de vérifier si le niveau des fonds propres des banques permettrait de couvrir leurs pertes potentielles, donc de leur éviter la faillite.

Subprime **(crise des).** Aux États-Unis, type de prêt immobilier accordé à des ménages dont la solvabilité est faible, et donc assorti de taux d'intérêt élevés en raison du risque de défaut. En 2007-2008, lorsque la bulle immobilière américaine a explosé et que les prix, jusqu'alors tirés à la hausse par une demande stimulée notamment par la multiplication de ce type de prêts, ont chuté, bon nombre de ménages ont été sommés de rembourser car leur dette était devenue inférieure à la valeur marchande de leur maison. La plupart ont alors fait défaut, les créances les concernant ont perdu une grande part de leur valeur. Or, du fait de la titrisation (v. ce terme), la crise des *subprime* s'est généralisée à l'ensemble des titres dont on craignait qu'ils ne comportent une part, plus ou moins grande, de ce type de prêts. Cette méfiance a paralysé le marché interbancaire et provoqué la plus grande crise économique depuis 1929.

Subsidiarité (principe de). Fixé dans le traité d'Union européenne pour faire le partage entre compétences communautaires et compétences nationales. L'Union n'intervient que si « les objectifs de l'action envisagée ne peuvent pas être réalisés de manière suffisante par les États membres [...] et peuvent être mieux réalisés au niveau communautaire ». Ce principe ne prévaut pas en France dans les relations entre l'État et les collectivités locales.

Substitution d'importation. Stratégie d'industrialisation visant à remplacer les importations par une production nationale, théorisée par Prebisch (années 1950). V. stratégie de développement, CEPAL.

Succursale. V. établissement.

Superstructure. V. mode de production.

Surendettement. Situation dans laquelle des particuliers se révèlent durablement incapables de rembourser leurs emprunts, faute de revenus suffisants au regard des dettes accumulées. Depuis 1988, la Banque de France est chargée du secrétariat d'une « Commission de surendettement » dont l'objet est d'étaler les dettes ou de négocier avec les établissements de crédit une suspension provisoire ou une réduction des paiements.

Surfacturation. Majoration artificielle d'une facture en vue de camoufler un transfert illégal ou occulte de fonds de l'organisme payeur vers l'entreprise qui a facturé. V. prix de transfert.

Surmortalité masculine. Mesurée par le rapport du taux de mortalité masculine à l'âge x au taux de mortalité féminine au même âge ; en France, elle peut atteindre plus de 3 vers 20 ans ; l'écart entre les espérances de vie masculine et féminine (passé de 5,8 à 6,7 ans de 1950 à 2009) résume l'ampleur de cette surmortalité. Toutefois, depuis 1994, cette surmortalité (qui atteignait alors 8,2 ans) tend à s'atténuer, essentiellement parce que les femmes sont de plus en plus nombreuses à fumer.

Surplus de productivité globale. V. productivité.

Surproduction. Situation dans laquelle bon nombre d'entreprises d'une même branche ou d'un même pays disposent de stocks de produits finis qu'elles ne parviennent pas à écouler.

Surréaction. Réaction excessive des opérateurs sur un marché de changes ou de titres financiers, suite à une hausse ou à une baisse des cours. On parle aussi de « surajustement » (*overshooting*).

Swap. Troc en anglais. Échange pour une durée déterminée de deux monnaies, ou d'un crédit à taux fixe contre un crédit à taux variable (*swap* de taux), etc. Cette technique constitue une forme d'assurance pour l'une des deux parties et une forme de spéculation pour l'autre.

Syndicats. Associations dont l'objectif est la défense d'intérêts communs. Les syndicats ouvriers, interdits (comme toutes les associations) par la loi Le Chapelier de 1791, n'ont été reconnus qu'en 1884 par la loi Waldeck-Rousseau. La liberté syndicale est inscrite dans la Constitution française depuis 1946. Seuls les syndicats dits « représentatifs » peuvent désigner des délégués syndicaux dans l'entreprise et négocier et signer des accords collectifs (dans l'entreprise, la branche ou au niveau national). Depuis 2008, cette représentativité est subordonnée à une audience d'au moins 10 % au niveau de l'entreprise et d'au moins 8 % aux niveaux interentreprises (branche ou interprofessionnel). La reconnaissance de la présence du syndicat dans l'entreprise est un résultat de mai 1968. Les lois Auroux (ministre du Travail) de 1982 ont amélioré les possibilités d'activité syndicale dans l'entreprise. V. représentants...

Système d'échange local (SEL). Mode d'échange interne à un groupe, basé sur le troc d'heures de travail, et qui repose sur l'acquisition puis l'utilisation par chacun d'un certain nombre de « points », au nom variable d'un SEL à l'autre, déterminé généralement en fonction du nombre d'heures de travail représenté par la fourniture du service (ou éventuellement du bien) produit par le travail fourni. Ainsi, Dupont, en bêchant durant cinq heures le jardin de sa voisine, acquiert cinq « grains », qu'il pourra échanger contre cinq heures de repassage fournies par sa voisine ou un autre membre du SEL.

Système européen de banques centrales (SEBC). Est constitué de la Banque centrale européenne (BCE) et des banques centrales de chacun des pays membres de l'Union européenne. Il participe à la détermination de la politique monétaire de la zone euro, dans le cadre du Conseil général de la BCE, et gère les réserves officielles (en devises convertibles ou en or) de chaque État membre. V. BCE.

Système généralisé de préférences. Exception (mise en place à la demande de la *CNUCED* en 1971 et avalisée désormais par l'*OMC*) à la *clause de la nation la plus favorisée* reposant sur des réductions ou suppressions de droits de douane décidées volontairement par chaque pays développé au bénéfice des seules importations de produits manufacturés en provenance de pays en développement dont la liste est établie par la CNUCED. Actuellement, onze pays ou ensemble de pays (dont l'Union européenne, à travers la *convention de Cotonou*) ont déposé des « schémas nationaux de préférence » notifiés à la CNUCED. V. termes en italique.

Système monétaire européen. V. SME.

Système monétaire international. Organisation des relations monétaires entre les pays. Un SMI doit remplir trois fonctions : assurer l'échange et la circulation des monnaies nationales (*convertibilité* des monnaies nationales, régime de change fixe ou flexible) ; permettre l'ajustement des *balances des paiements* (automatique, dirigé, voire imposé comme dans les « programmes d'*ajustement structurel* » du *FMI*) ; assurer l'alimentation en *liquidités internationales* pour favoriser la croissance mondiale. Depuis les *accords de la Jamaïque* en 1976, consacrant l'abandon du SMI né à *Bretton Woods*, il n'y a qu'un SMI affaibli et instable. V. termes en italique.

T

Tables de mobilité. Tableau mettant en relation la position sociale (*CSP* ou *PCS*) du père (origine) et celle du fils (destinée) et permettant de chiffrer la *mobilité intergénérationnelle* masculine. Les différences entre la structure des origines et la structure des destinées n'est possible que s'il a existé une *mobilité structurelle*. Des tables font intervenir les filles, les grands-parents, les beaux-parents. V. termes en italique.

Tableau des entrées-sorties (tableau *input-output*). Le TES a été inventé par Wassily Leontief (*La Structure de l'économie américaine, 1919-1939*, 1941). C'est un tableau de synthèse de la comptabilité nationale ; il présente les *équilibres des ressources et des emplois* des différents produits et branches ; il décrit le système productif en indiquant, produit par produit, quelles ont été les consommations intermédiaires absorbées par chacune des branches de l'économie. Ce tableau permet de calculer une matrice de *coefficients techniques* (dite matrice structurelle de l'économie), chaque coefficient indiquant quelle valeur du produit *i* la branche *j* doit absorber à titre de consommation intermédiaire pour produire 1 euro de produit *j*. Cette matrice est insérée dans de nombreux modèles de prévision ou de simulation économiques.

Tableau économique d'ensemble. Le TEE est un tableau de synthèse de la comptabilité nationale, obtenu en juxtaposant les comptes des secteurs institutionnels et des relations avec le reste du monde.

Taille critique. V. seuil de rentabilité.

Take-off. V. décollage.

Tarif extérieur commun. V. union douanière.

Taux. V. pourcentage.

Taux d' (ou de). Si vous n'arrivez pas à trouver *taux de X*, cherchez à X.

Taux d'absentéisme. Proportion moyenne des salariés absents (quelle qu'en soit la cause) en proportion de l'effectif.

Taux d'accroissement naturel (démographie). Accroissement naturel (v. ce terme) pendant une période divisé par la population moyenne pendant cette période (la population moyenne est la demi-somme des populations au début et à la fin de la période).

Taux d'activité. Proportion des personnes actives (y compris les chômeurs) dans l'ensemble des personnes de 15 à 64 ans (70,3 % en 2010 pour la France métropolitaine). On distingue des taux par sexe (74,7 % pour les hommes et 66,1 % pour les femmes) et par âge (89,3 % pour les 25-49 ans, 85,7 % pour les 50-54 ans et 45,1 % pour les 55-64 ans, hommes et femmes confondus, France métropolitaine).

Taux d'actualisation. Taux utilisé dans un calcul d'actualisation (v. ce terme).

Taux d'autofinancement (cn). Proportion de la FBCF financée avec l'épargne brute, c'est-à-dire sans recours à un financement externe à l'entreprise. C'est donc l'épargne brute rapportée à la FBCF. Attention ! Une hausse du taux d'autofinancement n'est pas nécessairement un bon signe. Elle peut signifier, par exemple, que l'épargne brute a baissé, mais moins vite que l'investissement.

Taux d'emploi. Proportion de personnes ayant un emploi parmi les 15-64 ans (en 2010 63,8 % en France, 64,8 % dans l'UE). Se déduit du taux d'activité en enlevant le taux de chômage pour les mêmes tranches d'âge.

Taux d'épargne (cn). Pour les sociétés, épargne brute rapportée à la valeur ajoutée ; pour les ménages, épargne brute rapportée au revenu disponible (appelée propension à épargner par Keynes).

Taux d'épargne financière (cn). Capacité de financement des ménages rapportée à leur revenu disponible.

Taux d'équipement. Proportion d'une population donnée (ménages, familles, PCS particulière...) possédant un bien durable déterminé.

Taux d'escompte. V. escompte.

Taux d'intérêt (théorie du). Prix du capital (déterminé par l'intersection des courbes d'offre et de demande de capital) pour les économistes néo-classiques. L'offre de capital est croissante avec le taux d'intérêt qui apparaît alors comme la rémunération de la renonciation à la consommation (en fonction du niveau du taux, les ménages déterminent le partage de leur revenu entre la consommation et l'épargne, v. effet prix). La courbe de demande de capital se confond avec celle de la *productivité marginale* (décroissante) du capital. Pour Keynes, le taux d'intérêt est la rémunération de la renonciation à la *liquidité* : celui qui ne prête pas peut rester liquide, c'est-à-dire détenir de la richesse en monnaie. Le prêt n'est pas la conséquence de la non-consommation (épargne), mais de la renonciation à la liquidité dès lors que le taux d'intérêt est suffisamment élevé pour surmonter la *préférence pour la liquidité*. V. termes en italique.

Taux d'intérêt fixe, variable. Le taux d'intérêt est le rapport entre le montant de l'intérêt dû pour une année et le montant de la somme prêtée. Si ce rapport est constant, le taux est fixe ; dans le cas contraire, il est variable (par exemple en fonction du taux du marché interbancaire ou du taux de base bancaire). Celui qui détient une obligation émise à taux fixe (10 % par exemple) touchera chaque année les mêmes intérêts, mais le cours de l'obligation sur le marché changera si de nouvelles obligations comparables à la première sont émises à un taux fixe différent (5 %). V. cours d'une obligation.

Taux d'intérêt nominal. Taux d'intérêt apparent, c'est-à-dire calculé en euros courants, sans tenir compte du fait que l'inflation déprécie la somme prêtée.

Taux d'intérêt réel. Taux d'intérêt nominal corrigé pour tenir compte de l'inflation. Si je prête 100 euros à 15 % de taux nominal, je possède 115 euros au bout d'un an (la somme a été multipliée par 1,15) ; si les prix ont augmenté de 10 % pendant cette période, le *pouvoir d'achat* de cette somme a été divisé par 1,1 (ce qui valait 100 vaut 110, donc les prix ont été multipliés par 1,1). Autrement dit, en euros constants les 115 euros valent 104,55 euros (115 : 1,1 = 104,55). En euros constants, le prêt ne m'a donc rapporté que 4,55 euros : le taux d'intérêt réel est de 4,55 %. Si p est l'inflation, n le taux d'intérêt nominal et r le taux réel, on peut donc écrire $1 + r = (1 + n) / (1 + p)$. Pour p et n pas trop élevés, $r = n - p$ est une approximation satisfaisante.

Taux d'intermédiation. V. intermédiation.

Taux d'investissement (cn). Pour les sociétés, FBCF rapportée à la valeur ajoutée ; pour une économie nationale, FBCF totale rapportée au PIB.

Taux d'ouverture (d'une économie). V. ouverture.

Taux de base bancaire. Taux d'intérêt demandé par les banques à leurs meilleurs clients pour des prêts à court terme.

Taux de change. Prix auxquels s'échangent les monnaies nationales sur le marché des changes. Les taux de change sont souvent utilisés pour les comparaisons internationales ; à tort, car ils reflètent très mal les rapports de pouvoir d'achat intérieur des monnaies ; ils dépendent en effet des mouvements financiers et des politiques de change, mais aussi du commerce international ne portant pas sur tous les produits (peu de services) qui déterminent le pouvoir d'achat de la population. V. parités de pouvoir d'achat, régime de change.

Taux de chômage. Effectif des chômeurs rapporté à l'effectif de la population active (c'est-à-dire actifs occupés et chômeurs) ; 9,7 % (France entière, y compris DOM) à mi-2010 au sens du BIT. V. chômage (pour les différents types de chômage).

Taux de croissance. Ou taux de variation (on dit aussi quelquefois « la croissance a été de 3 % » au lieu de « le taux de croissance a été de 3 % »). Mesure de l'évolution relative d'une grandeur entre deux périodes ou entre deux dates. Soit une grandeur passant de 115 à 138 entre T1 et T2. Sa *croissance* (*variation*) *absolue* est de 23 ; son taux de croissance (ou sa variation relative) entre T1 et T2 est de 23 : 115 = 0,2 ; 0,2 peut se lire 20 % (v. pourcentage). Le plus simple pour calculer un taux de croissance (notamment avec une calculette) est de calculer d'abord le *coefficient multiplicateur* (138 : 115 = 1,2), puis de retirer 1 ; si une grandeur est multipliée par 1,2, ce qui valait 1 vaut 0,2 de plus ; autrement dit, elle s'est accrue de 20 %. Imaginons que la grandeur soit à 103,5 en T3. Entre T2 et T3, elle a baissé de 34,5 soit un taux de variation de – 25 %

(34,5 : 138 = 0,25). Le plus simple est bien de passer par le coefficient multiplicateur (103,5 : 138 = 0,75) et de retirer 1 ; d'où – 0,25 soit – 25 %. Quel est le taux de variation d'une grandeur qui a augmenté de 20 % puis a baissé de 25 % ? La paresse doit ici nous inciter à n'utiliser que les coefficients multiplicateurs : la grandeur a été multipliée par 1,2 (sens de la hausse de 20 %) puis par 0,75 (sens de la baisse de 25 %) soit au total par 1,2 x 0,75 = 0,9. Elle a diminué de 10 %. V. indice, glissement.

Taux de croissance annuel moyen. V. TCAM.

Taux de croissance en moyenne annuelle, en glissement annuel. V. glissement.

Taux de fécondité par âge. Nombre annuel d'enfants mis au monde par les femmes d'un âge x divisé par le nombre des femmes de cet âge.

Taux de l'argent au jour le jour. Taux d'intérêt pratiqué entre banques pour un emprunt ne dépassant pas un jour. Le plus souvent, on abrège « au jour le jour » par « J.-J ». Dans la zone euro, le terme utilisé est « taux EONIA » (*Euro OverNight Index Average*) et désigne alors le taux moyen pondéré des emprunts au jour le jour pratiqué par les cinquante-sept banques de détail les plus importantes de la zone euro. En pratique, détermine le taux de base bancaire (v. ce terme).

Taux de liquidité (de l'économie). Rapport de la masse monétaire au PIB. Son inverse est une des mesures possibles de la vitesse de circulation de la monnaie (v. ce terme).

Taux de l'usure. Taux d'intérêt maximal en dessous duquel les organismes de crédit (banques ou institutions financières) doivent obligatoirement se situer, sous peine d'infraction. Il est déterminé chaque trimestre par la Banque de France à partir du coût des ressources d'emprunt.

Taux de marge (cn). Part de l'excédent brut d'exploitation dans la valeur ajoutée. Ce n'est donc pas un taux de profit ou de rentabilité économique, mais un indicateur de répartition de la valeur ajoutée. Si l'on néglige les impôts sur la production, on peut montrer que : taux de marge = 1 – (salaire réel/productivité apparente du travail).

Taux de masculinité. V. masculinité.

Taux de mortalité. Nombre annuel de décès rapporté à l'effectif moyen de la population. Contrairement à l'espérance de vie, c'est un mauvais indicateur de mortalité car il dépend de la structure par âge de la population (effet de structure).

Taux de mortalité à l'âge x. Nombre annuel de décès survenus à cet âge rapporté à l'effectif moyen de la population du même âge.

Taux de natalité. Nombre annuel de naissances rapporté à l'effectif moyen de la population. Contrairement à l'indicateur conjoncturel de fécondité, c'est un mauvais indicateur de la fécondité car il dépend de la structure par âge de la population (effet de structure).

Taux de nuptialité. Rapporte le nombre annuel de mariages à la population totale moyenne de l'année. Ce taux est passé de 6,2 pour 1 000 (habitants) en 1980 à 4,2 en 2008, en partie sous l'influence de la création du PACS (v. ce terme).

Taux de prélèvements obligatoires. V. prélèvements...

Taux de profit. V. rentabilité.

Taux de refinancement. Dans le cas de l'Eurosystème, il s'agit du taux d'intérêt qui ressort des *appels d'offres* hebdomadaires par lesquels les banques centrales proposent des liquidités aux banques commerciales sous forme de prise en pension (v. ce terme) de titres pour une durée de deux semaines. Il existe aussi des appels d'offre mensuels pour une durée de trois mois. V. taux directeurs.

Taux de remplacement. Dans le domaine de la retraite, pour un individu, indique la proportion du dernier salaire brut que représente le montant de la pension perçue. On peut aussi calculer un taux de remplacement moyen pour une catégorie déterminée (les fonctionnaires par exemple), en utilisant la pension moyenne et le salaire brut moyen de la catégorie concernée. Dans ce cas, se calcule habituellement pour une carrière complète. Le taux de remplacement peut se calculer pour tous les revenus de remplacement (indemnités chômage, indemnités journalières maladie...).

Taux de rentabilité interne (TRI). Taux d'actualisation pour lequel la valeur nette des profits obtenus par un investissement (avant remboursement éventuel des emprunts qui l'ont financé) est nulle. L'actualisation permet d'additionner les profits (bruts) procurés par l'investissement en question durant plusieurs années de suite. Le taux obtenu permet à la firme de sélectionner les investissements : seuls sont retenus ceux dont le TRI est supérieur au taux d'intérêt (sinon il n'est pas rentable d'emprunter pour financer l'investissement).

Taux de reproduction. Le *taux brut* de reproduction est le nombre moyen d'enfants par femme d'une génération (ou descendance finale, c'est-à-dire la somme des taux de fécondité par âge de cette génération) divisée par 2,05 (v. masculinité). Si ce taux vaut 1, une génération de femmes, en l'absence de mortalité avant cinquante ans (fin de la vie féconde), aurait mis au monde un nombre de filles équivalent. V. remplacement.

Taux de valeur ajoutée. Part de la valeur ajoutée dans la valeur de la production d'une entreprise, d'une branche... Par définition, complément à un du poids des consommations intermédiaires dans la production de l'entreprise. Plus ce taux est élevé, plus l'entreprise fait appel à une proportion élevée de travail interne (celui du personnel de l'entreprise) et/ou de capital fixe. En 2009, le taux de valeur ajoutée était de 25 % dans l'industrie et de 57 % dans les services principalement marchands. Dans l'industrie, le taux en 1978 était de 31 % : la baisse de six points en une trentaine d'années indique un recours croissant à l'externalisation des tâches, donc un recentrage sur le « cœur de métier », avec appel accru à la sous-traitance. V. valeur ajoutée.

Taux de variation. V. taux de croissance.

Taux directeurs. Désignent les principaux *taux d'intervention* d'une banque centrale, c'est-à-dire les taux d'intérêt à court terme par lesquels elle intervient pour atteindre les objectifs de la politique monétaire. Ces taux déterminent les conditions de refinancement des banques, donc influencent le coût du crédit qu'elles accordent à leurs clients. V. taux de refinancement.

Taux du marché monétaire. Taux d'intérêt pratiqué sur le marché monétaire au sens large. Il sert de référence à de nombreux crédits bancaires. La banque centrale peut l'influencer, notamment en modifiant ses *taux directeurs*.

Taux effectif global. V. TEG.

Taux marginal d'imposition. Lorsqu'un impôt est progressif, désigne le taux auquel sont imposés les derniers euros gagnés. En 2010, en France, ce taux marginal était de 40 %, sauf pour les contribuables bénéficiant du bouclier fiscal (v. ce terme).

Taxe carbone. Prélèvement public (appelé officiellement contribution climat-énergie) fonction de la quantité rejetée de CO_2, afin d'inciter les entreprises concernées à modifier leurs techniques de production, et les consommateurs à acheter de préférence des biens et services peu émetteurs de gaz à effet de serre. Le prélèvement peut être de type fiscal, mais il peut aussi s'effectuer par le biais de quotas d'émission payants. V. permis d'émissions polluantes.

Taxe professionnelle. Impôt direct assis sur les salaires et les immobilisations des entreprises au bénéfice des collectivités territoriales, de 1975 à 2010. A été partiellement remplacée par une cotisation sur la valeur ajoutée, car elle était jugée pénalisante pour la compétitivité des entreprises.

Taxe Tobin. Imposition à un taux faible (0,5 % voire moins) des transactions de change, destinée à pénaliser les opérations purement spéculatives, qui se traduisent en général par une fréquence élevée d'achats suivis de vente en vue de réduire les risques. Proposée dès 1978 par James Tobin (économiste américain, 1918-2002), elle est aujourd'hui proposée par plusieurs pays (France et Allemagne notamment) afin de prévenir le retour de crises financières du type de celle de 2008-2009. V. ATTAC.

Taylorisme. Se confond pratiquement avec l'*organisation scientifique du travail* (OST). En anglais *scientific administration* ou *scientific management.* L'ingénieur et inventeur américain Frederick Winslow Taylor (1856-1915) est le principal promoteur de ce vaste mouvement de rationalisation et d'approfondissement de la division du travail. L'OST, plus couramment appelée *taylorisme*, repose sur la séparation totale des tâches d'exécution et de conception (division verticale du travail), la décomposition des tâches en gestes élémentaires (parcellisation) susceptibles d'être contrôlés, la définition du mode opératoire le plus efficace (*the one best way*) en recourant au chronométrage des exécutants, la lutte contre la porosité de la journée de travail (« flânerie » ouvrière, temps morts). D'une certaine façon, Taylor rend réelle l'analyse abstraite du processus de travail par Marx dans *Le Capital* (1867). La *taylorisation* des tâches est un mouvement jamais achevé : elle gagne par exemple de nouvelles activités (banque...). La mort du taylorisme est périodiquement annoncée. V. fordisme, néotaylorisme.

TCAM. Le taux de croissance annuel moyen est le taux auquel a progressé (ou régressé, si le taux est négatif) une grandeur *en moyenne chaque année pendant une période de plusieurs années*. Si une grandeur passe de 5 en 2004 à 7,2 en 2006, elle a été multipliée par un coefficient de 1,44 (7,2 divisé par 5). En moyenne, chaque année elle a été multipliée par racine carrée de 1,44, donc 1,2. Le TCAM est donc de 20 % (la grandeur a été multipliée par 1,2 chaque année, soit au total par 1,2 x 1,2 = 1,44). Lorsque la période de calcul correspond à *n* années, il suffit de prendre la racine n-ième. V. indice, prix relatif.

Technocratie. Système dans lequel des techniciens, des experts détiennent un pouvoir déterminant. Ensemble des technocrates. V. bureaucratie.

Technopôle. Rassemblement, sur un même bassin d'emploi, d'un ensemble d'entreprises de haute technologie et/ou de laboratoires scientifiques, qui bénéficient alors d'effets d'agglomération, c'est-à-dire des échanges informels ou formels entre activités, ou entre chercheurs et techniciens d'entreprises de même nature, suscitant ainsi de l'innovation et de la croissance économique. On utilise parfois le terme anglais *cluster*. V. pôle de compétitivité.

Technostructure. Terme forgé par l'économiste américain d'origine canadienne John K. Galbraith (1908-2006) pour désigner l'ensemble des salariés qui apportent des connaissances spécialisées, du talent ou de l'expérience aux groupes de prise de décision qui fixent les objectifs de la grande entreprise et permettent qu'elle puisse influencer le marché. La technostructure déborde largement la direction de l'entreprise : elle est composée en fait de tous les spécialistes grâce auxquels la grande entreprise est capable de concevoir, produire, vendre et financer des produits complexes. Galbraith estimait que cet ensemble relativement large de salariés détient la réalité du pouvoir, car c'est lui qui est à l'origine de la croissance et de la prospérité de l'entreprise.

TEE. V. tableau économique d'ensemble.

TEG. Taux effectif global annuel, incluant l'ensemble des coûts facturés par l'institution accordant un crédit (y compris les coûts d'assurance si celle-ci est obligatoirement incluse dans le contrat de prêt) et prenant en compte l'échéancier : par exemple, un remboursement trimestriel inclut des intérêts sur l'ensemble du trimestre alors que, si l'échéance avait été journalière, chaque paiement journalier, en diminuant le capital dû, aurait fait apparaître un montant d'intérêts cumulés moindre au bout du trimestre. Le taux effectif est donc supérieur au taux nominal non seulement en raison des frais obligatoires accompagnant l'ouverture du crédit (frais de dossier, etc.), mais aussi en raison de l'existence de périodes de remboursement séparées par plus d'une journée. Tout prêteur doit en indiquer obligatoirement le montant dans ses publicités et dans les contrats de prêt.

Temps de retour. Délai nécessaire pour que le coût d'un investissement soit compensé par un flux net (c'est-à-dire après déduction de toutes les charges, sauf l'amortissement) de recettes équivalent.

Temps partiel. V. travail à temps partiel.

Termaillage. Opération de spéculation assez classique qui consiste, pour un exportateur ou un importateur, à accélérer ou à retarder les opérations de change liées à son activité, en fonction de ses anticipations sur l'évolution du taux de change. V. risque de change.

Terme. Échéance, horizon, délai, limite, période. En finance, le *court terme* correspond à moins de deux ans. En économie, c'est la période pendant laquelle on considère que les équipements sont donnés ;

seuls les effectifs employés ou la durée du travail peuvent varier. « À long terme, nous serons tous morts », rappelait Keynes pour se gausser de la thèse (néoclassique) selon laquelle à long terme le mécanisme des prix rétablirait l'équilibre.

Termes (nets) de l'échange. Rapport de l'indice des prix des exportations à l'indice des prix des importations. Il y a *dégradation* de ces termes pour un pays lorsque ce rapport diminue. On peut définir de la même façon (par des rapports d'indices de prix) les termes de l'échange des matières premières contre les produits manufacturés. Le constat (publié par la Société des Nations en 1945) de la dégradation des termes de l'échange entre 1875 et 1938 pour les matières premières (popularisé par Raul Prebisch en 1950) ou pour les PED fait l'objet de controverses. Selon Paul Bairoch, par exemple, la dégradation du prix relatif des exportations de matières premières serait entièrement due à la très forte baisse de leurs coûts de transport, qui représentent une part importante du prix CAF (v. ce terme) de ces produits pondéreux. L'ampleur de la dégradation est également fortement dépendante de la période d'observation, du fait de la forte instabilité des cours des matières premières. C'est d'ailleurs plutôt cette dernière (liée à la faible élasticité de la demande) qui est génératrice de difficultés pour les pays exportateurs, au point que l'on a pu parler de la « malédiction des matières premières » (Ph. Chalmin). V. commodité.

Tertiarisation. Montée des activités tertiaires dans l'ensemble de l'économie. La tertiarisation est à l'œuvre même au sein des processus industriels : dans une entreprise industrielle, il y a de plus en plus de tâches tertiaires (gardiennage, transport, publicité, financement, gestion, communication, recherche-développement, études de marché, commercialisation...) et de moins en moins de travail directement secondaire. Cela n'implique pas que les tâches industrielles deviennent moins importantes : elles se transforment davantage qu'elles ne déclinent, et la séparation entre tertiaire et secondaire est souvent plus artificielle que réelle. V. secteur.

TES. V. tableau des entrées-sorties.

Théorème de Coase. V. Coase.

Théorie de la justice. Le philosophe américain contemporain John Rawls (*A Theory of Justice*, 1971) définit de façon très générale la justice en fonction de *règles* de fonctionnement de la société et non pas de *résultats*. Une société juste doit obéir à deux principes : chacun doit jouir du maximum de liberté compatible avec la même liberté pour tous ; les inégalités doivent être attachées à des positions ouvertes à tous (égalité des chances) et n'être tolérées que si elles sont à l'avantage des plus défavorisés (principe de différence). Exemple : on laisse l'entrepreneur s'enrichir s'il crée de l'emploi. Il existe donc des inégalités justes : celles qui permettent aux plus pauvres de l'être un peu moins, voire de sortir de la pauvreté. Pour Rawls, le principe d'égale liberté pour tous est supérieur à tous les autres ; cela signifie que l'accroissement des inégalités justes ne doit pas être toléré s'il menace des principes prioritaires, tels que l'égalité des chances ou le droit à une égale dignité. Il s'agit donc d'un égalitarisme libéral. V. équité.

Théorie des jeux. Inspirée du jeu d'échecs (d'où son nom), cette approche consiste à étudier les interactions entre deux ou plusieurs joueurs (acteurs) ne communiquant pas (dans le cas des jeux non coopératifs), chacun s'efforçant d'anticiper la réaction de l'autre et d'agir en conséquence. Les jeux non coopératifs aboutissent en général à une situation moins optimale pour chacun que s'il y avait eu coopération (c'est ce qu'on appelle le « dilemme du prisonnier »). Dans les jeux non coopératifs, il arrive que l'on parle d'équilibre de Nash (mathématicien américain né en 1928, prix de la Banque de Suède en sciences économiques en mémoire d'Alfred Nobel en 1994) pour désigner les stratégies dans lesquelles, après coup, aucun joueur ne regrette les choix effectués et referait les mêmes si le jeu devait être rejoué.

Théorie générale de l'emploi, de l'intérêt et de la monnaie. Œuvre majeure de l'Anglais John Maynard Keynes (né l'année de la mort de Marx, 1883-1946), publiée en 1936. Pourquoi *générale* ? « Par là nous avons voulu marquer que nous avions principalement en vue le fonctionnement du système économique pris dans son ensemble. [...] Nous prétendons qu'on a commis des erreurs graves en étendant au système pris dans son ensemble des conclusions qui avaient été correctement établies en considération d'une seule partie du système pris isolément », affirme-t-il dans ce livre. Refus de l'équilibre partiel et de l'individualisme méthodologique. V. ces termes et demande effective.

Théorie quantitative de la monnaie. Théorie monétaire postulant que toute augmentation de la quantité de monnaie en circulation engendre à plus ou moins long terme une augmentation proportionnelle des prix. La théorie quantitative est le support de l'analyse monétariste : l'accroissement de la quantité de monnaie en circulation dans une économie donnée n'a aucun effet réel (sur la production), il n'a d'effet que sur les prix (les monétaristes acceptent cependant l'idée que la monnaie puisse avoir des effets réels, mais uniquement à court terme). La monnaie est « neutre », elle n'est qu'un voile. On parle de conception *dichotomique* de l'économie : les phénomènes réels dépendent du bon fonctionnement du marché (et si ce dernier n'est pas bridé, il engendre forcément le plein emploi des ressources et le niveau de production le plus élevé possible en l'état actuel des techniques), tandis que le niveau des prix dépend de la quantité de monnaie. Cette théorie (on parle parfois aussi de loi quantitative) est une des plus anciennes formulées en économie : on la trouve dès le XVIe siècle, lorsque les importations de métal précieux en provenance d'Amérique font grimper les prix espagnols, puis ceux de l'ensemble des pays avec lesquels le royaume ibérique commerce. Elle est aussi l'une des plus profondément ancrées dans la conscience collective : l'idée que l'inflation est forcément (et uniquement) d'origine monétaire fait partie des évidences populaires. Certes, émettre beaucoup de monnaie — comme ce fut le cas durant la Révolution ou les deux dernières guerres — engendre inévitablement une inflation forte. Mais le problème est de savoir si une émission plus modérée exerce un effet aussi sur la production, en stimulant la demande ou en modifiant les anticipations des investisseurs. Il semble bien que ce soit le cas, mais d'une manière qui n'a rien d'automatique ou de mécanique. Ce qui explique peut-être pourquoi une partie des économistes continue d'adhérer à cette théorie quantitative : cela leur permet d'éluder le fait que l'économie est aussi une science sociale et que les comportements des hommes peuvent faire que ce qui est vrai aujourd'hui ne le sera plus demain. V. illusion monétaire, loi de Say, monétarisme, monnaie exogène.

Thésaurisation. Thésauriser, c'est amasser de l'argent, sans le placer ou l'investir. L'idée de thésaurisation renvoie à l'idée d'utilisation improductive.

Ticket modérateur. Ce qui reste à la charge de l'assuré après remboursement de l'assurance maladie.

Tiers-monde. Expression inventée pour désigner les pays sous-développés par le démographe Alfred Sauvy en 1952 dans *France-Observateur* (devenu *Le Nouvel Observateur*) en référence au tiers-état de l'Ancien Régime « ignoré, exploité, méprisé ». L'appellation a moins de sens depuis que le « deuxième monde » (les pays dits socialistes) a implosé et que les trajectoires des pays du tiers-monde se sont diversifiées. L'expression est de plus en plus utilisée au pluriel. V. PED, économies émergentes.

Tiers payant. Mécanisme utilisé dans l'assurance maladie (et, parfois, dans l'assurance automobile) et qui permet à la personne assurée de bénéficier des soins sans être contrainte d'avancer les sommes qui lui seront remboursées par l'assurance, cette dernière réglant directement le prestataire de services.

Tiers secteur. Terme flou désignant parfois les activités économiques qui ne relèvent ni d'une logique de profit ni d'une logique d'administration : associations, mutuelles, coopératives. Il arrive que l'on définisse le tiers secteur comme « créateur de liens », par distinction avec le secteur marchand qui serait « créateur de biens ». Souvent utilisé comme synonyme d'économie sociale (v. ce terme).

Titre. Document représentant un droit de propriété (actions...) ou un droit de créance (obligations...).

Titrisation. Technique inventée par les banques afin de pouvoir « revendre » à d'autres institutions financières les prêts qu'elles ont accordés à des clients. La banque émet un titre dont la valeur et le rendement sont indexés sur le montant d'un ensemble de prêts qu'elle a accordés et sur le risque de défaillance des emprunteurs. Le titre émis est donc un produit dérivé (v. ce terme), mais dont la composition exacte est souvent mal connue de l'acheteur : toute défaillance d'un emprunteur engendre donc une perte de valeur du titre qui est adossé à cet emprunt. Cette technique a l'avantage de permettre à la banque de se refinancer et de transmettre à des tiers le fait de porter le risque de non-remboursement des prêts accordés. Elle a joué un rôle important dans la dissémination des risques, donc dans l'importance de la crise initiée par les emprunts *subprime* (v. ce terme).

Tokyo Round. V. GATT.

Tontine. Terme surtout utilisé pour désigner une forme d'épargne en Afrique noire qui permet à un petit groupe de participants de financer successivement les projets de chacun des participants (mariage, pèlerinage à La Mecque, petite entreprise plus ou moins informelle...). À intervalle régulier (par exemple chaque année, pour telle fête), un tirage au sort est effectué et le gagnant reçoit toute l'épargne accumulée par les participants, mais avec l'obligation pour lui de poursuivre sa participation. La tontine est donc un élément important du lien social.

Tournoi. Nom proposé par deux économistes américains (Lazear et Rosen) pour désigner un mode d'incitation salariale reposant sur une prime individuelle importante versée au salarié qui obtient les meilleurs résultats.

Toyotisme. Combinaison de techniques d'organisation dont l'objectif est d'améliorer de façon continue l'efficacité de la production. D'abord développé par Taiichi Ohno, ingénieur puis vice-président de Toyota, inventeur du « système Toyota », puis appliqué par d'autres firmes japonaises et enfin transféré, mais souvent partiellement, dans certaines entreprises occidentales. Repose sur l'idée de production au plus juste (*lean production*, littéralement « production maigre ») ; le « juste-à-temps » (v. ce terme) en est un élément essentiel.

Traite. V. lettre de change.

Traité d'Amsterdam. V. pacte de stabilité.

Traité de Lisbonne. V. Union européenne.

Traitement social du chômage. Ensemble des politiques d'indemnisation du chômage, par opposition aux dépenses publiques qualifiées d'actives et visant à favoriser l'insertion ou la réinsertion durable des chômeurs sur le marché du travail.

Transfert de technologie. S'emploie à propos des méthodes par lesquelles des techniques (l'emploi du mot « technologie » n'ajoute rien, comme l'a souvent dit Alfred Sauvy) sont transférées d'une entreprise (ou d'un laboratoire de recherche) vers une autre entreprise, d'un pays vers un autre pays, par l'intermédiaire de brevets, licences (autorisation d'utilisation de brevets), constitution d'un *joint-venture*, mission d'experts... L'intérêt du sujet est lié au fait que transférer une technique vers une entreprise permet, dans certains cas, d'y exercer une influence sans détenir une partie de son capital social. Au fait également que transférer une technique conduit souvent à transférer implicitement ou non une certaine forme d'organisation, voire de rapports sociaux. D'où des débats sur les *technologies appropriées* (aux besoins du pays récepteur) à propos du transfert des techniques vers le tiers-monde.

Transferts de capitaux. Synonyme de mouvements de capitaux. V. balance des capitaux. Ne pas confondre avec les *transferts en capital* de la comptabilité nationale (subventions à l'investissement, impôts en capital, remises de dettes...).

Transferts sociaux en nature (cn). V. consommation finale.

Transformation bancaire. Activité des banques lorsqu'elles prêtent à moyen-long terme et ont des ressources à vue ou à court terme ; peut se faire sans risque d'illiquidité si les ressources « courtes » sont stables ; la transformation peut aussi affecter les taux d'intérêt : prêts à taux variables à partir de ressources rémunérées à taux fixes...

Transition. V. économies en transition.

Transition démographique. Appelée révolution démographique par son « inventeur » Adolphe Landry (1874-1956) ; passage du régime démographique traditionnel (fécondité et mortalité élevées mais voisines, d'où une croissance démographique minime) à un régime moderne caractérisé par une fécondité et une mortalité faibles. Suppose deux transitions : une *transition de la mortalité* qui dépend d'une amélioration de l'hygiène et d'une disparition progressive des maladies infectieuses au profit des maladies chroniques ou dégénératives et des accidents ; et une *transition de la fécondité* par évolution d'une fécondité dite

« naturelle » vers une fécondité « dirigée ». La transition de la mortalité explique l'*explosion démographique* (une fécondité forte associée à une mortalité faible élève fortement le taux d'accroissement naturel) ; celle-ci correspond à la première phase de la transition démographique ; elle ne peut être endiguée que par la transition de la fécondité. Bien que la diminution de la fécondité soit aujourd'hui à peine amorcée dans certains pays, les démographes considèrent généralement que la transition démographique est un processus universel. Le *multiplicateur transitionnel* est le coefficient par lequel est multipliée la population entre le début de la transition de la mortalité et la fin de la transition de la fécondité. Il peut aller de 2 à 10, voire davantage, et est nettement plus élevé dans le tiers-monde qu'il ne l'a été en Europe. Rien ne garantit une croissance zéro spontanée après la fin de la transition. V. seuil de remplacement.

Transnationale. V. firme multinationale.

Transversal. V. longitudinal.

Trappe. Image le plus souvent libérale destinée à mettre en évidence les effets pervers de certaines politiques publiques mises en œuvre au bénéfice d'acteurs estimés opportunistes. Les « trappes à chômage » seraient provoquées par une indemnisation ou des aides sociales « trop généreuses » versées aux chômeurs, et les « trappes à pauvreté » seraient liées au fait que les incitations à retourner en emploi sont moindres que les avantages tirés des aides sociales. Dans les deux cas, les personnes visées sont censées faire un calcul de coût d'opportunité et concluent que mieux vaut rester dans leur situation actuelle que d'essayer d'en sortir. Quant aux « trappes à bas salaire », elles caractériseraient la politique salariale d'employeurs qui, pour ne pas perdre le bénéfice des baisses de cotisations patronales dont bénéficient les salaires bruts situés aux alentours du SMIC, s'opposent aux hausses de salaires des salariés concernés.

Trappe à liquidité. Concept keynésien désignant la situation où la politique monétaire devient impuissante à stimuler l'activité économique, parce que les agents préfèrent détenir de la liquidité plutôt que d'acheter : soit parce que la rentabilité anticipée de l'investissement est faible ou nulle, soit parce que les prix baissent (déflation) et que les consommateurs préfèrent attendre la baisse des prix anticipée.

Trappes à inactivité. Lorsqu'une personne sans emploi bénéficie de prestations sociales sous conditions de ressources comme l'était le RMI (v. minima sociaux), l'obtention d'un salaire se traduit par une baisse de ces prestations qui a les mêmes conséquences sur son pouvoir d'achat qu'une imposition à taux très élevé de ce salaire. Le revenu total de la personne augmente finalement peu notamment lorsque ce salaire est proche du SMIC ou inférieur (temps partiel...). Certains économistes considèrent que ces prestations sociales constituent des « trappes à inactivité », l'incitation à reprendre une activité étant faible puisque le revenu total augmente peu. Le RSA « chapeau » vise justement à les réduire. V. impôt négatif, prime pour l'emploi, RSA.

Travail à la chaîne. Le support de l'objet à transformer (convoyeur) défile à un rythme régulier devant un travailleur qui accomplit une courte série de tâches élémentaires dans un ordre imposé. En France, cela concerne 3,5 % des salariés (chiffre inchangé depuis 1991), mais 10,5 % des salariés déclarent travailler « sous contrainte automatique », c'est-à-dire « selon un rythme imposé par une machine ou dépendant du déplacement automatique d'un produit ou d'une pièce » (enquête « Conditions de travail » de 2005).

Travail à temps partiel. Travail dont la durée hebdomadaire est inférieure à la durée conventionnelle (indiquée dans la convention collective dont dépend l'entreprise concernée). Cette durée conventionnelle peut différer selon les branches. En 2010, 17,8 % des actifs occupés étaient dans ce cas. Parmi eux, 29 % s'y trouvaient contre leur gré (temps partiel subi). Le travail à temps partiel concerne essentiellement les femmes (3,7 millions contre 860 000 hommes).

Travail au noir. Exercice d'une activité légale sans déclaration afin de ne payer ni cotisations sociales, ni impôts.

Travail en miettes. Expression inventée par Georges Friedmann, sociologue (français) du travail (1902-1977) pour désigner la parcellisation du travail, c'est-à-dire le découpage des activités en gestes répétitifs assurés chacun par un travailleur distinct. V. taylorisme.

Travail intérimaire. V. intérim.

Travail intermittent. Discontinu, irrégulier. Par exemple, alternance de périodes de chômage et d'emplois précaires.

Travail posté. *Travail en équipes alternantes* utilisant successivement les mêmes équipements toute la journée (par exemple en 3 x 8, avec une équipe de nuit, éventuellement par roulement) ou seulement une partie de la journée (par exemple, une équipe de 6 à 14 heures, une autre de 14 à 22 heures). En France, près de 9 % des salariés en 1998.

Travail précaire. V. précarité, instabilité, insécurité.

Travail temporaire. V. intérim.

Travailleur découragé. Chômeur qui cesse de chercher un emploi parce qu'il a perdu l'espoir d'en trouver un. Il devient donc inactif dans les statistiques. V. flexion...

Trend. Terme anglais (« tendance, direction ») très utilisé par les économistes. En économie, la notion de *trend* renvoie au long terme. On peut mesurer le *trend* par le taux de croissance annuel moyen.

« Trente glorieuses ». Nom donné par l'économiste Jean Fourastié (1907-1990) à la période 1945-1975, pendant laquelle les taux de croissance de la production, de la productivité, des revenus et de l'État-providence ont été exceptionnellement élevés (l'appellation est une allusion aux Trois Glorieuses, journées révolutionnaires de 1830).

Trésor. Nom de l'État lorsqu'il exécute des opérations financières.

Trésorerie. Liquidités ou placements à très court terme dont dispose un agent économique pour faire face à des dépenses.

Triangle d'incompatibilité (triangle de Mundell). Du nom de l'économiste canadien (né en 1932, lauréat en 1999 du prix de sciences économiques de la Banque de Suède en mémoire d'Alfred Nobel). Un pays ne peut décider à la fois de supprimer le contrôle des changes, de fixer son taux d'intérêt de façon autonome et d'avoir un taux de change fixe : les mouvements de capitaux le contraignent soit à faire varier le taux d'intérêt de sorte que le taux de change ne bouge pas, soit à accepter un change flottant s'il veut fixer souverainement son taux d'intérêt. Et s'il veut fixer souverainement taux d'intérêt et taux de change, il doit renoncer à la liberté de mouvement des capitaux. Sur trois objectifs possibles, un pays ne peut en choisir librement que deux, tandis que le troisième s'impose à lui. V. monnaie unique.

TRIM. *Trade Related Investment Measures.* « Mesures concernant les investissements et liées au commerce. » Réglementations particulières dont l'objectif est de limiter les effets négatifs des implantations étrangères (règles sur le « contenu local » imposant un minimum de composants d'origine locale dans les biens produits par une multinationale, règles obligeant les multinationales à procéder à des transferts de technologie, etc.). Les TRIM visent à éviter, par exemple, les usines « tourne visse » qui ne procèdent qu'au montage de produits importés. V. transfert de technologie.

Trust. Terme juridique américain, désignant un fondé de pouvoir agissant au nom d'une ou de plusieurs sociétés. Par extension, en est venu à désigner non plus la personne, ou le mécanisme juridique, mais l'association des sociétés. Le *trust* désigne donc un regroupement d'entreprises apparemment distinctes, mais en réalité obéissant à un même pouvoir.

TUC. *Trade Union Congress.* Nom de la confédération syndicale unique britannique.

Turn-over. V. rotation de la main-d'œuvre.

TVA. Taxe sur la valeur ajoutée ; impôt indirect, compris dans le prix payé par le consommateur final ; reversé à l'État par le vendeur. Selon les produits, elle est de 2,1 %, 5,5 % ou 19,6 % du prix hors taxes (en 2010).

U

UE. V. Union européenne.

UEM. V. Union économique et monétaire.

UNEDIC. Union nationale pour l'emploi dans l'industrie et le commerce, créée en 1958 par une convention nationale interprofessionnelle. Jusqu'en 2008, elle fédérait les trente associations pour l'emploi dans le commerce et l'industrie (ASSEDIC), qui ont été depuis absorbées dans Pôle emploi (v. ce terme). Depuis, elle n'est plus que le lieu où se négocient entre partenaires sociaux les conventions d'assurance chômage.

UNESCO. Acronyme anglais de l'Organisation des Nations unies pour l'éducation et la culture.

UNICEF. Acronyme anglais du Fonds des Nations unies de secours d'urgence à l'enfance.

Union douanière. Zone de libre-échange dotée d'un *tarif extérieur commun* (les importations sont frappées des mêmes droits de douane quels que soient les lieux d'entrée et de destination). Les obstacles non tarifaires peuvent subsister. Les droits de douane dotent l'union d'une ressource commune qui peut être redistribuée ou affectée à un budget commun (cas de l'UE). V. Marché unique, Marché commun, Union européenne.

Union économique et monétaire (UEM). Le passage à l'UEM a été proposé en 1989 par le rapport Delors — alors président de la Commission européenne — et mis en œuvre par le traité de Maastricht, signé en 1992, ratifié en 1992 ou 1993 selon les pays. Le traité prévoyait que le passage à la *monnaie unique* serait conditionné par le respect de certains *critères de convergence* et qu'il se traduirait le 1er janvier 1999 par la création d'une *Banque centrale européenne* et de l'euro (les billets en euros ne se substituant aux monnaies nationales que trois ans après). Le plan a été tenu, mais un triple problème demeure cependant : celui des pays membres de l'UE qui n'ont pas adopté l'euro, soit parce qu'ils ne le souhaitaient pas (Royaume-Uni, Suède et Danemark), soit parce qu'ils ne respectaient pas les critères de convergence (Bulgarie, Estonie, Lettonie, Pologne, République tchèque, Roumanie et Slovaquie). Celui de la politique de change entre l'euro et les autres monnaies, qui, officiellement, ne relève pas de la BCE, mais qui découle en large partie de la politique monétaire qu'elle conduit, celui de l'indépendance de la BCE enfin, qui n'est responsable de ses décisions devant aucune instance politique.

Union européenne (UE). Nouveau nom de la Communauté européenne depuis l'*entrée en vigueur* le 1er novembre 1993 du traité d'Union européenne *négocié* au sommet européen de Maastricht, les 9 et 10 décembre 1991, et *signé* le 7 février 1992, également dans cette ville. Le traité d'Union européenne a été complété par le traité de Lisbonne, entré en application en décembre 2009. Il englobe à la fois l'*Union politique* (notamment avec la création d'un poste de président du Conseil européen, lequel rassemble les chefs d'État ou de gouvernement, et une politique étrangère et de sécurité commune — PESC — avec, à sa tête, un « haut représentant » qui est en même temps vice-président du Conseil européen) et l'*Union économique et monétaire* (v. ce terme). L'adhésion de la Croatie en 2011 a porté le nombre de pays membres à vingt-huit, l'Islande devant devenir le 29e en 2012.

Union européenne des paiements. Système de compensation multilatérale des paiements entre les banques centrales de la France, de l'Italie, de la RFA et des pays du Benelux qui a fonctionné de 1950 à 1958 sous l'égide de la BRI. C'était une étape vers le retour à la convertibilité qui a commencé à forger une identité monétaire européenne.

Union libre. V. cohabitation.

Unité de compte. Grandeur monétaire théorique (non concrétisée dans un billet ou une pièce) permettant de chiffrer le prix de chaque marchandise de façon à le rendre comparable. La livre tournois a été une unité de compte durant l'Ancien Régime. En effet, elle n'a jamais été matérialisée dans un instrument de paiement. L'unité de compte sert au fond de mètre : elle permet de mesurer, pas d'échanger.

Unité de consommation. V. échelle d'Oxford.

URSSAF. V. Sécurité sociale.

Uruguay Round. V. GATT.

Utilitarisme. Doctrine éthique (c'est-à-dire qui dit ce qui est bien ou mal) selon laquelle une action, une loi ou une institution sont bonnes si elles augmentent le bonheur de la collectivité. V. libertarisme, théorie de la justice.

Utilité marginale. Utilité (subjectivement évaluée par chaque consommateur) procurée par la consommation d'une unité supplémentaire d'un bien. Décroissante. Le consommateur choisit de maximiser son utilité en fonction de l'utilité marginale des biens et de leurs prix.

Valeur (création de). Une précision essentielle manque quand on rencontre ce terme : il s'agit d'une création de valeur *pour l'actionnaire*. Le profit n'ayant sans doute pas bonne presse, les entreprises justifient souvent depuis les années 1990 par la création de valeur des décisions peu consensuelles : licenciements, restructuration, délocalisation, fusions... Cette création de valeur (actionnariale ou pour l'actionnaire) est devenue la revendication principale des actionnaires ; elle exprime l'évolution du rapport de forces au profit des marchés financiers et d'un capitalisme patrimonial (v. gouvernement d'entreprise). La valeur créée est ce qu'il reste du bénéfice lorsqu'on en a soustrait une rémunération « normale » des capitaux propres (taux d'intérêt des placements sans risque à long terme — emprunts d'État — plus prime de risque liée à la nature de l'entreprise). Bref, si le profit est inférieur à la moyenne il y a destruction de valeur ; et création de valeur s'il lui est supérieur. C'est ce qu'un certain Karl Marx appelait précisément il y a quelque cent cinquante ans la *plus-value extra* ou la *survaleur extra*. Aujourd'hui *Economic Value Added* (EVA) et *Market Value Added* (MVA), indicateurs les plus utilisés pour estimer la création de valeur, sont des marques déposées...

Valeur ajoutée (cn). La valeur de la production d'un boulanger est de 1 000 euros, mais il a utilisé 100 euros de farine et 50 euros de produits divers (électricité, loyers, etc.) pour produire le pain vendu. Autrement dit, à 150 euros de consommations intermédiaires, il a *ajouté* par son travail et l'utilisation de machines une *valeur* de 850 euros. La valeur ajoutée est cette valeur nouvelle créée au cours du processus de production. On la mesure par l'excédent de la valeur des biens et services produits sur la valeur des consommations intermédiaires utilisées pour les produire. La valeur ajoutée est dite *brute* pour signifier qu'elle est calculée avant prise en compte de la consommation de capital fixe (usure et obsolescence). Elle est dite *au coût des* *facteurs* si, en plus des consommations intermédiaires, sont déduits les impôts sur la production (par exemple les taxes spécifiques sur les alcools, le tabac ou les produits pétroliers) nets de subventions.

Valeur d'échange, d'usage. La valeur d'usage d'une marchandise est son utilité (elle satisfait un besoin) ; sa valeur d'échange correspond au fait qu'on peut l'échanger contre une autre : c'est son prix relatif. Dans l'approche marxiste, la valeur d'échange est déterminée par le contenu en travail de chaque produit. V. loi de la valeur.

Valeur de rendement. V. *goodwill.*

Valeur faciale. Valeur indiquée sur la pièce de monnaie ou le billet de banque et, plus généralement, sur le produit mis en vente (on parle ainsi de la valeur faciale d'un journal, même si ce dernier est distribué gratuitement).

Valeur mobilière. Action ou obligation. On parle de mobiliérisation des financements (et des bilans) pour désigner le développement des achats de titres à ceux qui ont des besoins de financement (au détriment des crédits). V. intermédiation (taux d').

Valeur patrimoniale. V. *goodwill.*

Valeur, prix, volume. Les évolutions des grandeurs économiques sont connues en valeur lorsqu'elles sont *nominales*, exprimées en euros *courants*. Lorsqu'on les mesure en faisant abstraction de l'évolution des prix, elles sont *réelles*, exprimées à *prix constants* s'il s'agit de biens et services (on parle alors de *volume*, v. ce terme), en *euros constants* s'il s'agit de revenus (on parle alors de pouvoir d'achat). Si V, P, Q sont respectivement les indices de valeur, de prix et de volume (ou de pouvoir d'achat), exprimés en base 1 pour la même année, alors on peut écrire V = P x Q (si une grandeur est multipliée par Q et son prix par P, alors sa valeur est évidemment multipliée par P x Q). S'en déduit que l'indice de volume (l'indice du *pouvoir d'achat*, si V est l'indice d'un revenu et P celui des prix des produits qu'il sert à acheter) Q = V/P. Exemple : mon salaire a augmenté de 25 %, et les prix de 20 % ; l'indice de mon pouvoir d'achat est 1,25/1,20 = 1,042 ; une hausse de 4,2 % (v. pourcentage). V. indice de prix.

Valeur travail. V. loi de la valeur.

Valeurs (sociologie). Idéaux collectifs plus ou moins formalisés qui définissent dans une société ou dans un groupe les critères du désirable (on peut donc porter un *jugement de valeur* sur une situation, une conduite... Elles ne sont pas indépendantes : il existe des *systèmes de valeurs*. Elles sont hiérarchisées en fonction d'une *échelle des valeurs* et s'incarnent dans des normes. V. culture, rationalité.

Variation des stocks. Écart entre la valeur du flux des biens entrés dans les stocks et la valeur du flux des biens sortis des stocks au cours d'une période donnée (en général l'année). En comptabilité d'entreprise, les produits sortant du stock peuvent être évalués soit au coût d'achat constaté pour les plus anciens d'entre eux (méthode « FIFO » — *First in, first out*), soit au coût d'achat constaté pour les plus récents d'entre eux (méthode « LIFO » — *Last in, first out*). En comptabilité nationale, la variation de stocks fait partie de la formation brute de capital.

Vente au coût marginal. Lorsque le coût marginal est croissant (cas des rendements décroissants) et la concurrence parfaite, l'entreprise a intérêt à produire une quantité telle que ce coût marginal atteigne le prix du marché. Dans ces conditions, en effet, son profit est maximal : si elle produisait plus, son profit marginal (recette marginale moins coût marginal) serait négatif, ce qui ferait baisser son profit total ; si elle produisait moins, son profit marginal serait positif, c'est-à-dire qu'elle pourrait augmenter son profit total en accroissant le niveau de la production. Pour les économistes, la vente au coût marginal est juste au sens où chaque acheteur paie exactement ce qu'il en coûte pour produire le bien qu'il désire. En ce sens, la vente au coût marginal est optimale au sens de Pareto. V. monopole naturel (pour les rendements croissants), optimum.

Vieillissement (d'une population). Augmentation de la proportion des personnes âgées (par exemple de plus de soixante ans) dans la population totale. Elle peut être la conséquence d'une baisse de la mortalité et/ou d'une baisse de la natalité. V. régime de retraite.

Virement. Transfert de fonds directement d'un compte bancaire à un autre, par ordre donné au gestionnaire du compte.

Vitesse de circulation de la monnaie. Nombre de fois où une unité monétaire change de main en moyenne durant une année. Cette vitesse n'est pas toujours constante : elle s'accélère lors des fêtes de fin d'année ou durant les vacances d'été, ainsi que lorsque les prix tendent à augmenter. V. taux de liquidité.

Volatilité. Variabilité à très court terme des taux d'intérêt ou de change, ou du cours des valeurs boursières.

Volume. Mesurer une grandeur économique en volume, c'est mesurer sa *valeur à prix constants*, c'est-à-dire sa valeur si les prix n'avaient pas changé depuis une certaine période, appelée « année de base » (2000 dans le système actuel de comptabilité nationale). Attention, la mesure de l'évolution des prix (donc des volumes) se fait à qualité constante. Par conséquent, si un bien (ou un service) voit sa qualité augmenter (exemple : un nouvel ordinateur qui est plus rapide ou contient davantage de mémoire, un débit téléphonique qui permet de télécharger plus vite des fichiers...), cette amélioration fait partie du volume, qui ne mesure donc pas seulement une quantité, mais une quantité + une qualité.

W, X, Z

Walrasienne (économie, situation). Économie où prévaut la concurrence parfaite : tous les agents sont *preneurs de prix*. Référence à Léon Walras (1834-1910), père de la théorie de l'équilibre général.

Warrant. Type d'option (v. ce terme) attaché à un titre et donnant droit à acheter un titre déterminé durant une période déterminée et à un prix déterminé.

Welfare. Aux États-Unis, la traduction littérale (« bien-être » ou « État-providence » lorsqu'on utilise l'expression complète de *Welfare State*) est un faux ami, puisque le *Welfare* se borne à fournir une assurance maladie (limitée), des bons de nourriture (*vouchers*), une aide sociale et une assurance vieillesse (également limitée) à certaines catégories particulières de personnes situées au-dessous d'un certain seuil de revenu, appelé seuil de pauvreté. À ce titre, il s'agit davantage d'un mécanisme d'aide sociale que d'un mécanisme d'assurance : aussi n'est-il pas étonnant que les contribuables qui financent le dispositif aient constamment tendance à estimer que l'on en fait trop pour les bénéficiaires. En 1996, la réforme du *Welfare* a consisté à limiter sa perception au plus à trois ans dès lors que l'on est reconnu apte au travail.

Workfare. Jeu de mot (composé de *Work* — travail — et de la terminaison de *Welfare*) utilisé aux États-Unis pour désigner le fait que l'aide sociale doit se mériter et qu'elle doit être versée contre une contrepartie en travail toutes les fois que c'est possible, dans une logique très libérale (« on n'a rien sans rien »). Ainsi, certaines prestations d'aide sociale y sont désormais fournies uniquement contre des heures de travail d'intérêt général (balayage des espaces publics, nettoyage des espaces verts...) et le *Welfare* traditionnel est remplacé partiellement par un système d'impôt négatif (EITC — *Earned Income Tax Credit* : crédit d'impôt sur les revenus d'activité) dont bénéficient les personnes ou ménages à faible salaire. En France, la première version du « Contrat d'insertion-revenu minimum d'activité » (CI-RMA, contrat aidé destiné aux allocataires de minima sociaux) s'inspirait de cette problématique, puisque, pour les personnes concernées, n'était considérée comme salaire (générateur de droits sociaux) que la partie du revenu d'activité excédant le RMI, ce qui revenait à exiger du travailleur qu'il rembourse d'abord l'aide sociale perçue avant de commencer à être rémunéré pour son travail.

Workfare state. État de mise au travail. Dans le prolongement des critiques libérales des politiques d'assistance, auxquelles il est reproché de créer des trappes à pauvreté et à inactivité, les politiques de *workfare* cherchent à inciter, ou à contraindre les individus à sortir des dispositifs d'aide sociale pour exercer un travail rémunéré (de fait, faiblement rémunéré).

Working poors. En français, pauvreté laborieuse. V. ce terme.

Xénodevises. V. eurodollars.

Zaibatsu. V. *keiretsu.*

Zinzin. V. investisseur institutionnel.

Zone de libre-échange. Ensemble de pays entre lesquels les marchandises circulent librement. Chaque pays demeure totalement libre de son tarif extérieur vis-à-vis des pays non membres de la zone, contrairement à une union douanière, dans laquelle, outre la libre circulation des marchandises, il existe un tarif douanier extérieur commun.

Zone franc. Créée en 1945, comprend principalement la France et la plupart de ses anciennes colonies d'Afrique subsaharienne. À l'intérieur de la zone, les changes sont fixes, les monnaies librement convertibles. C'est de fait la France qui exerce le pouvoir monétaire dans ce « système monétaire franco-africain ». À l'intérieur de cette zone, le franc CFA (Communauté financière d'Afrique, appellation qui a remplacé Colonies françaises d'Afrique après les indépendances africaines), qui valait un centième de franc français, vaut désormais 0,00152 euro. Cette parité fixe (garantie par le Trésor français) entre les monnaies de la zone et l'euro limite incontestablement la fragilité monétaire des pays africains concernés, mais a pour inconvénient de revaloriser la valeur internationale de leur monnaie toutes les fois que l'euro s'apprécie par rapport au dollar, réduisant d'autant la compétitivité internationale des produits qu'ils exportent. Ce qui a conduit la Banque de France (qui gère le système) à instaurer un plafond des dépenses possibles des pays de la zone en euro en fonction des rentrées de devises : dans les faits, il s'agit d'un contrôle des changes qui ne dit pas son nom. Les accords entre la France et les autres pays de la zone sont maintenus inchangés depuis le passage à l'euro.

Zone franche. Espace bénéficiant de privilèges en matière fiscale et réglementaire (l'espace peut être un secteur économique).

Zone monétaire. Ensemble de pays regroupés autour d'un pays central et dont les monnaies sont convertibles entre elles à taux fixe et les réserves de change mises en commun. Zone sterling (de 1931 à 1967), zone franc, zone rouble à l'époque soviétique.

Collection

R E P È R E S

créée par
Michel Freyssenet et Olivier Pastré (en 1983),
dirigée par
Jean-Paul Piriou (de 1987 à 2004), *puis par* Pascal Combemale,
avec Stéphane Beaud, André Cartapanis, Bernard Colasse, Françoise Dreyfus, Claire Lemercier, Yannick L'Horty, Philippe Lorino, Dominique Merllié, Michel Rainelli, Philippe Riutort et Claire Zalc.

Le catalogue complet de la collection « Repères » est disponible sur notre site
http://www.collectionreperes.com

GRANDS REPÈRES

Classiques

R E P È R E S

La formation du couple. *Textes essentiels pour la sociologie de la famille*, Michel Bozon et François Héran.

Invitation à la sociologie, Peter L. Berger.

Un sociologue à l'usine. *Textes essentiels pour la sociologie du travail*, Donald Roy.

Dictionnaires

R E P È R E S

Dictionnaire de gestion, Élie Cohen.

Dictionnaire d'analyse économique, *microéconomie, macroéconomie, théorie des jeux, etc.*, Bernard Guerrien.

Lexique de sciences économiques et sociales, Denis Clerc et Jean-Paul Piriou.

Guides

R E P È R E S

L'art de la thèse. *Comment préparer et rédiger un mémoire de master, une thèse de doctorat ou tout autre travail universitaire à l'ère du Net*, Michel Beaud.

Comment parler de la société. *Artistes, écrivains, chercheurs et représentations sociales*, Howard S. Becker.

Comment se fait l'histoire. *Pratiques et enjeux*, F. Cadiou, C. Coulomb, A. Lemonde et Y. Santamaria.

La comparaison dans les sciences sociales. *Pratiques et méthodes*, Cécile Vigour.

Enquêter sur le travail. *Concepts, méthodes, récits*, C. Avril, M. Cartier et D. Serre.

Faire de la sociologie. *Les grandes enquêtes françaises depuis 1945*, Philippe Masson.

Les ficelles du métier. *Comment conduire sa recherche en sciences sociales*, Howard S. Becker.

Le goût de l'observation. *Comprendre et pratiquer l'observation participante en sciences sociales*, Jean Peneff.

Guide de l'enquête de terrain, Stéphane Beaud et Florence Weber.

Guide des méthodes de l'archéologie, J.-P. Demoule, F. Giligny, A. Lehoërff et A. Schnapp.

Guide du stage en entreprise, Michel Villette.

Manuel de journalisme. *Écrire pour le journal*, Yves Agnès.

Voir, comprendre, analyser les images, Laurent Gervereau.

Manuels

R E P È R E S

Analyse macroéconomique 1.

Analyse macroéconomique 2. 17 auteurs sous la direction de Jean-Olivier Hairault.

Consommation et modes de vie en France. *Une approche économique et sociologique sur un demi-siècle*, Nicolas Herpin et Daniel Verger.

Déchiffrer l'économie, Denis Clerc.

L'explosion de la communication. *Introduction aux théories et aux pratiques de la communication*, Philippe Breton et Serge Proulx.

Les grandes questions économiques et sociales, Pascal Combemale (dir.).

Une histoire de la comptabilité nationale, André Vanoli.

Histoire de la psychologie en France. XIXe-XXe siècles, J. Carroy, A. Ohayon et R. Plas.

Introduction aux sciences de l'information, Jean-Michel Salaün et Clément Arsenault (dir.).

Macroéconomie financière, Michel Aglietta.

La mondialisation de l'économie. *Genèse et problèmes*, Jacques Adda.

La notion de culture dans les sciences sociales, Denys Cuche.

Nouveau manuel de science politique, A. Cohen, B. Lacroix et P. Riutort (dir.).

La théorie économique néoclassique. *Microéconomie, macroéconomie et théorie des jeux*, Emmanuelle Bénicourt et Bernard Guerrien.

Composition Facompo, Lisieux (Calvados).
Achevé d'imprimer sur les presses de
La Nouvelle Imprimerie Laballery à Clamecy (Nièvre).
Dépôt légal du 1er tirage : janvier 2011
Suite du 1er tirage (5) : septembre 2017
N° de dossier : 709044

Imprimé en France